OSCAR
CLASSICI

W0214957

Di Plauto negli Oscar

Amphitruo - Mercator
Asinaria - Captivi
Bacchides - Curculio
Casina - Stichus
Menaechmi - Rudens
Miles gloriosus - Aulularia
Mostellaria - Persa
Poenulus - Truculentus
Pseudolus - Trinummus

Plauto

MILES GLORIOSUS
AULULARIA

Introduzione di Niall W. Slater

Nota biografica di Cristina Borgia

Traduzione e note di Giovanna Faranda

I edizione Oscar classici greci e latini settembre 1999
I edizione Oscar Classici aprile 2017

ISBN 978-88-04-68030-7

Questo volume è stato stampato
presso ELCOGRAF S.p.A.
Stabilimento - Cles (TN)
Stampato in Italia. Printed in Italy

Anno 2022 - Ristampa 29 30 31 32 33 34 35

mondadori.it

INTRODUZIONE

La dimensione della rappresentazione

Niente è più effimero di uno spettacolo teatrale. La sua esistenza è infatti legata alla passeggera e simultanea simbiosi di attori, pubblico e rappresentazione: senza uno solo degli elementi di questa triade, semplicemente non si ha teatro. Esso è sempre nuovo per via del cambiamento di pubblico e attori, e ogni rappresentazione è diversa dalle altre. È qualcosa di simile al flogisto nelle teorie del XVIII secolo sulla combustione: invisibile, non identificabile con nessun altro elemento e tuttavia indispensabile alla scintilla per accendersi e diventare fiamma.

Niente pertanto sembra più arduo dell'intento di analizzare questo informe assemblaggio dall'eterno divenire chiamato "teatro". In che modo dobbiamo interpretarne e discuterne la nostra esperienza se, come qualcuno ha suggerito andando oltre Eraclito, non si può nemmeno fare un passo nello stesso fiume «una sola volta»?

Una maniera ovvia di trattare la poesia drammatica è di considerarla come poesia lirica o epica, analizzandone la metrica, lo stile, le figure retoriche. Gli esponenti del New Criticism, e di scuole similari, hanno apportato preziose intuizioni all'intelligenza delle tragedie con metodi di questo tipo, e persino con le commedie di Aristofane si sono avuti sorprendenti risultati. Le opere di Plauto, tuttavia, in larga parte hanno resistito a simili interpretazioni e sono di conseguenza state piuttosto ignorate.

Nondimeno questa indagine del dramma antico appare ora incompleta. Recenti studi ci hanno restituito il senso originario della parola *drama* come qualcosa di "fatto", recitato, rappresentato, qualcosa di detto o cantato in ogni sua parte. La rappresentazione è importante quanto la poesia.

La critica teatrale, da un punto di vista teorico, non è in alcun modo complessa. Essa parte dall'assunto che un dramma non è un testo ma piuttosto un evento artistico globale, che si realizza solo in un teatro durante una rappresentazione. Gli attori e il pubblico partecipano alla sua creazione quanto il testo dell'autore. La critica letteraria può chiarircene molti aspetti, ma per analizzare il dramma noi dobbiamo semplicemente considerarlo nel suo insieme.

La critica teatrale affonda le sue radici in un numero considerevole di studi sul teatro shakespeariano e su quello moderno che hanno sottolineato i due elementi non testuali o subtestuali della triade teatrale: gli attori e il pubblico. Sebbene non sia un saggio critico in senso stretto, il libro di C.L. Barber, *Shakespeare's Festive Comedy*, è da tutti considerato uno studio pionieristico sul background sociale del teatro comico shakespeariano. Nelle ricerche su Plauto la via tracciata da Barber fu seguita da E. Segal nel suo splendido *Roman Laughter*. Lo sfondo festante della commedia all'interno di una società, comunque, non fornisce una spiegazione completa della sua forma e delle sue dinamiche in teatro. Una commedia non è una celebrazione né un rituale; è una creazione autonoma di un definito numero di artisti (commediografi e attori) per una specifica occasione teatrale. In quanto tale, essa esplica la propria dinamica all'interno del teatro, in un modo che è stato studiato con particolare successo di recente da J.L. Styan. Egli ha cercato di chiarire la dinamica dell'interazione sia tra gli attori sia tra palcoscenico e pubblico e ha dimostrato come elementi così diversi quali la struttura del teatro e le aspettative degli spettatori si fondano per produrre la "scena".

Cercare di ricostruire sia la rappresentazione sia il pubblico sembrerebbe una barriera insormontabile per la critica plautina.[1] Fondamentalmente non rimane nulla del teatro di Plauto se non i testi. Ai suoi tempi a Roma non c'erano teatri stabili in pietra e non abbiamo nessuna fonte figurativa (pitture vascolari o altro) o descrizione dei teatri temporanei, né informazioni sui costumi degli attori o, dettaglio molto più importante, sulle loro maschere.[2] Non abbia-

[1] Una ricostruzione strettamente archeologica di rappresentazioni ormai per noi perdute non è lo scopo della critica teatrale. Tuttavia drammi concepiti all'interno di convenzioni e teatri molto differenti (per esempio le sacre rappresentazioni medievali e il melodramma vittoriano) sono in generale tanto diversi fra loro quanto lo sono la commedia e la tragedia, e devono essere interpretati in modo disuguale, anche se non siamo in grado di ricostruire con precisione ogni tipo (per esempio le sacre rappresentazioni).

[2] Si è presunto che gli attori nel teatro di Plauto indossassero maschere.

mo inoltre descrizioni contemporanee di rappresentazioni che ci potrebbero dare notizie non solo delle scene, dei costumi e delle maschere, ma anche degli stili di recitazione, una componente vitale del teatro. In poche parole, non abbiamo nessuna delle informazioni che hanno reso possibile, per esempio, lo studio dettagliato del teatro elisabettiano.

Di più: i testi stessi qualche volta sembrano sabbie mobili sotto i nostri piedi. Come per tutta la letteratura antica, varie corruttele sono penetrate in essi durante la trasmissione manoscritta, ponendo problemi che in alcuni casi non sono stati ancora risolti. Per esempio, i codici dei testi teatrali antichi non indicano con chiarezza chi pronuncia le battute, così che spesso questa attribuzione è congetturale. Infine, fin quando i testi vennero rappresentati, fu sempre incombente la possibilità che attori o successivi produttori potessero inserire proprie aggiunte o variazioni nell'originale. Qualche volta ciò risulta chiaro dal testo (si veda il prologo della *Casina*), ma molto spesso è solo un sospetto.

La tradizionale critica filologica di Plauto ha compiuto un inestimabile lavoro per cercare di eliminare corruttele di questo tipo. Tuttavia non possiamo aspettare la soluzione di tutte le controversie fino a generale soddisfazione prima di addentrarci nella critica letteraria e teatrale. Di conseguenza è utile, e anzi necessario, formulare il seguente postulato, anche se manifestamente falso: reputeremo il testo oxoniense di Lindsay come il copione della rappresentazione.

Un altro annoso problema è quello dell'originale modello greco. La maggior parte, se non tutte le opere di Plauto, si basano su precedenti della Commedia Nuova. Spesso l'atteggiamento culturale dei critici del XIX secolo, convinti della superiorità dell'esperienza teatrale greca su quella romana, è stato particolarmente feroce nei confronti di Plauto, poiché molti indizi facevano intravedere precedenti greci, reputati superiori alla commedia latina. Oggi non sembra più necessario discutere l'arbitrarietà dell'assunto che vuole il teatro greco superiore a quello latino. I recenti frammenti di Menandro hanno chiaramente mostrato che il supposto originale greco della Commedia Nuova poteva essere, talvolta, un po' noioso. Inoltre Plauto dev'essere considerato un artista per i propri meriti; quali che siano le sue fonti, egli soltanto è responsabile della commedia latina che ha creato e del suo successo o fallimento.

Da un testo teatrale possiamo ricavare moltissime notizie circa la sua rappresentazione, la mimica e gli elementi essenziali della scena, gli elementi non letterari. Ripetuti schemi di interazione attorepubblico si rivelano convenzionali (per esempio le battute a parte o l'origliare) e, in quanto tali, se ne può studiare la funzione all'interno di una scena. Dall'esame di molte commedie si può intravedere un intero sistema di convenzioni e aspettative del pubblico rispetto a cui è possibile apportare significative varianti.

Abbiamo anche cominciato a essere informati sul terzo componente fondamentale della triade teatrale: il pubblico. Segal ha spiegato la sua psicologia e il fascino esercitato su di esso dalle commedie plautine in termini di liberatoria festa saturnale. Recenti studi hanno anche sfatato la convinzione che il pubblico di Plauto fosse del tutto ignaro della natura e del carattere più profondo del teatro. Questo, nel suo aspetto grecizzato, era già vecchio di una generazione, e il suo pubblico era senza dubbio già entrato in contatto sia con le forme autoctone di teatro italico sia con il repertorio delle compagnie di attori di provenienza ellenistica. Bruno Gentili ha dimostrato l'esistenza nell'Italia meridionale di una tradizione teatrale tragica fatta di frammenti derivanti spesso da fonti diverse, raccolti in forma antologica, e ha suggerito la possibilità dell'esistenza di questa prassi anche nel teatro arcaico di Roma. Le sue ricerche saranno certo determinanti sui futuri dibattiti riguardo alle fonti di Plauto; a noi qui basta segnalare il risultato che più ci interessa: il teatro greco esercitò viva influenza a Roma, non solo per i testi, e contrastò fortemente la tradizione autoctona.

Quest'ultima rimane ancora poco chiara. Gli elementi fondanti sembrano esserne stati la farsa atellana e il mimo. Le nostre testimonianze sulla prima sono tarde, desunte da uno stadio già letterario del suo sviluppo. La sua forma arcaica fu evidentemente affidata all'improvvisazione, con personaggi fissi e semplici canovacci, arricchiti da battute e scene comiche mimate a libero genio degli attori. Ci lasciamo tentare dall'analogia con la Commedia dell'Arte, utile, almeno schematicamente, per delineare un profilo delle rappresentazioni della farsa atellana. Il tratto distintivo comune più importante è l'improvvisazione. Ogni rappresentazione ha un nucleo narrativo che deve essere sempre presente, ma gli attori sono liberi – anzi, questo ci si aspetta da loro – di improvvisare "lazzi" o divertenti scene mimiche. In effetti il pubblico si reca allo spettacolo proprio per queste improvvisazioni, poiché gli intrecci della commedia, e presumibilmente anche della farsa atellana, erano molto banali. Soltanto la vivacità del momento, il senso della creatività immediata da parte degli attori salva queste rappresentazioni dalla noia.

In Plauto confluiscono la tradizione teatrale greca, quella romana e quella dell'Italia meridionale con esplosivi risultati creativi. Qui ora non si vuole dissertare sull'impatto della letteratura greca a Roma, attraverso i contatti culturali avvenuti in seguito alle guerre puniche e i relativi inizi di letteratura latina tramandata per iscritto. E nemmeno si vogliono esaminare i pochi fatti e le molte congetture riguardo alla biografia di Plauto. Si intende soltanto rilevare che egli certamente lavorò nel teatro romano prima di scrivere commedie basate su modelli greci: all'inizio fu un professionista nel settore. Plauto era di certo un attore della farsa atellana o del mimo e potrebbe anche aver recitato nelle proprie commedie. E, in quanto attore, si trovava nella posizione migliore per notare le differenze nelle convenzioni e nei meccanismi tra la Commedia Nuova e le tradizioni autoctone italiche. Il delicato Terenzio scrisse bellissimi versi latini che colsero lo spirito della Commedia Nuova, e ripetutamente fece fiasco in scena nel decisivo confronto con il pubblico. Plauto si guadagnava da vivere con il teatro, il primo drammaturgo nella storia della letteratura forte delle proprie risorse professionali. Egli conobbe il teatro come mestiere, non come studio letterario, e il suo enorme successo nell'antichità è testimonianza di quanto dovesse conoscerlo bene.

Nel trasformare la Commedia Nuova attraverso il processo che egli descrive con il verbo *vortere*, inoltre, Plauto sapeva che non doveva semplicemente tradurre, ma riteatralizzare una commedia straniera per il suo pubblico romano. Era assolutamente consapevole di ciò che il teatro significa. Conosceva i suoi artifici e li modellò per il suo stesso divertimento oltre che per quello dei suoi spettatori.

Una semplice lettura di stralci di commedie plautine sarebbe più che sufficiente per cogliere la natura dei risultati raggiunti da questo autore, ma qui ora si vuole invece interpretare la sua "consapevolezza teatrale". E, a questo proposito, le convenzioni di Plauto portano dritto dritto verso il teatro moderno.

Prima di tutto dobbiamo chiarire il termine "convenzione". Per quanto riguarda il dramma antico, David Bain ha di recente ripetuto la definizione tradizionale di "convenzione", cioè l'accettazione da parte del pubblico di un espediente del drammaturgo che non è realistico. Da un punto di vista molto ristretto (quello della fine del XIX e del XX secolo), questa potrebbe sembrare una definizione adeguata. Per la maggior parte della storia del teatro, invece, compreso quello antico, essa appare pericolosamente fuorviante.

La definizione di Bain è legata alla concezione tradizionale di illusione teatrale o "finzione". La convenzione è vista come un sostituto o una scorciatoia per l'illusione della realtà. Le tradizionali concezioni del teatro classico hanno considerato l'illusione o la finzione come lo scopo principale dell'artista. La teoria aristotelica della mimesi è stata decisiva per la formulazione della maggior parte delle teorie occidentali sul teatro. Per fortuna, come in moltissimi altri campi, la teoria ha avuto poca influenza sulla pratica teatrale popolare.

L'illusione non è lo scopo di tutto il teatro. Certamente lo è per il teatro della fine del XIX secolo e l'inizio del XX, e altrettanto potrebbe esserlo stato per la tragedia greca. Non abbiamo tuttavia sufficienti ragioni per credere che essa fosse lo scopo della commedia plautina, nemmeno se si può dedurre che sia stata l'aspirazione delle opere della Commedia Nuova che egli era impegnato a trasformare.

J.L. Styan riepiloga così le differenze tra teatro dell'illusione e della non illusione:

> L'illusione è la sfera d'azione di tutto il teatro: uno spettatore va a teatro prevedendo che sarà libero di assecondarla. Nell'introduzione a *Sei personaggi in cerca d'autore* di Pirandello, Lionel Trilling scrisse: «La parola "illusione" deriva dalla parola latina che significa "burlare" (*illudere*), che a sua volta deriva da "giocare" (*ludere*), e l'attività preferita del teatro è appunto quella di giocare con l'idea stessa di illusione, per farsi gioco proprio della cosa che più di tutto cerca di creare, e del pubblico che l'accetta». Il termine "illusione" è ovviamente una difficoltà per la critica, lo è stato per anni. Il teatro che aspira a una finzione, di vita reale o di fantasia, deve essere distinto da quello che semplicemente crea l'occasione per attività di fantasia, parte della quale potrebbe essere di illusione. La base del teatro di Ibsen è illusoria, e fa sì che il pubblico creda alle immagini create sulla scena; mentre la base del teatro di Sofocle è non illusoria, non aspettandosi mai che il pubblico creda a ciò che si vede. Il primo metodo è circoscritto da ciò che è plausibile, il secondo ha infinita variabilità e il suo dramma può fare il giro del globo terrestre, passare dal presente al passato al futuro, fare un balzo da questa terra sulle nuvole. Una scena neutra permette una successione inesauribile di immagini teatrali.

Sosterremo che anche il teatro di Plauto è neutro, non delimitato da tempo, spazio o reale plausibilità, dimora sia per la rappresentazione illusoria sia per quella non illusoria.

Ci serviremo adesso di termini come "illusione" e "spazio illusionistico", per i quali bastano le seguenti definizioni. In Plauto esiste un'illusione quando due o più personaggi interagiscono (attraverso i discorsi e il modo di comportarsi) in accordo con le aspettative del pubblico, basate sulla probabilità. Queste aspettative includono quelle fondate sulla conoscenza della tipologia dei personaggi. Il pubblico si aspetta che un *senex* si opponga agli amori del proprio figlio e accetta il suo agire come un'illusione convincente. Lo "spazio illusionistico" è un termine alquanto metaforico per descrivere l'area nella quale agiscono le aspettative di probabilità degli spettatori. In una scena in cui si origlia, coloro che vengono ascoltati di nascosto si trovano all'interno di uno spazio illusionistico. Colui che origlia, invece, è in uno spazio che potrebbe o non potrebbe esserlo.

Una convenzione, quindi, è semplicemente un mezzo della comunicazione teatrale molto strutturato, ciò che Keir Elam ha definito un "sottocodice" all'interno dei più vasti codici drammatici e teatrali che governano l'intera rappresentazione. Il successo di convenzioni di questo tipo non deve essere misurato dalla loro vicinanza alla realtà ma dalla loro efficacia comunicativa. Così ha commentato Bernard Beckerman a proposito delle scene in cui si origlia:

> Dal momento che Shakespeare introdusse scene del genere [in cui si origlia] in più della metà delle commedie che scrisse, deve averle trovate un mezzo straordinariamente utile per arricchire la forza drammatica delle sue opere. Questo espediente, o convenzione, gli consente di distinguere l'attività drammatica dalla tradizione artistica, ottenendone così strumenti prontamente accettati. Qualsiasi reazione si sia verificata si è riferita non alla vita ma alla procedura creativa drammatica. L'inventiva, piuttosto che la credibilità, è stata la garanzia di autenticità...

Così anche noi non dovremmo permettere alle nostre aspettative moderne di pregiudicare il nostro esame, in Plauto, delle convenzioni della caratterizzazione di repertorio. Il realismo è semplicemente un'altra convenzione, sia nella caratterizzazione sia nell'azione.

Ci occuperemo di parecchie convenzioni non di finzione, e sarà bene definirle subito: il monologo, le battute a parte, l'origliare, il sostenere un ruolo, il teatro nel teatro.

Il monologo, o soliloquio, è un discorso pronunciato da un personaggio che è solo sul palcoscenico, o crede di esserlo. Potrebbe essere indirizzato al pubblico come a se stesso o agli dei. Una scena in cui si origlia si verifica quando un personaggio (o più) è consapevole della presenza di un altro (o di altri) sul palcoscenico, ma non il contrario (cioè quelli che sono all'interno della scena sono ignari della presenza di colui che ascolta). Un ruolo viene sostenuto ogniqualvolta un personaggio si comporta in modo non conforme al modello di repertorio. Il teatro nel teatro è un termine molto più libero, di cui ci serviamo per indicare un piano o stratagemma che è diretto da un personaggio di una commedia "esterna" e che agisce come l'intreccio di una commedia convenzionale.

Questo personaggio che controlla è il drammaturgo del teatro nel teatro. Il lettore potrebbe considerarla una pura metafora. Ci sono soltanto tre esplicite citazioni di personaggi come drammaturghi nel *corpus* plautino (letteralmente poeti, ma dal contesto chiaramente in senso drammatico): *Asinaria* 748 e *Pseudolus* 401; 404. Per parlare di drammaturghi nelle altre commedie dovremo avere giustificazioni funzionali, non filologiche. Il concetto ne illumina il funzionamento come nessun'altra interpretazione.

Il drammaturgo potrebbe agire soltanto attraverso altri personaggi, oppure anch'egli potrebbe prender parte alla commedia che sta creando. Nel primo caso è un drammaturgo più letterario. Egli espone in anticipo il corso della commedia con accurate istruzioni agli attori, e ulteriori potrebbe darne anche nel corso dell'azione; nel secondo caso improvvisa di più. Per mezzo della propria recitazione influenza anche quella degli altri. Lo svolgimento della commedia è oggetto di costante revisione nella misura in cui questa si sia resa necessaria nel corso della recitazione.

Né il drammaturgo letterario (preparato su copione) né quello improvvisato esiste in forma pura in nessuna delle commedie di Plauto. I due ruoli sono soltanto i due estremi di un medesimo arco. Pertanto qualche volta parleremo di drammaturgo o poeta, qualche volta di attore principale improvvisatore, ma il ruolo in sostanza è lo stesso. Differenzia i due tipi solo la condizione di precedente preparazione delle azioni da parte del drammaturgo (considerevole nel caso di una sceneggiatura, ridotta o nulla nell'improvvisazione).

Potrebbe sembrare un ossimoro parlare di improvvisazione all'interno di un testo drammatico. Tuttavia essa agisce con certe modalità riconoscibili; è contraddistinta da un costante risalto dato all'azione come avvenimento e sviluppo momentaneo. Il teatro improvvisato è strutturato paratatticamente, con una labile fusione dell'azione nella scena. Anzi varie azioni, alcune mal riuscite, alcune di successo, si susseguono e si interrompono reciprocamente. Nell'improvvisazione un attore potrebbe avere il controllo sugli altri in generale, ma non può controllare del tutto l'azione di una scena. Tutte queste caratteristiche si possono imitare in un teatro su testo scritto. Pertanto, quando parliamo di improvvisazione, intendiamo l'imitazione letteraria di Plauto di questi tratti distintivi del teatro improvvisato.

Infine bisogna ancora affrontare un altro termine: metateatro. Dal momento che nel panorama critico proliferano metalinguaggi per descrivere metafinzioni, questo tipo di vocabolo ha bisogno di più che una definizione: necessita di una difesa.

Sebbene senza dubbio alcuni critici possano averlo già utilizzato, le recenti argomentazioni sul metateatro derivano dall'acuto saggio di Lionel Abel, *Metateatro*, pubblicato nel 1963. In esso egli sostiene che il metateatro è una formula che venne a sostituire la tragedia in passato durante il Rinascimento; i suoi postulati fondamentali sono che il mondo è un palcoscenico e la vita un sogno. Nei metadrammi, caratteristici esempi di metateatro, l'oggetto è la vita vista come già teatralizzata. Non è necessario aderire alla convinzione di Abel, e cioè che il metateatro abbia sostituito la tragedia, per rendersi conto che la categorizzazione generale che egli opera a proposito dei metadrammi come un gruppo separato può essere un utile principio critico. Nemmeno è necessario considerare il metateatro come l'espressione drammatica propria della Weltanschauung di una cultura: il metateatro è una creazione autonoma.

Esso è stato definito di recente in modo piuttosto diverso da Bruno Gentili: drammi composti partendo da altri precedenti. Egli distingue nettamente questa definizione, basata sulla storia della formazione "di un testo", dalla definizione della critica letteraria basata sul tema del teatro nel teatro "in un testo". Le due definizioni ermeneuticamente sono di certo distinte, ma noi dimostreremo che, in Plauto, esse manifestano elementi in comune.

Definiremo il metateatro come teatro teatralmente consapevole di se stesso, o in grado di dimostrare consapevolezza della propria teatralità. Il teatro comico, con buona pace di Abel, ne fu capace ben prima del Rinascimento. Battute sul teatro come teatro risalgono ad Aristofane, anche se qui tendono a essere fenomeni isolati. Il teatro di Plauto, invece, è pieno di riferimenti di questo tipo e agli artisti come attori e drammaturghi.

L'idea di metateatro è inoltre connessa con la categoria di dramma non illusorio di Styan. Non tutto il teatro non illusorio è metateatrale, ma tutto il metateatro è in una certa misura illusorio. Nel momento in cui il teatro diventa consapevole di sé e conscio dei suoi procedimenti, esso cessa di essere strettamente illusorio. Man mano che i giochi teatrali diventano più chiari, l'oggetto dell'ammirazione del pubblico diventa l'abilità recitativa, non l'illusione. Le convenzioni del teatro plautino (il monologo, le battute a parte, il sostenere un ruolo, il teatro nel teatro) sono per loro natura non illusorie, ma bisogna considerare in quale modo il loro uso diventa metateatrale.

Una convenzione cambia in proporzione al successo che ha uno specifico meccanismo in quanto forma di comunicazione teatrale. Non appena esso si fissa in un modello, diventa materia per una commedia come un qualsiasi altro schema o procedimento. La commedia osteggia e critica il rigido ordine sociale così come si oppone al suo stesso sistema artistico. Pseudolo ci dice (vv. 568-69):

nam qui in scaenam provenit,
novo modo novom aliquid inventum adferre addecet.[3]

La novità è essenziale per la commedia, anche quando la chiave del comico parte dall'assunto che non c'è niente di nuovo sotto il sole. Essa deve però continuamente rinnovarsi per rimanere fresca e viva. Altrimenti degenera nel sentimentalismo.

Di certo soltanto le convenzioni della commedia non possono stabilizzare la loro forma per sempre. La tendenza della commedia a rivolgere la propria ironia su di sé e sulle proprie strutture crea tre possibilità. Innanzitutto, come abbiamo appena suggerito, essa può reprimere la consapevolezza di sé in favore di una patetica ripetizione delle convenzioni, senza avere la possibilità di opporvisi. In secondo luogo, l'opposizione consapevole e intensamente ricercata a esse può privarle della loro forza e significato originari, lasciando dietro di sé solo un guscio di ironia.[4] Nella terza possibilità, di cui riteniamo capace Plauto, la consapevolezza di sé della commedia

[3] Chi si affaccia sulla scena, / dovrebbe apportarvi qualcosa di nuovo, con nuovo stile inventato.

[4] Questo potrebbe proprio essere ciò che capita alla commedia in Terenzio. La sua opposizione sia alla forma comica sia alla società rappresentata nelle commedie è profondamente ironica.

deve essere integrata con la natura vera e propria dell'opera: il risultato è metateatro.

Il merito più significativo di Plauto è quello di includere la consapevolezza di sé della convenzione teatrale in una nuova concezione di eroismo comico, che crediamo emerga nel modo più chiaro durante lo spettacolo. Un certo numero di suoi personaggi, di solito i servi astuti (*servi callidi*), ma occasionalmente anche altri a loro simili, dimostrano la loro consapevolezza della commedia come commedia e, attraverso di essa, la propria abilità nel controllare gli altri personaggi. Le interpretazioni che seguono sono disposte in libera progressione per illustrare lo sviluppo del raggio d'azione di questo potere nei personaggi principali di Plauto.

I personaggi dei servi scaltri certo non sono passati inosservati all'esame della critica: o erano coperti di elogi per la loro sfrenata comicità, o incolpati di svilire la perfezione delle commedie greche in cui si erano insinuati. Il loro carattere e le loro azioni, tuttavia, sono stati più spesso analizzati come sintomi dell'originalità linguistica o strutturale di Plauto. Il loro puro e semplice impatto teatrale, in particolare come presenza scenica in grado di controllare l'azione, è troppo spesso o presupposto ovvio o ignorato.

L'improvvisazione è fondamentale per questa capacità di controllo di altri personaggi. Mentre questi ultimi rimangono intrappolati nei ruoli fissi cui vengono assegnati dalla loro funzione nella trama, gli abili servi hanno il potere, tipico del *versipellis* (chi cambia pelle), di trasformarsi, adottando uno degli altri ruoli fissi della commedia. Leonida per esempio, nell'*Asinaria*, assume il ruolo dell'autoritario sorvegliante di schiavi Saurea allo scopo di derubare il mercante con l'inganno. Tuttavia è ancora più importante sottolineare che l'attore principale, capace di improvvisare, sa come sfruttare gli umori e le manie degli altri personaggi fissi per piegarli ai suoi progetti. Crisalo, nelle *Bacchides*, conosce alla perfezione gli schemi mentali del vecchio Nicobulo quando è arrabbiato, perciò ha l'effettivo controllo della situazione.

In alcune commedie questo controllo esercitato dall'improvvisazione è sporadico, in altre, al contrario, diffuso. Per esempio l'*Asinaria* è spinta in tante direzioni quanti sono gli attori, mentre nelle *Bacchides* il controllo della commedia interna ed esterna è assegnato rispettivamente a Crisalo e alle due sorelle.

Dal momento che il controllo affidato all'improvvisazione conta così fortemente sugli elementi non testuali del teatro, esso può essere apprezzato al meglio attraverso un approccio alle commedie dal punto di vista della loro rappresentazione. Sulla pagina colui che origlia di fatto è una persona di poco conto, ma sul palcoscenico è una presenza potente, che dà forme e colori alla nostra percezione della scena e dei personaggi che ascolta di nascosto, anche quando non esprime commenti.

L'improvvisazione potrebbe anche procedere a scatti irregolari; in un testo narrativo, passi falsi e interruzioni dell'azione potrebbero sembrare goffi, mentre diventano elementi vivificanti proprio durante lo spettacolo.

Ben lontano quindi dall'essere il limitato traduttore dipinto dalla critica del XIX secolo, Plauto è uno straordinario artista comico che per molti versi rinnova il suo genere.

Convenzione e reazione

L'opera di Plauto ci offre l'opportunità di esaminare il confluire di due tradizioni: la Commedia Nuova e le forme autoctone italiche di drammatizzazione. Né l'una né l'altra, com'è ovvio, sono sopravvissute in modo tale da poter dimostrare questa affermazione, dal momento che non rimangono tracce delle forme di teatro italiche preletterarie, e la Commedia Nuova, nonostante ciò che ci giunge della produzione di Menandro, rimane una terra straniera con una storia confusa. Inoltre non è questa la sede per considerare nel dettaglio anche i frammenti di Menandro. Crediamo che si possano ottenere buoni risultati, comunque, nel distinguere queste due tradizioni anche soltanto considerando l'uso delle convenzioni non illusorie e il loro funzionamento nei testi.

Le due tradizioni, in linea di massima, possono essere definite per opposti. Le forme autoctone italiche di drammatizzazione erano improvvisate, per quanto possiamo sapere, come il genere italiano popolare molto più tardo della Commedia dell'Arte. Al contrario, la Commedia Nuova aveva alle proprie spalle due secoli di teatro scritto, letterario. Sebbene senza dubbio esistessero in Grecia forme improvvisate di espressione drammatica, queste erano considerate indegne d'attenzione dagli storici della letteratura dell'antichità, e sembra che, a partire dal IV secolo, non abbiano esercitato influenza riconoscibile sulle elevate forme letterarie di tragedia e commedia.

La farsa atellana ebbe una serie di ruoli o figure molto convenzionali, di cui sono documentati alcuni nomi. Non si potrebbe negare che anche la Commedia Nuova fu caratterizzata da ruoli fissi, come dimostra l'esistenza di maschere di repertorio nella tradizione della sua rappresentazione. Tuttavia non dovremmo esagerare l'importanza di questa convenzionalità ai tempi di Menandro. Mentre è vero che Menandro stesso ricorre a una limitata e riconoscibile serie di nomi per vari tipi di personaggi, non abbiamo ragioni per sostenere che anche altri scrittori della Commedia Nuova abbiano fatto lo stesso. I nomi di Menandro forniscono solo un accenno al tipo di personaggio e non ne condizionano l'azione. Tuttavia il ruolo non è ancora considerato come un'entità che può esistere indipendentemente dal personaggio. Questo è un passo significativo: una volta che il ruolo del *servus currens* o dell'*adulescens* può essere concepito come entità separata, è aperta la strada per la commedia della variazione dei ruoli.

Infine, le due tradizioni si possono distinguere in base alla questione della finzione. La Commedia Nuova rifiuta la libertà della Commedia Antica non solo nel trattare argomenti politici, ma anche nella forma artistica. Aristofane era libero di plasmare la sua forma di comunicazione drammatica in molti modi, alcuni, non la maggior parte, illusori. La Commedia Nuova sceglie il muro della finzione tra pubblico e palcoscenico secondo i tipici mezzi indiretti di comunicazione teatrale che conservano una parvenza di realismo. Le forme di improvvisazione comica, invece, insistono sempre sul mantenere la scelta della comunicazione diretta scena-pubblico. Parlare di rottura dell'illusione, quindi, in queste circostanze, è fuorviante. Giacché il realismo è semplicemente un'altra convenzione, forse dovremmo piuttosto parlare delle convenzioni non di finzione e di realismo come alternative. Plauto mantiene quante più alternative possibili.

Come primo passo per sintetizzare gli esiti di Plauto, all'interno dei mezzi espressivi della commedia romana, consideriamo a questo punto l'uso e il cambiamento che egli fa delle singole convenzioni. Spesso, in passato, esse sono state studiate separatamente; noi le abbiamo utilizzate come mezzi per cogliere il significato e il meccanismo di specifiche commedie, valorizzando la loro funzione di espediente comunicativo all'interno delle forme espressive dello spettacolo. Nella nostra sistematica rassegna dell'impiego che Plauto opera di convenzioni non illusorie, le dimensioni della sua risposta alle due tradizioni che egli ha ereditato dovrebbero diventare chiare.

Prologo ed epilogo

Normalmente il prologo, nel dramma antico, ha avuto uno scopo informativo. Esso esiste innanzitutto per dare ragguagli al pubblico sulla commedia cui sta per assistere, oppure è necessario per la sua comprensione: l'equivalente antico della locandina moderna, con le sue indicazioni di ora e luogo dello spettacolo e magari anche un riassunto della trama. I prologhi di Plauto, al contrario, non hanno come fine principale l'informazione ma l'introduzione. Diversamente dalle divinità onniscienti di Menandro o dalle polemiche artistiche di Terenzio, essi cercano di calare il pubblico nel mondo della commedia.

In generale, i prologhi nel *corpus* dell'opera plautina si possono dividere in tre gruppi: prologhi di divinità, prologhi di personaggi umani interni alla commedia, prologhi di persone senza specifica identità.

Plauto occasionalmente ricorre a divinità prologanti; solo il Lare dell'*Aulularia* sembra in effetti equivalente a una figura menandrea come il Pan del *Dyskolos*. Il Lare parla soltanto nel suo personaggio (che egli rivela praticamente subito: v. 2), ci racconta i fatti che stanno per accadere e afferma il proprio ruolo all'origine degli avvenimenti (v. 26: *feci*; v. 31: *faciam*). La stella Arturo, nel *Rudens*, in qualche modo si dilunga maggiormente, ed esce dal suo personaggio fino al punto di informarci indirettamente che Difilo è l'autore dell'originale greco (v. 32), ma per il resto non è diversa dal Lare. Luxuria e Inopia, che interpretano il prologo nel *Trinummus*, si muovono un po' di più nella direzione di un'introduzione. Luxuria si riferisce a Plauto come suo creatore (v. 8: *Plautus nomen Luxuriae indidit*) e accenna alla traduzione da lui operata dell'originale greco (vv. 18-21). In uno stile che riconosceremo presto come tipicamente plautino, essa si rifiuta di riferirci alcunché della trama, affidandola ai due vecchi che aprono la commedia (vv. 16-17).

Il prologo divino all'*Amphitruo* è una forma di transizione verso la successiva categoria che abbiamo definito, poiché Mercurio, che recita questa parte seduttrice e stuzzicante (vv. 1-152), è anche un personaggio della commedia che sta per essere rappresentata. Egli comincia con quello che deve essere uno dei periodi più lunghi in Plauto, un patto di sedici versi tra attore e pubblico: egli aiuterà gli spettatori nei loro affari se essi presteranno attenzione alla commedia. C'è molto di più, in questo caso, che una reboante parodia del linguaggio tecnico latino usato nei contratti. Questo è un invito, espresso in forma adulatoria, nel mondo della commedia che riconosce il ruolo del pubblico nel suo divenire. Potremmo fare un paragone con Scrivener nel *Bartholomew Fair* di Jonson, che, nell'introduzione, stringe un patto tra drammaturgo e pubblico. Una commedia non è tale se qualcuno non la guarda; gli spettatori, riconosce Mercurio, sono importanti quanto gli attori.

Dopo alcune battute riguardo a Giove, suo padre e padrone, che egli servirà nella commedia travestito da schiavo Sosia, Mercurio procede confondendo e disorientando le aspettative del pubblico sulla commedia cui sta per assistere. Egli all'inizio annuncia una tragedia, poi dà a intendere di cambiare la natura dello spettacolo di fronte a una reazione negativa degli uditori (vv. 51-55):

> *Post argumentum hujus eloquar tragoediae.*
> *Quid? Contraxistis frontem quia tragoediam*
> *dixi futùram hanc? Deu' sum, commutavero.*
> *Eandem hanc, si voltis, faciam ‹iam› ex tragoedia*
> *comoedia ut sit omnibus isdem vorsibus.*[5]

La reazione del pubblico è perfettamente prevedibile; come dice il prologo ai *Captivi*, non è un comportamento onesto nei suoi confronti annunciare una tragedia quando esso si aspetta una commedia (vv. 61-62). Ad ogni modo il falso allarme di Mercurio sortisce l'effetto di disorientare le aspettative sul genere, un'operazione rinforzata quando egli introduce il termine *tragicomoedia* (vv. 59-63).

Plauto conclude la sezione introduttiva del prologo dell'*Amphitruo* con un discorso di Mercurio sugli ammonimenti rivolti agli applausi della *claque*, che Giove proibisce. I primi 96 versi, fondamentalmente, non ci hanno fornito alcuna informazione sulla commedia, ma nemmeno sono stati una serie di battute avulse dal contesto. Plauto, piuttosto, ha utilizzato l'intervento di Mercurio – giocando sull'assurdità della comparsa di una divinità in una commedia – sia per scombinare le aspettative del pubblico, preparandolo al romanzesco e insolito intreccio dell'*Amphitruo*, sia per coinvolgere gli spet-

[5] Poi racconterò la trama di questa tragedia. Come? / Avete corrugato la fronte perché ho detto che sarà una tragedia? / Sono un dio, la cambierò. Questa medesima, se volete, da tragedia / la muterò in commedia, con tutti gli stessi versi.

tatori nella creazione della commedia, operazione alla quale anche Mercurio si accinge nel suo ruolo di schiavo Sosia.

Anche il prologo del *Mercator* è recitato da un personaggio della commedia, in questo caso dal giovane amante Carino. Egli disapprova le azioni di altri giovani amanti che raccontano le loro pene al sole e alla luna; lusinga e si accattiva il pubblico rivolgendogli la parola direttamente.

Il terzo e più caratteristico tipo di prologo plautino non ha nome, e finora nemmeno un ruolo stabilito. Mancando di un personaggio specifico, è parallelo alla condizione del pubblico. Né finora esso è stato calato nel mondo della commedia, dove sia attori sia pubblico avranno il loro ruolo. Questi prologhi sottolineano la teatralità di una commedia, rendendo esplicito il passaggio da un tipo di percezione a un altro, dalla "realtà" del teatro allo spazio di fantasia del palcoscenico. Il pubblico così non è calato nella finzione ma nella partecipazione alla creazione e ai meccanismi della commedia.

Scopo di prologhi siffatti potrebbe essere l'enfatizzazione dei pregi dello spettacolo che sta per cominciare. Per esempio, il prologo dell'*Asinaria* promette ai suoi ascoltatori che ci sono sia *lepos* che *ludus* nella commedia cui si sta per assistere (vv. 13-14). Il prologo dei *Captivi* assicura che non ci sono battute volgari né banali personaggi di repertorio nella rappresentazione che sta per iniziare (vv. 56-62). Queste rassicurazioni predispongono gli spettatori a una maggiore ricettività, come le battute e i motteggi che vengono loro rivolti (cfr. *Captivi* 11-14).

La seconda funzione di tali prologhi è di creare uno spazio di fantasia che in parte potrebbe coinvolgere l'ambientazione della scena, come nel prologo dei *Menaechmi* (v. 69 sgg.): per la durata della commedia (v. 72: *dum haec agitur fabula*) questo spazio, finora indefinito, si dichiara essere Epidamno. Il prologo del *Trinummus* pone l'ambientazione ad Atene, ancora per la durata della commedia (vv. 10-11). Il passaggio da realtà a finzione, da attori a personaggi potrebbe anche essere esplicitamente riconosciuto nel momento stesso in cui esso avviene, come in *Captivi* 52:

haec res agetur nobis, vobis fabula.[6]

[6] L'azione sarà per noi realtà, per voi una commedia.

Il prologo al *Poenulus* ci ricorda che chi parla sta per lasciare il palcoscenico per andare a indossare anch'esso il suo costume (v. 123).

Infine, una singolare caratteristica di questi prologhi è il ripetuto rifiuto di fornire dettagli sulla trama. Abbiamo già notato che quello del *Trinummus* li affida ai due vecchi che aprono la commedia (vv. 16-17). L'*Asinaria* (v. 8) ci assicura che l'intreccio non costituisce un grosso problema. E anche la frammentaria *Vidularia* (v. 11) lascia che la trama si mostri attraverso l'azione.

Questi prologhi senza personaggi, quindi, hanno una funzione molto più importante che fornire semplicemente delle informazioni. Essi trasformano il punto di vista del pubblico, creano uno spazio illusorio e sollecitano attori e spettatori a calarsi nei loro rispettivi ruoli nella creazione della commedia. In questo modo Plauto si pone in contrasto sia con il suo predecessore Menandro sia con il suo successore Terenzio.[7]

Plauto sa creare altri tipi di scena migliori per introdurre nella commedia e nelle modalità di percezione teatrale. Il primo monologo di Epidico, nell'opera omonima, assolve a questo tipo di compito. Prima che egli lo pronunci, abbiamo già assistito a una scena recitata sul palcoscenico, ma non ci si è ancora mossi verso la rappresentazione vera e propria. Il dialogo iniziale tra i due schiavi assolve alla funzione che avrebbe un prologo esplicativo, ma non a quella di ponte tra diverse modalità percettive.[8] Vedere Epidico che si cala nella sua parte, nel suo personaggio, serve esattamente a questo. Al pubblico viene ricordato che tipo di commedia sarà: un'opera di ruoli da sostenere, con Epidico in quello principale. Non appena il pubblico avverte il passaggio di Epidico nel suo ruolo, anch'esso ne compie uno simile verso il proprio. Non ci sono più imperturbabili cittadini permeati di *pietas* e *gravitas*, ma gaudenti, liberati essi stessi nello spirito saturnale. Questa uscita da un ruolo per entrare in un altro è una caratteristica essenziale della potenza di risultati raggiunti dal teatro plautino.

[7] Ciò sembra anche in contrasto con la prassi di altri scrittori della *palliata*. Si confrontino i frammenti di prologhi di Cecilio (71, p. 494; 126, p. 514; 134, p. 518) e Nevio (1, p. 74; 15, p. 78; 21, p. 80; 69-71, p. 98). Non c'è nessuno tra i frammenti che restano della *palliata* sicuramente identificato come epilogo.

[8] Con una tradizione, potremmo notare, che si spinge a ritroso fino ai *Cavalieri* di Aristofane.

La scena introduttiva delle *Bacchides* ha, per molti aspetti, la stessa funzione. Il prologo perduto era evidentemente espositivo e non introduttivo. Il giovane Pistoclero deve essere sedotto nella commedia dalle baccanti, distolto dalle sue romane virtù per entrare nella libertà teatrale del ruolo dell'*adulescens amans*. Egli è fuorviato verso un immaginario consenso alla realtà della commedia, ai suoi modelli e meccanismi, nello stesso momento in cui lo è il pubblico. Anch'esso lascia il suo mondo reale e partecipa al grande gioco fantastico della commedia.

Plauto segna spesso l'uscita dalla realtà della commedia con un epilogo. Gli epiloghi sono molto più brevi dei prologhi, ma comunque rappresentano più che un semplice invito agli applausi (tutto quel che ne rimane in Terenzio). La forma è spesso moraleggiante, anche quando il contesto non lo è. L'abbreviato motto di chiusura che conclude l'*Epidicus* (vv. 732-33), nondimeno, loda la *malitia*. L'epilogo del *Mercator* (v. 1015 sgg.) presenta una ferma condanna di un uomo anziano che è corso dietro alle ragazze giovani, ma c'è anche un malizioso appello agli applausi rivolto ai giovani, che avranno i maggiori benefici se la proposta *lex* contro l'anziano verrà approvata. I primi tre versi dell'epilogo della *Casina* probabilmente sono un'aggiunta postplautina, architettata per concludere la storia, ma i restanti quattro (vv. 1015-19) promettono che la festa potrà continuare anche quando la commedia sarà finita, se solo il pubblico applaudirà. Il mondo della libertà comica non dev'essere lasciato alle spalle. L'epilogo della *Cistellaria* sottolinea l'uscita dalla commedia con il riferimento agli attori che rimangono dietro le quinte e si tolgono i loro costumi. Quello delle *Bacchides* è più esitante, e sembra avvertire la necessità di difendere l'esistenza della commedia in sé (vv. 1207-11). Potremmo solo ipotizzare che questo atteggiamento risalga a uno di quei momenti, che si ripetono nel tempo, in cui è forte l'esigenza di "far pulizia sul palcoscenico", eliminandone cioè tutti gli elementi non strettamente di finzione. Ad ogni modo l'epilogo in sé non offre nessuna esplicita condanna di ciò che è avvenuto durante la commedia. Ripetendo la scena di attrazione-introduzione con il vecchio dell'inizio come nuovo soggetto alla fine della commedia, Plauto offre speranza di ripresa del ciclo comico.

L'epilogo dell'*Asinaria* (vv. 942-47) ci promette che, grazie ai nostri applausi, potremo salvare il vecchio Demeneto dalla stangata che tanto si merita. Con l'invito a credere che la realtà del vecchio e del suo imbroglio continuerà oltre la rappresentazione teatrale, l'epilogo paradossalmente taglia alla base la realtà della commedia da un punto di vista inatteso. Essa non è stata una rappresentazione, o mimesi della realtà, ma piuttosto ha una vita autonoma anche quando non è in scena; soltanto il teatro può giocare con questa idea. Solo il gioioso e festante teatro non illusorio può giocare con l'idea che un personaggio sia sgattaiolato dal palcoscenico e, uscito dalla porta di servizio, viva di vita propria da qualche parte, fuori del teatro.

Il prologo e l'epilogo in Plauto, quindi, sembrano agire non come convenzioni preposte a trasmettere il più brevemente possibile le informazioni necessarie alla comprensione della commedia, ma piuttosto come momenti di passaggio tra criteri di percezione teatrali e non. Le battute e i motteggi che sembrano così di poco conto per il lettore di fatto assolvono a una funzione essenziale nel sensibilizzare il pubblico al suo ruolo nella commedia e nei meccanismi del teatro.

Monologo e soliloquio

Un monologo potrebbe semplicemente introdurre un personaggio e fissare la sua figura per il pubblico. Abbiamo appena analizzato l'elaborata introduzione che Plauto fa del soliloquio di Epidico all'inizio della commedia. Forse un'intenzione analoga nei confronti di un personaggio affiora in ogni monologo introduttivo, dal momento che ne scorgiamo tracce anche in uno semplice come quello del giovane Mnesiloco nelle *Bacchides* (v. 385 sgg.). Egli entra in scena facendo un discorso di carattere morale sull'amicizia. Ciò non assolve soltanto a una possibile richiesta di questo tipo, ma aiuta anche a stabilizzare il personaggio. Non appena egli entra nel ruolo dell'*adulescens amans* alla fine del suo soliloquio, compaiono il suo idealismo e il suo desiderio di essere nobile:

Nunc, Mnesiloche, specimen specitur, nunc certamen cernitur
sisne necne ut esse oportet, malu', bonus quoivis modi,
justus injustus, malignus largus, comincommodus.
Cave sis te superare servom siris faciundo bene.
Utut eris, moneo, hau celabis.[9]

[9] Ora, Mnesiloco, la verità salta fuori, si decide l'esito della battaglia, / se tu sei o no quello che dovresti essere, una canaglia o un buon diavolo come tu voglia, / giusto o ingiusto, avaro o generoso, educato o rozzo. / Bada, per favore, che il tuo servo non ti superi nel fare buone azioni. / Qualsiasi cosa tu stia per essere, ti avverto, non c'è alcun modo di nasconderlo.

In modo molto simile il monologo del giovane Filolachete nella *Mostellaria* (vv. 84-106) lo presenta al pubblico e definisce il suo carattere sognatore e filosofeggiante. Inoltre questo discorso serve a inserire un'immagine chiave in questa commedia: quella della casa.

Dopo che un personaggio è stato introdotto, un soliloquio può essere usato per stabilizzarne o rafforzarne l'ascendente sul pubblico. Nella *Casina*, dopo la scena in cui tutto quanto è toccato in sorte a Lisidamo e Olimpione, la simpatia degli spettatori potrebbe essere momentaneamente confusa. Dopotutto non si dovrebbe permettere al *senex* il suo piccolo volo nello spirito saturnale della giornata? Il successivo soliloquio di Calino (vv. 424-36) ci dà la risposta: no. La sua rabbia suscita il nostro consenso, la sua disperazione all'inizio è così grande da fargli meditare il suicidio. Verso la fine del suo soliloquio, tuttavia, gli si prospetta la possibilità di origliare i suoi rivali vincitori e di avere così un'occasione per vendicarsi. Man mano che il suo coraggio aumenta, egli conquista la nostra simpatia.

Nel *Rudens* è simile il monologo di Palestra, della quale abbiamo già avuto notizie attraverso la descrizione della sua lotta con i marosi. Adesso, con il suo monologo (vv. 185-219), essa stabilisce una ferma *captatio benevolentiae* del pubblico. Il contenuto informativo è minimo, il messaggio centrale è il tono emotivo.

Un monologo come quello di Epidico (v. 158 sgg.) non ha altro fine che quello di coinvolgere gli spettatori. L'argomento informativo (e cioè che egli intende affrontare di petto il vecchio: v. 163) è a mala pena una sorpresa. Nondimeno, portando sulla scena il momento della decisione nel monologo del personaggio, Plauto ancora una volta suscita la simpatia del pubblico con un mezzo di confronto diretto quale il soliloquio.

Il monologo può anche realizzarsi rivolgendo direttamente la parola agli spettatori. Gelasimo, il parassita dello *Stichus* (vv. 155-233), comincia con quello che sembra un normale soliloquio e finisce col tentare di vendere al pubblico se stesso all'asta. Plauto qui mette in scena un personaggio che origlia nella figura della serva Crocozio, per pilotare la reazione del pubblico mediante le sue battute a parte. In questo caso, come nella maggior parte degli appelli diretti al pubblico (cfr. il vecchio Lisimaco nella *Casina*), ne risulta più una creazione di comicità che una *captatio benevolentiae*.

Il soliloquio può essere utilizzato per impressionare il pubblico stimolandolo a un modo diverso di considerare il personaggio.

L'esempio più significativo è il monologo d'apertura di Toxilo nella *Persa*. È breve, il suo contenuto stringente: chi parla è innamorato, senza soldi e quindi infelice. Tuttavia esso è sufficiente per scombinare profondamente le aspettative del pubblico, basate sulla figura di un personaggio di repertorio. Con questo soliloquio Plauto ha sensibilizzato gli spettatori non come potrebbe fare un semplice prologo o un resoconto della relazione amorosa di Toxilo pronunciato da un altro personaggio. Il soliloquio affronta il pubblico direttamente, e la forza della caratterizzazione dello schiavo operata da Plauto ne è proporzionatamente accresciuta. Il rifiuto di Stratofane del ruolo di *miles* nel *Truculentus* (vv. 482-98) è molto più diretto ma non meno efficace per la sua comicità.

Plauto allo stesso modo cerca di conferire un nuovo orientamento alla percezione che il pubblico ha di un personaggio attraverso il monologo d'apertura di Cleostrata nella *Casina*. La *matrona* è di solito una figura repressiva, che fa ricordare il mondo di sofferenza quotidiana dal quale i personaggi "simpatici" cercano di fuggire. Dal momento in cui vediamo la sua maschera, questo è ciò che ci aspettiamo da Cleostrata. Plauto, tuttavia, desidera ritrarre qui la *matrona* in una luce piacevole. Facendole recitare un soliloquio, lascia che sia lei stessa a sottoporre al pubblico il suo caso.

Grazie al monologo sono possibili cambiamenti d'aspettativa anche più radicali, come dimostrano i due soliloqui chiave di Crisalo nelle *Bacchides*: nel primo egli dichiara la propria superiorità sul solito ruolo di repertorio dello schiavo intelligente, nel secondo egli proclama la sua riluttanza a rimanere nella propria commedia. Qui l'aspetto di confronto del monologo è spinto agli estremi, ma la forza potenziale di disorientamento delle aspettative del pubblico è presente in tutte le allocuzioni di questo tipo.

Le battute a parte

Le battute a parte sono, allo stesso modo del soliloquio, un potente momento di confronto col pubblico. Impongono un secondo piano di immaginazione che travalica l'azione descritta attraverso il dialogo. Talvolta si dividono tra quelle che ricorrono all'interno di una scena dialogata e quelle che sembrano formare un passaggio da una scena all'altra, o dal monologo al dialogo. Questa distinzione non sembra teatralmente significativa, derivante com'è dalla prospettiva limitata del realismo che trova il secondo caso meno sgradevole del primo, e pertanto non verrà considerata in questa sede.

Possiamo osservare, comunque, che una battuta a parte proprio prima che cominci un dialogo può essere decisiva per farci capire cosa probabilmente accadrà nella scena che sta per iniziare. Per esempio essa agisce in questo senso in una situazione semplice come quella in cui Crisalo si rivolge a Nicobulo nelle *Bacchides*. Egli annuncia che intende far diventare il vecchio come il mitico montone di Frisso e derubarlo del vello d'oro (vv. 239-42). Questa scena, come quella che Crisalo sta per recitare con il vecchio Nicobulo, non dovrebbe aver bisogno di una speciale interpretazione, ma la battuta a parte serve a far sì che il pubblico possa prevederla.

La battuta a parte è spesso considerata una convenzione con lo scopo di rivelare le riflessioni segrete di un personaggio in una data circostanza, e in effetti questo è l'uso più semplice e ovvio. Plauto, al pari di ogni altro drammaturgo comico, non rinuncia all'utilizzo di questo tipo di a parte per effetti immediati, come per esempio nella *Casina* (vv. 233-34):

CLEOSTRATA *Enicas.*
LYSIMACUS *Vera dicas velim.*
CLEOSTRATA *Credo ego istuc tibi.*[10]

Anche qui Plauto gioca con questo a parte dalle intenzioni omicide, permettendo a Cleostrata di sentirlo per caso e di reagire. Poco dopo Lisidamo mostra i primi segni della sua propensione al lapsus freudiano (vv. 365-68), quando dice a sua moglie che desidera che Casina venga data a se stesso, no, intende dire al suo servo Olimpione. La commedia qui rimane nella confusione su ciò che egli vuol dire a sua moglie e su ciò che piuttosto dovrebbe dire a parte. Il pubblico si diverte molto allo spettacolo di un attore che sembra aver dimenticato in che modo dovrebbe pronunciare certe battute chiave.

La forza delle battute a parte non dovrebbe mai venire sottovalutata. Quando nelle *Bacchides* Nicobulo, provenendo dalla sua casa,

[10] CLEOSTRATA Tu mi uccidi.
LISIMACO Magari lo facessi.
CLEOSTRATA *In questo* ti credo.

esplode di rabbia per gli inganni di cui è stato vittima, Crisalo lo accoglie con un brillante e spiritoso a parte (v. 772):

Salvos sum, iratus est senex.[11]

Ricorrendo a un gioco di parole si trasforma tutta la nostra visione della scena, e cinque semplici parole stabiliscono la superiorità teatrale di Crisalo in quella che segue. Le battute a parte uniscono l'attore agli spettatori in quanto rendono partecipi di uno scherzo o di una posizione di superiore consapevolezza (più evidente nelle scene in cui si origlia, per cui si veda sotto). L'attore che parla e il pubblico diventano alleati nella lotta contro qualsiasi nemico abbia occupato il palcoscenico al momento.

Un sorprendente numero di battute a parte in Plauto tratta dello stile di recitazione. I *servi callidi* sono sempre lì a rimbeccarsi su come recitare una particolare scena. Quando nell'*Asinaria* Leonida impersona la parte del sorvegliante di schiavi Saurea, e in effetti la carica troppo, Libano scivola in un veloce a parte per avvertirlo che rischiano di essere piantati in asso dal pubblico: *Heus, jam satis tu* (v. 446). Analogamente, Milfidippa e Palestrione si congratulano reciprocamente in battute a parte sulla loro abilità nel recitare la scena del *Miles gloriosus* in cui ingannano il soldato con il racconto della matrona che è pazzamente innamorata di lui. Per il pubblico è un privilegio ascoltare gli attori che discutono tra loro la riuscita di una performance. In questa situazione gli spettatori hanno la sensazione di partecipare alla creazione della commedia. Toxilo, nella *Persa*, ci dice direttamente come intende recitare la scena cui si prepara con il parassita Saturione (v. 84). Poco dopo, nella stessa commedia, quello che sarebbe il *servus callidus* Sagaristione ci dice come reciterà la scena imminente con Toxilo, nella quale infatti egli lo stimolerà al controllo della commedia (vv. 306-7: *graphice... gloriose*).

Le battute a parte sono intimamente associate all'idea di assunzione di un ruolo: esse, per un attore, sono l'ovvio espediente cui ricorrere quando ha bisogno di avvisare il pubblico che ne ha adottato uno. Quando Pardalisca esce furente dalla sua dimora, nella *Casina*, per annunciare che Casina appunto è stata colta da follia omicida, subito mette a parte il pubblico della notizia che i suoi isterismi sono solamente un ruolo, assunto per spaventare il vecchio Li-

[11] Sono salvo! Il vecchio è arrabbiato.

sidamo (vv. 685-88). Le battute a parte possono anche interpretare il ruolo di un altro altrettanto bene che il proprio. Periplectomeno, nel *Miles gloriosus*, recita un esteso a parte (vv. 200-18) in cui interpreta gli atteggiamenti che assume lo schiavo Palestrione: così mostra al pubblico come quello gradatamente plasmi se stesso nel ruolo del *servus callidus*, e aggiunge di continuo commenti sul suo stile di recitazione (v. 213: *dulice et comoedice*).

Gli a parte, quindi, sono un potente e diversificato espediente in Plauto. Effettivamente la profonda trasformazione teatrale di una scena in cui essi siano impiegati ce ne dà una doppia visione. Questa, qualche volta, può essere interna ed esterna (cioè i pensieri dei personaggi opposti al loro comportamento esteriore), ma le battute a parte in Plauto non sono in alcun modo limitate a questo semplice uso. Esse possono contrapporre il modello alla sua parodia, l'esempio tipico alla sua variante, ma fanno sempre ricordare la speciale natura della comunicazione teatrale, che ci permette di ricevere due o più messaggi simultaneamente.

Sostenere un ruolo

Il teatro di Plauto, quindi, è un teatro di ruoli da sostenere. Il concetto di "ruolo" deriva a Plauto più dal suo retroterra culturale italico che dallo spirito etico della Commedia Nuova. Molti aspetti sono attribuiti alla farsa atellana non più esistente, e questa, pur nella sua rigida concezione di ruolo, offre l'opportunità di fare come Plauto: cioè di indulgere alla commedia del trasferimento di ruoli. Abbiamo dato uno sguardo a un esempio tipico: l'adozione di Leonida della parte del sorvegliante di schiavi Saurea nell'*Asinaria*. Abbiamo visto come mettono in scena i ruoli, nei loro monologhi introduttivi, il *servus callidus* Epidico e l'*adulescens amans* Mnesiloco. Abbiamo anche visto Pistoclero nelle *Bacchides* indotto nel suo ruolo di *amator*. Calidoro, nello *Pseudolus*, si diverte così tanto nel suo ruolo di inetto *adulescens amans* che è restio a rinunciarvi, e ne difende così la sua recitazione:

Non jucundumst nisi amans facit stulte.[12]

Nemmeno la *lena* dell'*Asinaria* ha intenzione di abbandonare il

[12] Non c'è gusto se l'amante non fa il buffone.

suo ruolo. Il suo dovere e la sua funzione sono di dissanguare il giovane amante fino all'ultimo soldo, e non vi verrà meno (vv. 173-75).

Ruoli definiti così chiaramente possono quindi essere trasferiti da un personaggio all'altro e rimanere tuttavia riconoscibili. Il comportamento canonico può anche essere recitato a dispetto di una maschera che impone un diverso modello per ottenere una commedia che colpisca, cosa possibile solo in un teatro in cui si sostengono ruoli. Esempi tipici sono i *senes* (uomini anziani) che dimenticano i loro anni e diventano ancora *adulescentes amantes* (giovani amanti). A giudicare da Demeneto nell'*Asinaria*, Lisidamo nella *Casina*, Nicobulo e Filosseno nelle *Bacchides*, il pubblico romano non si stancò mai di questa particolare commedia del rovesciamento di ruoli. Cleostrata, nella *Casina*, attua la trasformazione di ruolo di gran lunga più interessante (almeno per noi): da *matrona* a poeta che manovra la trama, normalmente associato al *servus callidus*. Tuttavia il trasferimento di ruolo può anche essere pericoloso. Quando Lisidamo rifiuta il solito ruolo del *senex amator* finisce degradato alla condizione di schiavo fuggitivo. Normalmente solo un personaggio in una commedia è così potente da essere padrone del trasferimento di ruoli, e nella *Casina* quel personaggio non è Lisidamo ma Cleostrata.

L'assunzione di un ruolo è un mezzo ovvio che usa il personaggio astuto e imbroglione per raggiungere i suoi scopi; molte scene di recitazione di un ruolo ci mostrano il *servus callidus* o un suo imitatore che se ne serve. Sagaristione, nella *Persa*, recita la parte di un persiano ansioso di disfarsi di uno schiavo vendendolo a un fiducioso mercante (v. 543 sgg.), Leonida, nell'*Asinaria*, il soprintendente Saurea allo scopo di imbrogliare lo stupido commerciante, nonché il parassita Curculio nella commedia omonima (v. 391 sgg.), che pretende di essere lo schiavo di un assente *miles* al fine di rivendicare la ragazza che il soldato si è lasciato alle spalle. Fronesio, nel *Truculentus* (v. 449 sgg.), assume il ruolo della puerpera per spillare ancora denaro al *miles* che lei sostiene essere il padre del presunto neonato.

Infine, un ruolo può essere assegnato a un attore da un altro più forte. Apecide, nell'*Epidicus*, crede di aver assunto da sé il ruolo del vecchio stolto quando lui ed Epidico vanno a prendere la suonatrice di flauto (vv. 420-21: *adsimulabam: quasi / stolidum, combardum me faciebam*), ma in effetti è un ruolo assegnatogli da Epidico. I *servi callidi* che istruiscono altri, attraverso i loro ruoli, a compiere i vari inganni sono troppo numerosi per essere menzionati; ci limitiamo a dover evidenziare la loro apoteosi nel grande Pseudolo, che crea e istruisce Simia nel suo ruolo.

L'origliare e il teatro nel teatro

Comunemente si ritiene che l'origliare, nella commedia romana, sia una infelice necessità imposta al poeta nel rispetto della convenzione che tutta l'azione deve aver luogo fuori da porte. È stato sprecato molto inchiostro biasimando la mancanza di realismo in varie scene di Plauto in cui vengono acquisite informazioni origliando conversazioni confidenziali, che peraltro si tengono in mezzo alla strada. Dovrebbe essere chiaro tuttavia che, per quanto chi origlia possa raccogliere informazioni utili dall'isolamento del suo nascondiglio, egli ha una funzione ancora più importante nell'interpretare per gli spettatori quello che sente. Ogni commento che esprime a parte descrive, esplicitamente o implicitamente, la scena che sta osservando insieme al pubblico. In questo senso egli è anche uno degli spettatori, e instaura con essi un legame grazie al quale riesce a farli propendere ad accettare qualsiasi giudizio egli formuli su di essa.

La scena in cui Calino origlia nella *Casina* ci mostra in azione questa funzione interpretativa (vv. 437-514). Tradizionalmente la critica direbbe che il suo unico fine è quello di mettere al corrente Calino dei piani di Lisidamo per trascorrere una notte con Casina, così che Calino a sua volta ne possa informare Cleostrata. In verità egli assolve a una funzione molto più importante dandoci la chiave di lettura di Lisidamo e delle sue brame. Gli a parte scandalizzati di Calino (per esempio il v. 457: *quid? "amplecti"?*) indirizzano la nostra reazione nei confronti dello sfrenato desiderio sessuale di Lisidamo. La battuta a parte di Calino che definisce Lisidamo e Olimpione dei «cinghiali» (v. 476) presenta anche un'immagine chiave nel modo più diretto. I desideri di Lisidamo sono qualificati come animaleschi, e la formula origliare-battuta a parte conduce il pubblico ad assentire prontamente.

In maniera molto simile la presenza di Diniarco trasforma la prima apparizione della serva Astafio nel *Truculentus* (v. 95 sgg.). Egli si è appena presentato in un esteso monologo (vv. 1-94), con il quale ha spiegato in dettaglio come si sia ridotto in miseria a causa dell'amore, o piuttosto delle cortigiane. Il soliloquio d'entrata di Astafio potrebbe semplicemente essere un numero comico sull'avidità di queste ultime, ma la presenza di Diniarco, che lei e la sua padrona Fronesio hanno reso vittima, offusca molto e amareggia l'umorismo di repertorio della scena.

Plauto può anche rappresentare varianti della normale scena in cui si origlia. Esemplare è l'episodio in cui il giovane Mnesiloco origlia Lido e Filosseno nelle *Bacchides*. Egli apprende che il suo amico Pistoclero è accusato da Lido di avere una padrona; ne sa un po' di più dei due che sente: sa dell'esistenza della Bacchide di Samo, ignorando però quella della gemella di Atene, con cui appunto fila Pistoclero. Di conseguenza fraintende ciò che ascolta. La sua posizione nella scena, quindi, gli attribuisce una forza che egli può usare solo negativamente, quando rovina tutto il lavoro del servo Crisalo intessuto fino a quel punto della commedia. Il fallimento di Mnesiloco ha molto più a che fare con il proprio personaggio che con la struttura naturale della scena in cui si origlia; semplicemente egli non ha i requisiti personali per essere un commediografo.

Un commediografo riuscito come Toxilo nella *Persa* può sortire un cambiamento più apprezzabile nel funzionamento della scena in cui si origlia. Egli permette deliberatamente di essere ascoltato di nascosto, all'inizio della commedia, dal parassita Saturione (vv. 83-84), creando una scena per ingannare la sua immaginazione. Egli ha invertito le normali posizioni di forza con il proprio controllo del processo di finzione fino a questo punto.[13] Più avanti, nella stessa commedia, lui e il lenone Dordalo origliano il dialogo del "persiano" e della "ragazza persiana" quando parlano della loro prima vista di Atene. Nelle mani di Toxilo la normale doppia natura delle scene di questo tipo diventa tripla. Dordalo dovrebbe avere una posizione più forte di entrambi gli oggetti, ma in realtà egli è il personaggio meno accorto e meno influente nella scena. Toxilo può sottolinearlo girando il capo dall'altra parte per pronunciare una battuta come *ut contemptim carnufex* (v. 547). Toxilo, non Dordalo, può rivolgersi al pubblico direttamente, e il potere promana dal pubblico.

La scena in cui si origlia è una forma rudimentale di teatro nel teatro. Coloro che origliano sono il pubblico della commedia interna. Sebbene il suo aspetto metta l'accento sulla teatralità della situazione, cioè la relativa impotenza di chi si trova all'interno della commedia e la forza di chi guarda, non tutte le scene di questo tipo implicano un significato metateatrale. Tuttavia esse segnano la stra-

[13] Milfidippa, nel *Miles gloriosus* (v. 991 sgg.), fa essenzialmente la stessa cosa.

da intraprendendo la quale il teatro potrà giocare con la natura della comunicazione drammatica e la questione della finzione.

L'improvvisazione

L'improvvisazione non è soltanto una caratteristica del teatro non di finzione; di certo non è propriamente parte della forma letteraria di teatro, sebbene nella rappresentazione anche il dramma più rigidamente preparato su copione richieda agli attori capacità d'improvvisazione per dar vita all'opera.[14] L'improvvisazione, comunque, è un elemento fondante del dramma plautino, saldando le varie convenzioni nel festante gioco di recitare la commedia. Per quanto possa sembrare che l'improvvisazione, per sua natura, debba essere antitetica a qualsiasi forma di controllo, in pratica (e in Plauto) nessun personaggio può improvvisare liberamente. Permettere a ogni attore la libertà di farlo equivale a creare il caos. Un attore deve prendere l'iniziativa, seguire le linee generali di comportamento e magari anche assegnare le parti agli altri, al fine di formare l'azione drammatica. In Plauto questo attore normalmente è il *servus callidus* o uno dei suoi imitatori.

Dopo la dettagliata esposizione delle attività degli schiavi eroi già considerata, questo aspetto potrebbe forse sembrare troppo ovvio per essere dimostrato; nondimeno consideriamone uno o due esempi. Quando Epidico racconta a Perifane la storia del ritorno dell'esercito e delle cortigiane che aspettano alle porte della città il rientro dei loro amanti (v. 196 sgg.), egli improvvisa facilmente le conversazioni che si suppone abbia orecchiato di nascosto, ed è talmente preso dal puro e semplice piacere di raccontare una storia che quasi deraglia dal suo proposito, con una digressione sulla moda delle donne (v. 224 sgg.). Più tardi, nella scena, appare in aperta improvvisazione, veloce quanto basta per restare un passo avanti all'ultraimpaziente *senex* Perifane. Il grande Crisalo, nelle *Bacchides*, improvvisa l'intero racconto della nave pirata che impedì a lui e al suo giovane padrone di portare a casa il denaro che erano stati inviati a procurarsi a Efeso. Questo sen-

[14] Abbiamo sostenuto che Plauto desidera rappresentare nel suo dramma la spontaneità improvvisata del teatro preletterario, presumibilmente la farsa atellana; quindi, per "improvvisazione" in Plauto intendiamo l'imitazione letteraria delle caratteristiche di quella vera.

so dell'improvvisazione aumenta l'immediatezza della scena. Crisalo deve lasciare il palcoscenico per mettere al corrente il suo padrone del racconto che ha appena inventato (v. 364); se tutto fosse stato concertato in anticipo, non ci sarebbero i contrattempi che rendono le *Bacchides* emozionanti.

L'improvvisazione conferisce all'esperienza comica un'urgenza analoga a quella dell'umore da vacanza: abbiamo solo un giorno per divertirci, cerchiamo di sfruttarlo al massimo. Pianificare in anticipo fa sprecare soltanto tempo prezioso. Nel cuore dell'improvvisazione a ritmo incalzante che permea molte delle commedie di Plauto sta l'irruente impulso dello spirito comico.

Quando niente è programmato in anticipo, l'azione è nuova ogni volta. L'improvvisazione salvaguarda la vitalità di uno stile rigidamente regolato da convenzioni. Anche se Plauto gioca molto con quelle della tradizione teatrale sia greca sia italica che a lui giunse, è lo spirito dell'improvvisazione che rende questi giochi possibili e sempre freschi e nuovi.

Riepilogo

Ora dovrebbero essere chiari i termini della rielaborazione, operata da Plauto, delle convenzioni della Commedia Nuova. Egli risponde alla tendenza alla finzione di Menandro con l'esaltazione della teatralità. Dove Menandro ha cercato di imitare la vita, Plauto cerca di divertirsi proprio con l'idea dell'imitazione. Prologo ed epilogo segnano i confini tra realtà e mondo del palcoscenico. I soliloqui si rivolgono direttamente al pubblico e pretendono che esso prenda posizione, dia un contributo percepibile al divenire della commedia. Le battute a parte producono una doppia visione teatrale, che dà vita all'ironia e fa intravedere le molteplici dimensioni del teatro della non finzione. I ruoli sono assunti e abbandonati, trasferiti e rovesciati. Le scene in cui si origlia diventano teatro nel teatro e, mentre un attore improvvisa, lotta, non sempre con successo, per sostenere questa impresa, ribelle, indisciplinata, ma vitale per il filo della narrazione.

Tutto ciò è molto più che una parodia della sentimentale commedia greca: è una nuova concezione del teatro.

Niall W. Slater

BIBLIOGRAFIA

Principali edizioni delle commedie di Plauto

Oltre alla prescelta di W.M. Lindsay, Oxford 1904 (ristampata più volte), al cui testo ci si è attenuti, si segnalano:

A. Ernout, Paris 1933 (più volte ristampata)
G. Goetz - F. Schoell, Leipzig 1892-1904
F. Leo, Berlin 1895-1896
F. Ritschl, Leipzig 1884-1890

Testo e traduzione italiana di tutte le commedie di Plauto

G. Augello, Torino 1968-1987
C. Carena, Torino 1975
E. Paratore, Roma 1976
M. Scandola, Milano 1985-1988
G. Vitali, Bologna 1941-1949

Recensione e commento completo delle commedie di Plauto

Lexicon Plautinum
G. Lodge, Leipzig 1904-1938
I.L. Ussing, Hauniae 1975-1992 (rist. Hildesheim 1975)

Opere fondamentali per lo studio del teatro di Plauto

F. Arnoldi, *Da Plauto a Terenzio*, Napoli 1946
W. Beare, *The Roman Stage*, London 1952
F. Della Corte, *Da Sarsina a Roma*, Firenze 1961

G.E. Duckworth, *The nature of Roman Comedy*, Princeton 1952
E. Fraenkel, *Plautinisches im Plautus*, Berlin 1922 (trad. it. F. Munari, Firenze 1960)
G. Jachmann, *Plautinisches und Attisches*, Berlin 1931
F. Leo, *Plautinische Forschungen*, Berlin 1912
M.W. Lindsay, *Syntax of Plautus*, Oxford 1907
G. Michaut, *Plaute* in *Histoire de la Comédie romaine*, Paris 1920
E. Paratore, *Storia del teatro latino*, Milano 1957
R. Perna, *L'originalità di Plauto*, Bari 1955
C. Questa, *Introduzione alla metrica di Plauto*, Bologna 1967
F. Ritschl, *Parerga zu Plautus und Terenz*, Leipzig 1845
E.W. Segal, *Roman Laughter. The Comedy of Plautus*, Cambridge (Mass.) 1968
N.W. Slater, *Plautus in performance*, Princeton 1985

I più recenti studi su Plauto

Atti del V congresso internazionale di studi sul dramma antico: Plauto e il teatro, in «Dioniso», 46, 1975
M.G. Alliand, *La figura del servo nella commedia di Plauto*, in «Zetesis», 8, 1, 1988, pp. 27-45
F. Bettini, *Vent'anni di studi plautini in Italia (1950-1970)*, in «Bollettino di studi latini», 1, 1971, pp. 23-41
F. Bettini - C. Questa, *Nuovi studi su Plauto: grammatica, poetica e fortuna letteraria*, in «Materiali e discussioni», Pisa 1985
M. Bettini, *Verso un'antropologia dell'intreccio e altri studi su Plauto*, Urbino 1991
J.R. Bravo, *Comedias* (trad.), Madrid 1989
F. Bubel, *Bibliographie zu Plautus (1976-1989)*, Bonn 1992
G. Chiarini, *Imparzialità e scrittura scenica di Plauto*, in «Rivista di cultura classica e medioevale», 18, 1976, pp. 268-72
—, *La recita, Plauto, la farsa, la festa*, Bologna 1979
—, *Plauto*, in *Dizionario degli scrittori greci e latini*, III, pp. 1669-95
E. Coleiro, *Lo schiavo in Plauto*, in «Vichiana»,12, 1983, pp. 113-20
V. D'Agostino, *Cenni sulla figura del "servus" nella commedia plautina*, in «Rivista di studi classici», 33, 1975, pp. 268-72
Z. Danielewicz, *Fabulae exitus quomodo a Plauto signetur*, in «Eos», 48, 1979, pp. 103-10
F. Della Corte, *Personaggi femminili in Plauto*, in «Dioniso», 42, 1969, pp. 485-97

J. Dingel, *Herren und sklaven bei Plautus*, in «Gymnasium», 88, 1981, pp. 489-95

P. Fedeli, *Condizionamento delle strutture sceniche nel teatro plautino*, La didattica del latino, Foggia 1979, pp. 158-74

I. Fischer, *Encore sur le caractère de la langue de Plaute*, in «Studi classici», 13, 1971, pp. 59-68

M.E. Gilleland, *Linguistic differentiation of character type and sex in the comedies of Plautus and Terence*, diss. University of Virginia, Charlottesville 1979

P. Grimal, *Exist-t-il une moral de Plaute?*, Bulletin Association Budé, Paris 1975, pp. 485-98

P.B. Harvey, *Historical topicality in Plautus*, «The Classical World», 79, 1986, pp. 297-304

M.M. Henderson, *The comedy of Plautus*, in «Akroterion», 20, 1, 1975, pp. 2-13

S.L. Hines, *The metaphorical use of mithological and historical allusions in Plautus*, diss. University of Minnesota, Minneapolis 1973

W. Hofmann, *Komödien (Dall'Amphitruo alla Mostellaria)*, Leipzig 1987

Z. Hoffmann, *Der senat bei Plautus*, «Acta Classica Universitatis Scientiarum Debreceniensis», 23, 1987, pp. 27-29

J.D. Hughes, *A bibliography of scolarship on Plautus*, Amsterdam 1975

H.D. Jocelyn, *Le théâtre et l'histoire des textes des comédies de Plaute*, in «Pallas», 38, 1992, pp. 337-44

A.L. Kac, *The social tendency in Plautus' plays*, (riass. ingl. da) «Vestnik Drevney Istorii», 151, 1980, pp. 72-95

G. Monaco, *Qualche considerazione sullo sfondo politico del teatro di Plauto*, in «Dioniso», 48, 1969, pp. 305-307

L. Perelli, *Società romana e problematica sociale nel teatro plautino*, in «Studi romani», 26, 1978, pp. 307-27

G. Petrone, *Narratore e narrazioni nei prologhi di Plauto.* in «Materiali e contributi per la storia della narrativa greco-latina», 3, 1981, pp. 269-83

—, *Teatro antico e inganno – Finzioni plautine*, Palermo 1983

C. Questa, *Sulla divisione in scene del teatro plautino*, in «Maia», 26, 1974, pp. 301-19

—, *Maschere e funzioni nelle commedie di Plauto,* in «Materiali e discussioni», 8, 1982, pp. 9-64

—, *Parerga plautina*, Urbino 1984

—, *T. Macci Plauti cantica*, Urbino 1955

C. Questa - R. Raffaelli, *Maschere, prologhi, naufragi nella commedia Plautina*, Bari 1984

C. Roccaro, *Il pianto in Plauto: "flere" e i suoi composti*, in «Pan», 2, 1984, pp. 27-41

G. Rotelli, *Ricerca di un criterio metodologico per l'utilizzazione di Plauto*, «Bollettino dell'Istituto di Diritto romano», 75, 1972, pp. 97-132

E. Schuhmann, *Ehescheidungen in den Komödien des Plautus*, «Zeitschrift Savigny, Stiftung für Rechtgeschichte», 93, 1976, pp. 19-32

—, *Zur sozialen Stellung der Frau in der Komödien des Plautus*, «Altertum», 24, 1978, pp. 97-105

—, *Hinweise auf Kulthandlungen in Zusammenhang mitmit plautinischen Frauengestalten*, in «Klio», 59, 1977, pp. 137-47

—, *Der typ der "uxor dotata" in der Komödien des plautus*, in «Philologus», 121, 1977, pp. 45-46

—, *Die soziale Stellung der Hetaeren in der Komödien des Plautus*, «Index», 17, 1989, pp. 155-60

E. Segal, *Scholarship on Plautus*, in «The Classical World», 74, 1981, pp. 353-433

R. Shilling, *Les dieux dans le théâtre de Plaute*, Association Budé, Actes IX Congrès, pp. 342-53

J.P. Stein, *Compound word coinages in the plays of Plautus*, in «Latomus», 30, 1971, pp. 598-606

G. Tanner, *The origins of Plautine comedy, in* «Studi in onore di Y.H. Bishop», 1980, pp. 58-83

G. Viveros, *Comoedias* (intr., trad. e note), Mexico 1978-1983

N. Zagagi, *Tradition and originality in Plautus' studies of the amatory motifs in Plautine Comedy*, Göttingen 1980

Miles gloriosus*: recenti studi e traduzioni*

Actes du colloque organisé par la C.R.A.T.A., Autour du Miles gloriosus de Plaute, Université de Toulouse, Toulouse 1983

J. Alsina Clota, *Sobra el modelo grieco del Miles gloriosus de Plautus*, in «Helmantica», 34, 1983, pp. 44-54

A. Arcellaschi, *La "composition" du Miles gloriosus*, in «Revue des Études Latines», 71, 1993, pp. 44-54

D. Averna, *Spettatore attore in Plauto*, in «Dioniso», 54, 1983, pp. 205-209

M. Boillat, *De l'Alazon au Miles gloriosus: la personalité de Pyrgopolinice*, in «Museum Helveticum», 48, pp. 296-309

J.I. Cirnelo Borge, *Miles gloriosus* (trad. e note), Barcelona 1977

V.J. Cleary, *"Se sectari simiam" Monkey businnes in the Miles gloriosus*, in «Classical Journal», 17, 1972, pp. 299-303

K. Dér, *Duplex argumentum*, in «Homonoia», 6, 1983, pp. 129-60

W.E. Forehand, *The use of imagery in Plautus' Miles gloriosus*, in «Rivista di Studi classici», 21, 1973, pp. 5-16

D. Giordano, *Miles gloriosus* (trad.), Brescia 1973

P. Giordano, *La deissi personale nella comunicazione drammatica: analisi del Miles gloriosus di Plauto*, «Lingua e Stile», 24, 1988, pp. 409-33

H.D. Jocelyn, *Plautus, Miles gloriosus 209-212*, in «Sileno», 13, 1987, pp. 17-20

—, *Two plautine names, Milphio and Milphidippa*, in «Classical Review», 21, 1971, p. 331

J.F. Killeen, *Plautus Miles gloriosus, 211*, in «Classical Philology», 68, 1973, pp. 53-54

L. Koenen, *Plautus, Miles gloriosus, 1016, "signum"*, in «Zeitschrift für Papyrologie und Epigraphik», 17, 1975, pp. 79-80

E. W. Leach, *The soldier and society: Plautus' Miles gloriosus as popular drama*, in «Rivista di Studi classici», 27, 1979, pp. 185-209

A.D. Leeman, *Aspects dramatologiques du Miles plautien*, Association Budè, Actes IX Congrès, pp. 322-25

E. Léfèvre, *Plautus-Studien*, IV, *Die Umformung des zu der Doppelkomödie des Miles gloriosus*, in «Hermes», 112, 1984, pp. 30-53

C. Louro Fonseca, *O soldado fanfarâo* (trad.), Coimbra 1980

G. Luck, *The role of Periplectomenus in the Miles gloriosus*, in «Euphrosyne», 20, 1992, pp. 322-25

S. Mantero, *Plauto, Miles gloriosus, 694 y los primeros metoposcopi latinos*, in «Dioniso», 68, 1993, pp. 61-94

C. Morenilla, *Periplectomeno: la aristeia de una vieja figura comica*, in «Emerita», 61, 1993, pp. 61-94

H.W. Noeremberg, *Einige Beobachtungen zur Lucrioszene des plautinische Miles gloriosus*, in «Rheinischen Museum», 118, 1975, pp. 285-310

G. Neumann, *Vorschlage zum text von Plautus' Miles gloriosus*, in «Glotta», 52, 1984, pp. 241-48

G. Pascucci, *Praeneoterica, Plauto*, in *Studi di poesia latina in onore di A. Traglia*, Roma 1979

P. Rau, *Miles gloriosus* (trad.), Stuttgart 1984

V.J. Rosivach, *Sceledrus and the monkey again*, in «Classical Journal», 70, 1974, p. 47

C.F. Saylor, *Periplectomenus and the organisation of the Miles gloriosus*, in «Eranos», 65, 1977, pp. 1-13

L. Schaaf, *Der Miles gloriosus des Plautus und sein griechischen Original. Ein Beitrag zur Kontaminatisfrage*, München 1977

—, *Der Miles gloriosus des Plautus*, in «Latomus», 39, 1980, pp. 19-20

P. Smith, *Miles gloriosus, Pseudolus, Rudens* (trad. e intr.), New York 1991

Aulularia: *recenti studi e traduzioni*

W.G. Arnott, *The Geek original of Plautus' Aulularia*, «Wiener Studien», 101, 1988, pp. 181-91

—, *A study in relationship: Alexis' Lebes, Menander' Dyskolos, Plautus' Aulularia*, in «Quaderni urbinati di cultura classica», 67, 1989, pp. 27-38

G. Augello, *La questione dei due Strobili nell'Aulularia*, Liceo classico G. Garibaldi, VII-VIII, Palermo 1970-1971, pp. 132-38

D. Bain, *A recent suggestion about the original of Plautus' Aulularia*, «Classical monthly», 17, 1992, pp. 27-38

P. Brind'Amour, *Des ânes et des boeuf dans l'Aululaire*, in «Maia», 28, 1976, pp. 25-27

Brix-Niemeyer-Köler, *Aulularia* (trad.), Barcelona 1977

J. Castané Llinas, *La acies de la Aulularia plautina*, in «Emerita», 77, 1988, pp. 89-94

V. Faggi, *Aulularia, Miles gloriosus, Mostellaria* (trad.), Milano 1998

E. Gabba, *Sul "miles impransus" dell'Aulularia di Plauto*, «Rendiconti dell'Istituto Lombardo di Scienze e Letteratura», 113, 1979, pp. 408-41

F. García Jurado, *Las criticas misoginas a las matronas par medio de las meretrices en la comedia plautina*, in «Cuadernos de Filologia clásica», 4, 1993, pp. 39-48

W. Hofmann, *Zur Charaktergestaltung in der Aulularia des Plautus*, in «Klio», 59, 1977, pp. 349-58

R.L. Hunter, *The Aulularia of Plautus in the Greek original*, «Proceedings of the Cambridge Philological Society», 27, pp. 37-48

D. Konstan, *The social themes in Plautus' Aulularia*, in «Arethusa», 10, 1977, pp. 307-20

D. Lange, *The number of slave roles in Plautus' Aulularia*, in «Classical Philology», 65, 1973, pp. 62-63
G.B. Lévée, *L'Aululaire* (trad.), Paris 1991
G. Lieberg, *Hat Plautus die Szene IV, 8 der Aulularia eingeschoben?*, in «Philologus», 136, 1992, pp. 71-80
W.A. de Madeiros, *A comedia da marmita* (trad.), Coimbra 1985
M. Molina Sanchez, *Estudio ecenico literario y comparativo de l'Aulularia de Plauto*, Granada 1985
—, *Aulularia* (ed. critica), Madrid 1991
A. Primmer, *Der "Geizige" bei Menander und Plautus' Aulularia*, in «Wiener Studien», 105, 1992, pp. 69-127
M. Readle, *Aulularia* (ed. critica e trad.), Stuttgart 1978
V.J. Rosivach, *The "miles impransus" of Plautus' Aulularia*, in «Latomus», 48, 1989, pp. 344-45
F. de Ruyt, *Observations critiques et hermétiques à l'Aululaire de Plaute*, in «L'Antiquité Classique», 50, 1981, pp. 235-41
W. Stockert, *Die Auspielungen auf die Bacchanalien in der Aulularia (vv. 406-414) und anderen Plautus' Komödien*, Antidosis (Festschrift für W. Kraus), 1972, pp. 398-407
—, *Zur sprachlichen Characterisirung der Personen in Plautus' Aulularia*, in «Gymnasium», 89, 1982, pp. 4-14
—, *Aulularia* (trad. e comm.), Stuttgart 1983
M. Swoboda, *De argumentis satiricis et parodiam redolentibus apud Plautum obviis*, in «Eos», 1, 10, 1972, pp. 51-69
G. Torresin, *Sull'Aulularia di Plauto*, in «Classica et Mediaevalia» (F. Blatt dedic.), pp. 167-93
A. Vaccaro, *Professiones y gremios en el teatro de Plauto*, in «Quaderni dell'Istituto di lingua e letteratura latina», 2-3, 1980-1981, pp. 251-74

NOTA BIOGRAFICA

Sulla vita di Plauto, che interessò un arco di tempo di circa settant'anni, le notizie delle fonti antiche sono scarse, numerose le congetture dei moderni. Cicerone (in *De senectute* 50) lo considera nato prima del 250 a.C., seguendo indirettamente anche il parere di Varrone, la cui attendibilità è però discutibile. Non ci sono, comunque, autorevoli testimonianze antiche per stabilire proprio la data del 254 o quella del 259/258, come invece si riporta tradizionalmente. Sulla base della documentazione disponibile, Plauto avrebbe potuto essere dieci anni più giovane di Catone il Censore, che nacque nel 234. Secondo la tradizione (san Gerolamo, *Chronicon* 200 a.C.; Festo, s.v. *ploti*, e anche *Mostellaria* 770), era originario di Sarsina, una piccola cittadina sull'Appennino, oggi in Romagna ma nell'antichità in Umbria, regione molto più estesa di quella amministrativa attuale. Ancora Cicerone (*Brutus* 60) afferma che Plauto morì (Gerolamo attesta a Roma, ed erroneamente nel 200, *loc. cit.*) sotto il consolato di Publio Claudio e Lucio Porcio, mentre era censore Catone, quindi nel 184/183; ma è notizia ancora non confermata. Forse si può attribuire alla mancanza di dati relativi a rappresentazioni tarde, magari perché Plauto si ritirò dal teatro o fu invitato a farlo da Catone il Censore.

Nei prologhi sono attestati vari nomi: *Plautus*; *Maccus*; *Macci Titi* al genitivo; *T. Macci Plauti Casina explicit* solo nel palinsesto Ambrosiano, che sciolto al nominativo dà *Titus Maccius Plautus*. *Maccus* (in seguito ingentilito in *Maccius*) è il nome di una maschera, il buffone della farsa atellana, di cui l'autore agli inizi probabilmente recitò il ruolo. Accanto al *cognomen* urbanizzato in *Plautus*, "piedi piatti" (in origine nella forma rustica *Plotus*, cfr. Festo, *loc. cit.*; cfr. anche *planipes* = "mimo"), assumerebbe il valore di un soprannome caratteristico, come Buffone, Saltimbanco Piedipiatti.

Poche altre informazioni sui fatti seguenti rimangono comunque nell'alone della leggenda, creatasi probabilmente sull'onda di temi ricorrenti e noti nei suoi testi: in particolare che egli si fosse ridotto in miseria dopo un primo periodo di successo lavorando nel teatro, *in operis artificum scaenicorum* (come "assistente di scena", cfr. per l'espressione Gellio, *Noctes Atticae* III, 3, 14; Cicerone, *Ad familiares* XIII, 9, 3) e anche come *histrio*, "attore" (cfr. Orazio, *Epistulae* II, 1, 170 sgg.). Lavorando quindi come servo alla macina di un mulino avrebbe cominciato a scrivere le prime commedie: *Saturio, Addictus* e una terza di cui Gellio (*loc. cit.*) non ricorda il nome.

La fortuna delle sue opere comunque crebbe rapidamente. Dopo la sua morte «la Commedia fu a lutto, il Riso, il Gioco e lo Scherzo, la Musica infinita dei suoi versi tutti insieme lo piansero», come suona il celebre epigramma che Gellio (*Noctes Atticae* I, 24, 3) tramanda da una sezione perduta del *De poetis* di Varrone.

Per quanto è possibile datare le sue commedie a noi pervenute, esse risalgono a un periodo compreso tra gli ultimi anni della seconda guerra punica e il decennio 180/170. Il suo nome fu a lungo associato a quello di T. Publilio Pellione, un noto impresario teatrale, ed è possibile che Plauto stesso abbia recitato in qualcuna delle sue commedie, come si pensa in base all'unica possibile testimonianza diretta in *Bacchides* 211 sgg.

Nel periodo graccano sotto il nome di Plauto circolarono circa centotrenta commedie, a uso degli attori e non come edizioni da lettura. Va naturalmente ricordato che le commedie spurie erano moltissime, data la facilità degli antichi alle false attribuzioni. Il *corpus* delle commedie autentiche è quello che noi conosciamo in seguito alla classificazione di Varrone: egli ne isolò ventuno *consensu omnium*, che Gellio definì, anche se inesattamente, *fabulae Varronianae* (*Noctes Atticae* III, 3, 3). Ulteriori diciannove commedie, in base a criteri stilistici, sono state identificate da Varrone come probabilmente plautine, pur permanendo dubbi o parere contrario di altri eruditi, mentre egli ne definì certamente falsificate un'altra novantina. Probabilmente molte opere autentiche sono andate perdute. Sono stati tramandati circa centodieci versi frammentari verosimilmente plautini e un'altra sessantina di citazioni spurie.

Riportiamo qui le *fabulae Varronianae* (tràdite in rigoroso ordine alfabetico e rinvenute nel palinsesto Ambrosiano): *Amphitruo*, unica commedia mitologica; *Asinaria*, tratta dall'*Onagos* ("Il mulattiere") di un Demofilo; *Aulularia*, forse tratta da Menandro; *Bacchides*, mancanti dell'inizio, dal *Dis exapaton* ("Colui che inganna due volte") di Menandro, pervenuto in frammenti; *Captivi*; *Casina*, dai *Kleroumenoi* ("I sorteggianti") di Difilo. Dopo il 186 a.C. *Cistellaria*, di poco anteriore al 201 e seriamente danneggiata, dalle *Synaristosai* ("Le commensali") di Menandro; *Curculio*, gravemente mutila; *Epidicus*, anteriore alle *Bacchides* (cfr. *ivi* 211 sgg.); *Menaechmi*, non necessariamente una delle prime opere; *Mercator*, dall'*Emporos* ("Il mercante") di Filemone; *Miles gloriosus*, da un *Alazon* ("Lo spaccone"); *Mostellaria*, da un *Phasma* ("Apparizione"); *Persa*; *Poenulus*, del 188/187 a.C., gravemente interpolata, dal *Karchedonios* ("Il cartaginese") di Alessi; *Pseudolus*; *Rudens*, da Difilo; *Stichus*, del 200 a.C., dai primi *Adelphoi* ("I fratelli") di Menandro; *Trinummus*, dal *Thesauros* ("Il tesoro") di Filemone, posteriore al *Curculio* (cfr. *Trinummus* 1016, in cui si legge *Curculiost*); *Truculentus*, risalente all'incirca al 188 a.C.; *Vidularia*, quasi completamente perduta, da una *Schedia* ("La zattera") forse di Difilo.

MILES GLORIOSUS

IL SOLDATO SPACCONE

PERSONAE

PYRGOPOLYNICES (miles)
ARTOTROGUS (parasitus)
PALAESTRIO (servus)
PERIPLECTOMENUS (senex)
SCELEDRUS (servus)
PHILOCOMASIUM (mulier)
PLEUSICLES (adulescens)
LURCIO (?) (puer)
ACROTELEUTIUM (meretrix)
MILPHIDIPPA (ancilla)
PUER
CARIO (cocus)

SCAENA EPHESI

PERSONAGGI[1]

PIRGOPOLINICE (soldato)
ARTOTROGO (parassita)
PALESTRIONE (servo)
PERIPLECTOMENO (vecchio)
SCELEDRO (servo)
FILOCOMASIO (cortigiana)
PLEUSICLE (giovane)
LURCIONE (schiavo)
ACROTELEUZIO (cortigiana)
MILFIDIPPA (serva)
SCHIAVO
CARIONE (cuoco)

(*La scena è ambientata a Efeso.*)

ARGUMENTUM I

Meretricem Athenis Ephesum miles avehit.
Id dum ero amanti servos nuntiare volt
Legato peregre, ipsus captust in mari
Et eidem illi militi dono datust.
Suom arcessit erum Athenis et forat
Geminis communem clam parietem in aedibus,
Licere ut quiret convenire amantibus.
Obhaerentis custos hos videt de tegulis,
Ridiculis autem, quasi sit alia, luditur.
Itemque impellit militem Palaestrio
Omissam faciat concubinam, quando ei
Senis vicini cupiat uxor nubere.
Ultro abeat orat, donat multa. Ipse in domo
Senis prehensus poenas pro moecho luit.

ARGOMENTO I[2]

Un soldato si porta a Efeso una cortigiana che ha prelevato ad Atene. Il servo dell'innamorato della ragazza, Palestrione, volendo riferire ciò al padrone che è partito per una missione diplomatica, si mette in viaggio per mare ma viene catturato dai pirati e dato da essi in dono proprio a quel soldato. Si preoccupa allora di far venire il suo padrone da Atene e pratica intanto di nascosto un foro tra la parete della casa in cui abita e quella contigua, in modo che i due amanti possano incontrarsi. Lo schiavo addetto alla custodia della ragazza vede dal tetto i due abbracciati, ma viene gabbato in modo spassoso e costretto a credere che la ragazza sia un'altra. È sempre Palestrione che spinge il soldato a liberarsi della concubina, convincendolo che la moglie del vecchio vicino desidera sposarlo. Il soldato prende allora l'iniziativa di invitare la ragazza ad andarsene, coprendola di doni. Ma poi, acchiappato nella casa del vecchio, sconta la pena riservata agli adulteri.

ARGUMENTUM II

Meretricem ingenuam deperibat mutuo
Atheniensis iuvenis; Naupactum is domo
legatus abiit. Miles in eandem incidit,
deportat Ephesum invitam. Servos Attici,
ut nuntiaret domino factum, navigat;
capitur, donatur illi captus militi.
Ad erum ut veniret Ephesum scribit. Advolat
adulescens atque in proximo devortitur
apud hospitem paternum. Medium parietem
perfodit servos commeatus clanculum
qua foret amantum. Geminam fingit mulieris
sororem adesse. Mox ei dominus aedium
suam clientam sollicitandum ad militem
subornat. Capitur ille, sperat nuptias,
dimittit concubinam et moechus vapulat.

ARGOMENTO II

Un giovane ateniese moriva d'amore per una cortigiana, libera di nascita, ed era da lei riamato. Egli dovette recarsi a Naupatto[3] per un'ambasciata. Un soldato conosce per caso la ragazza e, contro la volontà di lei, se la porta a Efeso. Lo schiavo del giovane ateniese parte per mare per annunziare al padrone quanto è avvenuto. Ma viene catturato dai pirati e dato in dono proprio a quel soldato. Allora scrive al padrone di venire a Efeso. Il giovane vi si precipita e prende alloggio in casa di un amico del padre, contigua a quella del soldato. Il servo pratica un passaggio nella parete comune alle due case perché i due amanti possano incontrarsi di nascosto. Poi inventa l'arrivo di una sorella gemella della ragazza. Subito il padrone di casa ingaggia una cortigiana di sua conoscenza e gliela mette a disposizione per adescare il soldato. Quello abbocca, spera nelle nozze, licenzia la concubina e, sorpreso come adultero, si busca un fracco di legnate.

ACTUS I

PYRGOPOLYNICES ARTOTROGUS

PYRGOPOLYNICES Curate ut splendor meo sit clupeo clarior
quam solis radii esse olim quom sudumst solent,
ut, ubi usus veniat, contra conserta manu
praestringat oculorum aciem | in acie hostibus.
Nam ego hanc machaeram mihi consolari volo,
ne lamentetur neve animum despondeat,
quia se iam pridem feriatam gestitem,
quae misera gestit fartem facere ex hostibus.
Sed ubi Artotrogus hic est?
ARTOTROGUS Stat propter virum
fortem atque fortunatum et forma regia;
tum bellatorem – Mars haud ausit dicere
neque aequiperare suas virtutes ad tuas.
PYRGOPOLYNICES Quemne ego servavi in campis
[Curculioneis,
ubi Bumbomachides Clutomestoridysarchides
erat imperator summus, Neptuni nepos?
ARTOTROGUS Memini. Nempe illum dicis cum armis aureis,
quoius tu legiones difflavisti spiritu,
quasi ventus folia aut peniculum tectorium.
PYRGOPOLYNICES Istuc quidem edepol nihil est.
ARTOTROGUS Nihil
[hercle hoc quidemst
praeut alia dicam – quae tu numquam feceris.
Peiiuriorem hoc hominem si quis viderit
aut gloriarum pleniorem quam illic est,
me sibi habeto, ego me mancupio dabo;
nisi unum, epityra estur insanum bene.

ATTO I

Scena I[4]
PIRGOPOLINICE ARTOTROGO

PIRGOPOLINICE Fate attenzione! Il mio scudo deve brillare più dei raggi del sole in un cielo sereno, perché, nel caso ci si azzuffi, fortemente abbagli in battaglia[5] la vista dei nemici. E voglio anche sollevare il morale della mia spada, perché non pianga e non si perda d'animo dato che da tempo la porto con me in vacanza forzata, lei che brama disperatamente di spappolare i nemici! Artotrogo! Ma dove s'è cacciato?

ARTOTROGO Eccolo qui, all'ombra di quell'eroe baciato dalla fortuna, regale nell'aspetto,[6] e soprattutto grande guerriero! Marte non si sognerebbe di vantare le proprie gesta e di paragonarle alle tue!

PIRGOPOLINICE Vuoi alludere a quel tale che ho salvato sul campo di Curculionea, dove il comandante supremo era Bumbomachide Clitomestoridisarchide,[7] nipote di Nettuno?[8]

ARTOTROGO Ah, mi ricordo! Stai parlando di quel guerriero dalle armi d'oro le cui legioni hai spazzato via d'un soffio, come fa il vento con le foglie e con i tetti di paglia.

PIRGOPOLINICE Sì, per Polluce! Ma questo è niente!

ARTOTROGO D'accordo, per Ercole! Non è niente al confronto con le altre imprese che potrei citare... (*a parte*) e che tu non hai mai compiuto! Se qualcuno ha mai visto un uomo più fanfarone e smargiasso di costui, mi prenda come suo schiavo! Mi consegno a lui! Qui c'è solo un vantaggio: ci si mangia un'insalata greca[9] buona da matti!

PYRGOPOLYNICES Ubi tu es?
ARTOTROGUS Eccum. Edepol vel elephanto [in India,
quo pacto ei pugno praefregisti bracchium.
PYRGOPOLYNICES Quid, “bracchium”?
ARTOTROGUS Illud dicere volui, [“femur”.
PYRGOPOLYNICES At indiligenter iceram.
ARTOTROGUS Pol si quidem
conixus esses, per corium, per viscera
perque os elephanti transmineret bracchium.
PYRGOPOLYNICES Nolo istaec hic nunc.
ARTOTROGUS Ne hercle operae [pretium quidemst
mihi te narrare tuas qui virtutes sciam.
Venter creat omnis hasce aerumnas: auribus
peraudienda sunt, ne dentes dentiant,
et adsentandumst quidquid hic mentibitur.
PYRGOPOLYNICES Quid illuc quod dico?
ARTOTROGUS Ehem, scio iam [quid vis dicere.
Factum herclest, memini fieri.
PYRGOPOLYNICES Quid id est?
ARTOTROGUS Quidquid est.
PYRGOPOLYNICES Habes –
ARTOTROGUS Tabellas vis rogare. Habeo, et [stilum.
PYRGOPOLYNICES Facete advortis tuom animum ad [animum meum.
ARTOTROGUS Novisse mores tuos me meditate decet
curamque adhibere ut praeolat mihi quod tu velis.
PYRGOPOLYNICES Ecquid meministi?
ARTOTROGUS Memini centum in [Cilicia
et quinquaginta, centum in Scytholatronia,
triginta Sardos, sexaginta Macedones –
sunt homines quos tu – occidisti uno die.
PYRGOPOLYNICES Quanta istaec hominum summast?

PIRGOPOLINICE Dove sei andato a finire?

ARTOTROGO Sono qui! Per Polluce, mi viene in mente quell'elefante in India. Con che pugno gli hai spezzato un braccio!

PIRGOPOLINICE Un braccio? Ma che cosa dici?

ARTOTROGO Ah, già! Volevo dire una gamba.

PIRGOPOLINICE Eppure non mi ero per niente impegnato!

ARTOTROGO Per Polluce, se l'avessi fatto, il tuo braccio si sarebbe infilato attraverso la pelle, avrebbe perforato le budella e sarebbe uscito dal muso dell'elefante!

PIRGOPOLINICE Non stiamo a parlarne qui adesso!

ARTOTROGO Già! Non vale la pena che tu perda tempo a raccontare a me le tue prodezze, dato che le conosco bene. (*a parte*) È in nome della pancia che mi sobbarco a tutte queste fatiche! Devo sorbirmele attraverso le orecchie perché i denti non mi diventino lunghi;[10] e mi tocca andare in visibilio a tutte le frottole che costui si inventa!

PIRGOPOLINICE Non mi ricordo più che cosa volevo dire...

ARTOTROGO Ah, lo so io: è proprio così, per Ercole! Mi ricordo che è andata in questo modo!

PIRGOPOLINICE Ma che cosa?

ARTOTROGO Qualunque cosa!

PIRGOPOLINICE Hai lì per caso...?

ARTOTROGO Volevi le tavolette?[11] Eccole qui, e anche lo stilo.

PIRGOPOLINICE Sei proprio bravo a intuire le mie intenzioni.

ARTOTROGO È mio compito conoscere le tue abitudini per filo e per segno e far di tutto per fiutare i tuoi desideri prima che tu li esprima.

PIRGOPOLINICE Ti viene in mente qualche altra cosa?

ARTOTROGO Quei centocinquanta in Cilicia, quei cento in Scitolatronia,[12] quei trenta Sardi e quei sessanta Macedoni... che tu hai fatto fuori in un sol giorno!

PIRGOPOLINICE Quanti in tutto?

ARTOTROGUS Septem [milia.
PYRGOPOLYNICES Tantum esse oportet. Recte rationem [tenes.
ARTOTROGUS At nullos habeo scriptos: sic memini tamen.
PYRGOPOLYNICES Edepol memoria's optuma.
ARTOTROGUS Offae monent.
PYRGOPOLYNICES Dum tale facies quale adhuc, adsiduo [edes,
communicabo semper te mensa mea.
ARTOTROGUS Quid in Cappadocia, ubi tu quingentos simul,
ni hebes machaera foret, uno ictu occideras?
PYRGOPOLYNICES At peditastelli quia erant, sivi viverent.
ARTOTROGUS Quid tibi ego dicam, quod omnes mortales [sciunt,
Pyrgopolynicem te unum in terra vivere
virtute et forma et factis invictissumis?
Amant ted omnes mulieres, neque iniuria,
qui sis tam pulcher; vel illae quae here pallio
me reprehenderunt.
PYRGOPOLYNICES Quid eae dixerunt tibi?
ARTOTROGUS Rogitabant: «Hicine Achilles est?» inquit mihi.
«Immo eius frater» inquam «est». Ibi illarum altera
«Ergo mecastor pulcher est» inquit mihi
«et liberalis. Vide caesaries quam decet.
Ne illae sunt fortunatae quae cum isto cubant!».
PYRGOPOLYNICES Itane aibant tandem?
ARTOTROGUS Quaen me ambae [opsecraverint,
ut te hodie quasi pompam illa praeterducerem?
PYRGOPOLYNICES Nimiast miseria nimi' pulchrum esse [hominem.
ARTOTROGUS [Immo itast.
Molestae sunt: orant, ambiunt, exopsecrant
videre ut liceat, ad sese arcessi iubent,
ut tuo non liceat dare operam negotio.
PYRGOPOLYNICES Videtur tempus esse ut eamus ad forum,
ut in tabellis quos consignavi hic heri

ARTOTROGO Settemila!
PIRGOPOLINICE Giusto! Sai far bene i conti!
ARTOTROGO E nota che non ho scritto niente! Tengo tutto a mente.
PIRGOPOLINICE Ottima memoria, per Polluce!
ARTOTROGO Sono le scorpacciate che la rinfrescano.
PIRGOPOLINICE Se continuerai così, la pappa non ti mancherà mai. Ti inviterò sempre alla mia tavola.
ARTOTROGO Aspetta... Ti ricordi in Cappadocia che ne avresti trapassati cinquecento d'un sol colpo di spada se quella non si fosse spuntata?
PIRGOPOLINICE Poverini! Erano fantaccini e perciò risparmiai loro la vita!
ARTOTROGO E perché dovrei ripeterti quello che tutto il mondo sa, che di Pirgopolinice ce n'è uno solo, strapotente, bellissimo e invincibile? Tutte le donne sono pazze di te e hanno ragione, tanto sei affascinante! Basta pensare a quelle due che ieri mi hanno tirato per il mantello.
PIRGOPOLINICE E che cosa ti hanno detto?
ARTOTROGO Si affannavano a farmi domande. L'una diceva: «Quello lì è Achille?». E io: «Se non è lui, è suo fratello». E l'altra: «Per Castore, quanto è bello! E nobile anche! Guarda i capelli come sono ben acconciati! Beate quelle che ci vanno a letto!».
PIRGOPOLINICE Dicevano proprio così?
ARTOTROGO Figurati che tutte e due mi scongiuravano di farti passare dalle loro parti come in solenne processione!
PIRGOPOLINICE Che disastro essere troppo bello!
ARTOTROGO È vero. Sono seccanti: pregano, fanno moine, scongiurano di poterti vedere, vogliono che ti si porti da loro; non ti lasciano fiatare e fare gli affari tuoi.
PIRGOPOLINICE Ma ora mi sembra che sia tempo di andare al foro per distribuire la paga a quei mercenari che ieri ho

latrones, ibus denumerem stipendium.
Nam rex Seleucus me opere oravit maxumo
ut sibi latrones cogerem et conscriberem.
Regi hunc diem mihi operam decretumst dare.
ARTOTROGUS Age demus ergo.
PYRGOPOLYNICES Sequimini, satellites. –

registrato qui nelle tavolette. È stato il re Seleuco[13] a pregarmi e strapregarmi che radunassi dei mercenari e glieli arruolassi. Ho deciso di dedicare questo giorno a darmi da fare per lui.

ARTOTROGO E allora facciamolo.

PIRGOPOLINICE Guardie, seguitemi!

ACTUS II

PALAESTRIO

Mihi ad enarrandum hoc argumentum est comitas,
si ad auscultandum vostra erit benignitas;
qui autem auscultare nolet exsurgat foras,
ut sit ubi sedeat ille qui auscultare volt.
Nunc qua adsedistis caussa in festivo loco,
comoediai quam nos acturi sumus
et argumentum et nomen vobis eloquar.
'Αλαζών Graece huic nomen est comoediae,
id nos Latine "gloriosum" dicimus.
Hoc oppidum Ephesust; illest miles meus erus,
qui hinc ad forum abiit, gloriosus, inpudens,
stercoreus, plenus peiiuri atque adulteri.
Ait sese ultro omnis mulieres sectarier:
is deridiculost quaqua incedit omnibus.
Itaque hic meretrices, labiis dum nictant ei,
maiorem partem videas valgis saviis.
Nam ego hau diu apud hunc servitutem servio;
id volo vos scire quo modo ad hunc devenerim
in servitutem ab eo quoi servivi prius.
Date operam, nam nunc argumentum exordiar.
Erat erus Athenis mihi adulescens optumus;
is amabat meretricem †matre† Athenis Atticis,
et illa illum contra; qui est amor cultu optumus.
Is publice legatus Naupactum fuit
magnai rei publicai gratia.
Interibi hic miles forte Athenas advenit,
insinuat sese ad illam amicam ‹mei› eri.

ATTO II

Scena I[14]
PALESTRIONE

Sono qui, disposto a narrarvi per filo e per segno l'argomento di questa commedia, sempre che voi abbiate la voglia di ascoltarmi; chi per altro non ce l'ha, si alzi ed esca, lasciando il posto a chi desidera sentire. Vi chiarirò dunque l'argomento e vi dirò il titolo della commedia che stiamo per rappresentare, a cui voi siete venuti ad assistere in questo luogo di divertimento. Il titolo di questa commedia in greco è 'Αλαζών,[15] vocabolo che noi in latino traduciamo con "spaccone". La città in cui l'azione si svolge è Efeso; quel soldato che si è appena diretto verso il foro è il mio padrone: smargiasso, sfacciato, merdoso, capace solo di spergiurare e di commettere adulteri. Lui dice che tutte le donne gli corrono dietro, mentre tutte lo deridono, ovunque si presenti. Qui le donnacce, a furia di adescarlo storcendo la bocca, son rimaste quasi tutte con le labbra sporgenti. Quanto a me, non sono al suo servizio da molto e voglio informarvi come ci son capitato, dopo essere stato lo schiavo di un altro. State attenti, perché qui comincia la storia. Il mio padrone era un ateniese, un giovane eccellente, ed era innamorato di una cortigiana di madre ateniese, un'attica pura,[16] che ricambiava i suoi sentimenti: l'amore perfetto. Gli capitò di dover andare come ambasciatore a Naupatto a svolgere un incarico a nome della grande repubblica ateniese. Proprio in quel tempo ecco che ti arriva ad Atene questo soldato e si introduce nell'ambiente dell'amante del mio padrone. Comincia subito a ingraziarsi

Occepit eiius matri subpalparier
vino, ornamentis opiparisque opsoniis,
itaque intumum ibi se miles apud lenam facit.
Ubi primum evenit militi huic occasio,
sublinit os illi lenae, matri mulieris,
quam eru' meus amabat; nam is illius filiam
conicit in navem miles clam matrem suam,
eamque huc invitam mulierem in Ephesum advehit.
Ubi amicam erilem Athenis avectam scio,
ego quantum vivos possum mihi navem paro,
inscendo, ut eam rem Naupactum ad erum nuntiem.
Ubi sumu' provecti in altum, fit quod ‹di› volunt,
capiunt praedones navem illam ubi vectus fui:
priu' perii quam ad erum veni quo ire occeperam.
Ill' ‹qui› me cepit dat me huic dono militi.
Hic postquam in aedis me ad se deduxit domum,
video illam amicam erilem, Athenis quae fuit.
Ubi contra aspexit me, oculis mihi signum dedit
ne se appellarem; deinde, postquam occasio est,
conqueritur mecum mulier fortunas suas:
ait sese Athenas fugere cupere ex hac domu,
sese illum amare meum erum, Athenis qui fuit,
neque peius quemquam odisse quam istum militem.
Ego quoniam inspexi mulieris sententiam,
cepi tabellas, consignavi, clanculum
dedi mercatori quoidam qui ad illum deferat
meum erum, qui Athenis fuerat, qui hanc amaverat,
ut is huc veniret. Is non sprevit nuntium;
nam et venit et is in proxumo hic devortitur
apud suom paternum | hospitem, lepidum senem;
itaque illi amanti suo hospiti morem gerit
nosque opera consilioque adhortatur, iuvat.
Itaque ego paravi hic intus magnas machinas
qui amantis una inter se facerem convenas.
Nam unum conclave, concubinae quod dedit
miles, quo nemo nisi eapse inferret pedem,
in eo conclavi ego perfodi parietem
qua commeatus clam esset hinc huc mulieri;

bellamente la madre, regalandole vino e ornamenti e offrendo abbondanti pranzi: in poche parole, diventa intimo amico della ruffiana ma, non appena gliene capita l'occasione, la fa in barba proprio a lei, la madre dell'amante del mio padrone: a sua insaputa prende la figlia, la carica sulla nave e, malgrado la sua resistenza, se la porta a Efeso. Appena io vengo a sapere che la donna del mio padrone è stata rapita, mi do il massimo daffare, mi trovo una nave e mi procuro un passaggio per Naupatto per andare a riferire tutto al mio padrone. Ma, giunti in alto mare, gli dei vogliono che dei pirati si impossessino proprio di quella nave sulla quale viaggio io. Così per me fu finita prima che potessi arrivare dal mio padrone. Chi mi sequestrò mi regalò poi a questo soldato. Costui mi portò a casa sua e lì chi ti trovo? Proprio l'amica del mio padrone, quella di Atene. Non appena anche lei mi vide, mi fece cenno, strizzando l'occhio, che non mostrassi di riconoscerla chiamandola e rivolgendomi a lei: ma, appena se ne presentò l'occasione, venne da me a lamentarsi della sua disgrazia. Mi confessò di voler scappare via da qui e tornare ad Atene, di amare sempre il mio padrone e detestare quel soldato come non aveva mai detestato nessuno. Resomi conto dei suoi sentimenti, scrissi una lettera, la sigillai e la diedi a un mercante perché la portasse al mio padrone, quello di Atene, l'amante della ragazza, per invitarlo a venire qui. Quello non se l'è fatto dire due volte. Non solo è venuto, ma ha preso alloggio proprio qui, presso un conoscente di suo padre, un arzillo vecchietto. Costui è ben contento di assecondare il suo ospite innamorato e addirittura ci incoraggia e ci aiuta a parole e a fatti. Così io ho preparato un congegno fantastico, che ho messo in atto qui in casa, per fare incontrare gli amanti. Il soldato ha assegnato alla concubina una camera riservata in cui può entrare solo lei. Bene! Io ho praticato un'apertura proprio nella parete di quella camera, per dar modo alla donna di passare da una casa all'altra di nascosto;[17] naturalmente ho fatto tutto con il consenso del

et sene sciente hoc feci: is consilium dedit.
Nam meu' conservos est homo hau magni preti,
quem concubinae miles custodem addidit.
Ei nos facetis fabricis et doctis dolis
glaucumam ob oculos obiciemus eumque ita
faciemus ut quod viderit non viderit.
Et mox ne erretis, haec duarum hodie vicem
et hinc et illinc mulier feret imaginem,
atque eadem erit, verum alia esse adsimulabitur.
Ita sublinetur os custodi mulieris.
Sed fori' concrepuit hinc a vicino sene;
ipse exit: hic illest lepidus quem dixi senex.

PERIPLECTOMENUS PALAESTRIO

PERIPLECTOMENUS Ni hercle diffregeritis talos posthac
[quemque in tegulis
videritis alienum, ego vostra faciam latera lorea.
Miquidem iam arbitri vicini sunt meae quid fiat domi,
ita per impluvium intro spectant. Nunc adeo edico
[omnibus:
quemque a milite hoc videritis hominem in nostris tegulis,
extra unum Palaestrionem, huc deturbatote in viam.
Quod ille gallinam aut columbam se sectari aut simiam
dicat, disperiistis ni usque ad mortem male mulcassitis.
Atque adeo, ut ne legi fraudem faciant aleariae,
adcuratote ut sine talis domi agitent convivium.
PALAESTRIO Nescioquid malefactum a nostra hic familiast,
[quantum audio:
ita hic senex talos elidi iussit conservis meis.
Sed me excepit: nihili facio, quid illis faciat ceteris.
Adgrediar hominem.
PERIPLECTOMENUS Estne advorsum hic qui advenit
[Palaestrio?
PALAESTRIO Quid agis, Periplectomene?

vecchio: anzi, è stato lui a darmi quell'idea. Il mio compagno di schiavitù poi, quello a cui il soldato ha affidato la custodia della donna, non vale niente. Così noi, con i nostri spiritosi trucchi e con sapienti imbrogli, gli faremo calare una cataratta davanti agli occhi per far sì che non abbia visto quello che invece ha visto. State attenti a non sbagliarvi! La ragazza oggi farà la parte di due persone e apparirà ora di qua e ora di là: sarà sempre la stessa, ma fingerà di essere diversa. Così la farà in barba al suo guardiano. Ma, ecco! Ho sentito cigolare la porta della casa del vecchio vicino: è lui che esce, proprio lui, quel vecchietto arguto di cui vi ho parlato.

Scena II
PERIPLECTOMENO PALESTRIONE

PERIPLECTOMENO (*rivolto ai servi dentro casa*) Per Ercole, se d'ora in avanti non sarete pronti a spaccare i talloni a qualunque estraneo vediate sul tetto, vi ridurrò la schiena a brandelli a furia di frustate. A che punto siamo arrivati! I vicini son testimoni di tutto quel che succede in casa mia: arrivano a spiare attraverso l'impluvio![18] Perciò vi avverto tutti quanti: chiunque tra i servi del soldato vedrete sul mio tetto, a eccezione di Palestrione, buttatelo giù nella strada. Anche se sosterrà di inseguire una gallina o una colomba o una scimmia, se non lo pesterete a morte, siete bell'e finiti! State dunque attenti che non eludano la legge sui giochi d'azzardo[19] e che tornino a sedersi a tavola... senza ossa!

PALESTRIONE (*tra sé*) Qualcuno dei servi di casa nostra deve averne combinata una grossa, a quel che sento, perché il vecchio ha ordinato di spezzargli i talloni. Però ha escluso me: e che se la prenda con gli altri non me ne importa un fico secco! Gli vado incontro.

PERIPLECTOMENO È proprio Palestrione quello che sta arrivando?

PALESTRIONE Come stai, Periplectomeno?

PERIPLECTOMENUS Hau multos homines,
[si optandum foret,
nunc videre et convenire quam te mavellem.
PALAESTRIO Quid est?
Quid tumultuas cum nostra familia?
PERIPLECTOMENUS Occisi sumus.
PALAESTRIO Quid negotist?
PERIPLECTOMENUS Res palamst.
PALAESTRIO Quae res palam est?
PERIPLECTOMENUS [De tegulis
modo nescioquis inspectavit vostrum familiarium
per nostrum impluvium intus apud nos Philocomasium
[atque hospitem
osculantis.
PALAESTRIO Quis homo id vidit?
PERIPLECTOMENUS Tuo' conservos.
PALAESTRIO Quis is
[homost?
PERIPLECTOMENUS Nescio, ita abripuit repente sese subito.
PALAESTRIO [Suspicor
me periisse.
PERIPLECTOMENUS Ubi abît, conclamo: «Heus quid agis
[tu» inquam «in tegulis?».
Ille mihi abiens ita respondit, «Se sectari simiam».
PALAESTRIO Vae mihi misero quoi pereundumst propter
[nihili bestiam!
Sed Philocomasium hicine etiam nunc est?
PERIPLECTOMENUS Quom exibam, hic
[erat.
PALAESTRIO I sis, iube transire huc quantum possit, se ut
[videant domi
familiares, nisi quidem illa nos volt, qui servi sumus,
propter amorem suom omnis crucibus contubernalis dari.
PERIPLECTOMENUS Dixi ego istuc; nisi quid aliud vis.
PALAESTRIO Volo.
[Hoc ei dicito:
profecto ut ne quoquam de ingenio degrediatur muliebri
earumque artem et disciplinam optineat colere.

PERIPLECTOMENO Non ci sono molte persone che avrei desiderato incontrare quanto te!
PALESTRIONE Che hai da prendertela con quelli della nostra casa?
PERIPLECTOMENO Siamo perduti!
PALESTRIONE E perché mai?
PERIPLECTOMENO Si è scoperto tutto!
PALESTRIONE Tutto che cosa?
PERIPLECTOMENO Dal tetto qualcuno dei vostri servi, non so chi, ha appena guardato giù in casa nostra attraverso l'impluvio e ha visto Filocomasio e il mio ospite che si baciavano.
PALESTRIONE Ma chi li ha visti?
PERIPLECTOMENO Un servo, uno dei tuoi compari.
PALESTRIONE Chi precisamente?
PERIPLECTOMENO Non so. Se l'è svignata subito!
PALESTRIONE Ho paura che per me sia finita!
PERIPLECTOMENO Mentre scappava gli ho urlato dietro: «Ehi, tu! Che fai là sul tetto?». «Rincorrevo una scimmia»[20] mi ha risposto, e se n'è andato.
PALESTRIONE Povero me, sono rovinato! E tutto per una bestia insignificante! Ma Filocomasio è ancora lì da te?
PERIPLECTOMENO Quando sono uscito c'era.
PALESTRIONE Per piacere, va' subito a dirle di passare da questa parte il più in fretta possibile, perché i servi possano vederla qui, in casa nostra. A meno che non voglia che noi, poveri servi, per i suoi amori andiamo a finire abbracciati a una croce.[21]
PERIPLECTOMENO Gliel'ho già detto. C'è qualcos'altro?
PALESTRIONE Sì. Dille anche di badar bene di non abbandonare mai la condotta che le suggerisce il suo istinto di donna; anzi, di usare rigorosamente tutte le arti femminili!

PERIPLECTOMENUS Quem ad
[modum?
PALAESTRIO Ut eum, qui se hic vidit, verbis vincat ne is se
[viderit.
Siquidem centiens hic visa sit, tamen infitias eat.
Os habet, linguam, perfidiam, malitiam atque audaciam,
confidentiam, confirmitatem, fraudulentiam.
Qui arguat se, eum contra vincat iureiurando suo:
domi habet animum falsiloquom, falsificum, falsiiurium,
domi dolos, domi delenifica facta, domi fallacias.
Nam mulier holitori numquam supplicat si quast mala:
domi habet hortum et condimenta ad omnis mores malificos.
PERIPLECTOMENUS Ego istaec, si erit hic, nuntiabo. Sed
[quid est, Palaestrio,
quod volutas tute tecum in corde?
PALAESTRIO Paullisper tace,
dum ego mihi consilia in animum convoco et dum consulo
quid agam, quem dolum doloso contra conservo parem,
qui illam hic vidit osculantem, id visum ut ne visum siet.
PERIPLECTOMENUS Quaere: ego hinc apscessero aps te huc
[interim. Illuc sis vide,
quem ad modum adstitit, severo fronte curans, cogitans.
Pectus digitis pultat, cor credo evocaturust foras;
ecce avortit: nixus laevo in femine habet laevam manum,
dextera digitis rationem computat, feriens femur
dexterum. Ita vehementer icit: quod agat aegre suppetit.
Concrepuit digitis: laborat; crebro commutat status.
Eccere autem capite nutat: non placet quod repperit.
Quidquid est, incoctum non expromet, bene coctum dabit.
Ecce autem aedificat: columnam mento suffigit suo.
Apage, non placet profecto mihi illaec aedificatio;
nam os columnatum poetae esse indaudivi barbaro,
quoi bini custodes semper totis horis occubant.

PERIPLECTOMENO A che scopo?

PALESTRIONE Per convincere con le sue parole chi l'ha vista qui di non averla mai vista. Anche se costui le dicesse di averla vista cento volte, deve sempre negarlo. Ha faccia tosta, lingua lunga, slealtà, malizia, sfrontatezza, sicurezza di sé, testardaggine, e conosce mille imbrogli. Se uno la accusa, lo inchiodi opponendogli i suoi giuramenti. Le sue armi tradizionali sono le bugie: bugie quando parla, quando agisce, quando giura; e non le mancano gli inganni e le moine e gli imbrogli. Insomma una donna, appena un po' maliziosa, non va certo a far compere dall'ortolano; l'orto ce l'ha in casa, per coglierne le erbe necessarie a condire i suoi malefici pasticci.

PERIPLECTOMENO Le riferirò tutto questo, se è ancora qui. Ma che cosa stai rimuginando, Palestrione, tutto chiuso in te stesso?

PALESTRIONE Sta' zitto un momento, mentre io raccolgo le idee e penso al da farsi, cioè a come preparare un imbroglio per quell'imbroglione del mio compagno che ha visto la donna mentre baciava qualcuno: bisogna fare in modo che ciò che ha visto non sia stato visto.

PERIPLECTOMENO Pensa pure. Intanto io mi allontanerò da te, mi tirerò in disparte. (*tra sé, indicando Palestrione*)[22] Ma guardalo lì, come si è fermato sui due piedi ad arrovellarsi con la fronte corrugata e pensosa. Si batte il petto con le dita come se volesse farne saltar fuori il cuore. Ecco: si gira. Tiene la mano sinistra piantata sulla coscia sinistra, mentre con la destra fa i conti sulle dita, battendole sulla coscia destra. E che colpi si dà! Non riesce proprio a trovare la soluzione. Fa schioccare le dita. Sta sudando. Continua a cambiar posizione. Ecco: scuote la testa; ha trovato qualcosa ma non gli piace. Qualunque sia il piano che sta meditando, non lo tirerà mai fuori incompleto ma solo perfetto.[23] Adesso si mette a costruire: si sorregge il mento con una colonna.[24] Via! Non mi piace per niente questa costruzione: ho sentito dire che un poeta straniero se ne sta così, il gomito puntato e il mento sulla mano, e che due guardie non lo perdono di vista neppure un minuto. Bene! Bravo!

Eugae! Euscheme hercle astitit et dulice et comoedice;
numquam hodie quiescet priu' quam id quod petit perfecerit.
Habet opinor. Age si quid agis, vigila, ne somno stude,
nisi quidem hic agitare mavis varius virgis vigilias.
Tibi ego dico. †Anheriatus vestis† heus te adloqui,
[Palaestrio.
Vigila inquam, expergiscere inquam, lucet hoc inquam.
PALAESTRIO Audio.
PERIPLECTOMENUS Viden hostis tibi adesse tuoque tergo
[opsidium? Consule,
arripe opem auxiliumque ad hanc rem: propere hoc, non
[placide decet.
Anteveni aliqua, aliquo saltu circumduce exercitum,
coge in opsidium perduellis, nostris praesidium para;
interclude inimicis commeatum, tibi muni viam
qua cibatus commeatusque ad te et legiones tuas
tuto possit pervenire: hanc rem age, res subitaria est.
Reperi, comminiscere, cedo calidum consilium cito,
quae hic sunt visa ut visa ne sint, facta infecta ne sient.
Magnam illic homo rem incipissit, magna munit moenia.
Tute unus si recipere hoc [ad] te dicis, confidentiast
nos inimicos profligare posse.
PALAESTRIO Dico et recipio
ad me.
PERIPLECTOMENUS Et ego impetrare dico id quod petis.
PALAESTRIO [At te Iuppiter
bene amet!
PERIPLECTOMENUS Auden participare me quod
[commentu's?
PALAESTRIO [Tace,
dum in regionem astutiarum mearum te induco, ut scias
iuxta mecum mea consilia.
PERIPLECTOMENUS Salva sumes indidem.
PALAESTRIO Eru' meus elephanti corio circumtentust, non suo,
neque habet plus sapientiai quam lapis.
PERIPLECTOMENUS Ego istuc scio.
PALAESTRIO Nunc sic rationem incipisso, hanc instituam
[astutiam,

Ha preso un atteggiamento perfetto, proprio come uno schiavo da commedia! Oggi non troverà pace fin quando non avrà portato a termine il suo progetto. Ma c'è riuscito, mi pare! Coraggio, arriva al punto, non addormentarti, se non vuoi poi passar qui la notte sveglio con la schiena striata dalle frustate! Parlo con te...[25] ohè! proprio con te, Palestrione! Sveglia, ti dico! Apri gli occhi, ti dico! Siamo in pieno giorno, ti dico!

PALESTRIONE Ho sentito.

PERIPLECTOMENO Non vedi che il nemico è già alle tue spalle e ti assedia?[26] Fatti venire un'idea, trova a tutti i costi i mezzi che ti aiutino a risolvere quest'affare. Bisogna sbrigarsi, non si può perdere tempo! Previeni in qualche modo l'attacco, guida l'esercito attraverso qualche passo e accerchia i nemici, assediali, rafforza le difese dei nostri; taglia i viveri agli avversari e apri una strada sicura da cui possano arrivare i rifornimenti a te e alle tue legioni. Su, datti da fare, il tempo stringe! Trova, escogita qualcosa e scodellala in fretta calda calda: quello che è stato visto non deve esser stato visto e quello che è stato fatto non deve esser stato fatto! Eh, sì! L'uomo sta ponendo le basi di una grande impresa e rafforzando le mura alla grande! Se tu da solo te ne assumi la responsabilità, ho fiducia che possiamo sconfiggere i nemici.

PALESTRIONE Te lo garantisco, me ne incarico io!

PERIPLECTOMENO E io sono certo che otterrai quello che vuoi.

PALESTRIONE Giove ti ascolti!

PERIPLECTOMENO Vuoi mettermi al corrente del tuo piano?

PALESTRIONE Silenzio! Ti introduco nel mondo delle mie astuzie, così potrai toccar con mano il mio progetto.

PERIPLECTOMENO Ma te lo restituirò intatto.

PALESTRIONE Il mio padrone non ha addosso la sua pelle ma quella di un elefante e di testa è più duro di una pietra.

PERIPLECTOMENO Questo lo so bene.

PALESTRIONE Ecco, intendo cominciare con questa trovata

ut Philocomasio hanc sororem geminam germanam alteram
dicam Athenis advenisse cum amatore aliquo suo,
tam similem, quam lacte lactist; apud ‹te› eos hic devortier
dicam hospitio.
PERIPLECTOMENUS Eugae eugae, lepide, laudo
[commentum tuom!
PALAESTRIO Ut si illic concriminatus sit advorsum militem
meu' conservos, eam vidisse hic cum alieno osculari, eam
arguam vidisse apud te contra conservom meum
cum suo amatore amplexantem atque osculantem.
PERIPLECTOMENUS Immo
[optume!
Idem ego dicam si ‹ex› me exquiret miles.
PALAESTRIO Sed simillimas
dicito esse, et Philocomasio id praecipiendum est ut sciat,
ne titubet, si ‹ex›quiret ex ea miles.
PERIPLECTOMENUS Nimi' doctum dolum!
Sed si ambas videre in uno miles concilio volet,
quid agimus?
PALAESTRIO Facilest: trecentae possunt caussae conligi:
«Non domist, abiit ambulatum, dormit, ornatur, lavat,
prandet, potat: occupatast, operae non est, non potest,»
quantum vis prolationis, dum modo hunc prima via
inducamus vera ut esse credat quae mentibitur.
PERIPLECTOMENUS Placet ut dicis.
PALAESTRIO Intro abi ergo et, si isti
[est mulier, eam iube
cito domum transire, atque haec ei dice, monstra, praecipe,
ut teneat consilia nostra, quem ad modum exorsi sumus,
de gemina sorore.
PERIPLECTOMENUS Docte tibi illam perdoctam dabo.
Numquid aliud?
PALAESTRIO Intro ut abeas.
PERIPLECTOMENUS Abeo. –
PALAESTRIO Et quidem ego ibo
[domum
atque hominem investigando operam huic dissimulabiliter
[dabo

astuta: dirò che Filocomasio ha una sorella gemella, uguale a lei tanto che si somigliano come due gocce di latte e che costei è arrivata da Atene con un suo amante; i due hanno poi trovato ospitalità presso di te.

PERIPLECTOMENO Bellissimo, ingegnoso! La tua idea mi piace!

PALESTRIONE Così se il mio compagno è andato dal soldato ad accusare Filocomasio, dicendo di averla vista nella tua casa baciarsi con un estraneo, io gli obietterò che quella che ha visto da te era l'altra, che baciava e abbracciava il suo amante.

PERIPLECTOMENO Splendido! E io lo confermerò, se il soldato verrà a chiedermelo.

PALESTRIONE Ma ricordati di dire che sono identiche! E bisogna avvertire anche Filocomasio e raccomandarle di non esitare se sarà a sua volta interrogata dal soldato.

PERIPLECTOMENO Che imbroglio sapiente! Ma se poi il soldato esigerà di vederle tutte e due insieme, che cosa faremo?

PALESTRIONE Niente di più facile! Si possono trovare mille scuse: «Non è in casa, è andata a passeggio, dorme, si sta vestendo, fa il bagno, mangia, beve, è occupata, non è disponibile, non può». Troveremo tutti i modi di rimandare: basta che induciamo costui fin dall'inizio a credere a tutte le frottole che gli saranno raccontate.

PERIPLECTOMENO Quel che dici mi soddisfa.

PALESTRIONE Allora rientra in casa e, se la ragazza è ancora lì, falla passare al più presto in casa nostra e riferiscile tutto: spiegale ogni cosa chiaramente, istruiscila circa la faccenda della sorella gemella in modo che si attenga ai nostri piani così come li abbiamo congegnati.

PERIPLECTOMENO Te la manderò lì preparata e istruita a dovere. C'è altro?

PALESTRIONE No. Sbrigati a rientrare in casa.

PERIPLECTOMENO Vado!

PALESTRIONE Anch'io torno a casa e mi darò da fare per scoprire, senza che lui se ne accorga, chi è quello schiavo che

qui fuerit conservos qui hodie sit sectatus simiam.
Nam ill' non potuit quin sermone suo aliquem familiarium
participaverit de amica eri, sese vidisse eam
hic in proxumo osculantem cum alieno adulescentulo.
Novi morem egomet: «Tacere nequeo solus quod scio».
Si invenio qui vidit, ad eum vineam pluteosque agam:
res paratast, vi pugnandoque hominem caperest certa res.
Si ita non reperio, ibo odorans quasi canis venaticus
usque donec persecutus volpem ero vestigiis.
Sed fores crepuerunt nostrae, ego voci moderabor meae;
Nam illic est Philocomasio custos meu' conservos qui it foras.

SCELEDRUS PALAESTRIO

SCELEDRUS Nisi quidem ego hodie ambulavi dormiens in [tegulis,
certo edepol scio me vidisse hic proxumae viciniae
Philocomasium erilem amicam sibi malam rem quaerere.
PALAESTRIO Hic illam vidit osculantem, quantum hunc [audivi loqui.
SCELEDRUS Quis hic est?
PALAESTRIO Tuo' conservos. Quid agis, Sceledre?
SCELEDRUS [Te, [Palaestrio,
volup est convenisse.
PALAESTRIO Quid iam? Aut quid negotist? fac sciam.
SCELEDRUS Metuo –
PALAESTRIO Quid metuis?
SCELEDRUS Ne hercle hodie, quantum [hic familiariumst,
maxumum in malum cruciatumque insuliamus.
PALAESTRIO Tu sali
solus, nam ego istam insulturam et desulturam nil moror.
SCELEDRUS Nescis tu fortasse apud nos facinus quod natumst [novom.

oggi ha inseguito una scimmia. Non è possibile che costui non abbia spifferato a qualcuno di avere visto l'amante del padrone che sbaciucchiava un giovanotto qui, nella casa vicina. So come ci comportiamo: non siamo capaci di tenerci per noi quello che sappiamo. Se trovo quello che ha assistito al fatto, gli schiererò contro le macchine da guerra. È tutto pronto; non c'è dubbio che, combattendo con forza, il nemico sarà catturato. Se poi non lo trovo subito, andrò in giro fiutando come un cane da caccia fin quando non avrò scovato le tracce della volpe. Attenzione! La nostra porta ha cigolato: abbasserò la voce. Ecco che viene fuori il mio compagno, quello che deve far la guardia a Filocomasio.

Scena III
SCELEDRO PALESTRIONE

SCELEDRO (*tra sé*) Se quando camminavo sul tetto non stavo dormendo, sono certo, per Polluce, di aver visto qui, nella casa del vicino, Filocomasio, l'amica del mio padrone, compromettersi gravemente.

PALESTRIONE (*tra sé*) Allora è lui che ha visto la scena del bacio, a quanto ho sentito.

SCELEDRO Chi c'è qui?

PALESTRIONE Io, il tuo compagno di schiavitù. Come va, Sceledro?

SCELEDRO Come sono contento di incontrarti, Palestrione!

PALESTRIONE Perché? È successo qualcosa? Dimmi.

SCELEDRO Ho paura...

PALESTRIONE Di che cosa?

SCELEDRO Che oggi, per Ercole, tutti noi servi di casa ci cacciamo in un grandissimo guaio e rischiamo la tortura.

PALESTRIONE Cacciati nei guai tu da solo: quanto a me, questa cacciagione non mi riguarda!

SCELEDRO Perché forse ignori il gran pasticcio che è appena venuto fuori.

PALAESTRIO Quod id est facinus?
SCELEDRUS Inpudicum.
PALAESTRIO Tute sci soli tibi,
mihi ne dixis, scire nolo.
SCELEDRUS Non enim faciam quin scias.
Simiam hodie sum sectatus nostram in horum tegulis.
PALAESTRIO Edepol, Sceledre, homo sectatu's nihili
[nequam bestiam.
SCELEDRUS Di te perdant!
PALAESTRIO Te istuc aequom – quoniam
[occepisti, eloqui.
SCELEDRUS Forte fortuna per impluvium huc despexi in
[proxumum:
atque ego illi aspicio osculantem Philocomasium cum altero
nescioquo adulescente.
PALAESTRIO Quod ego, Sceledre, scelus ex te
[audio?
SCELEDRUS Profecto vidi.
PALAESTRIO Tutin?
SCELEDRUS Egomet duobus his oculis
[meis.
PALAESTRIO Abi, non veri simile dicis neque vidisti.
SCELEDRUS Num tibi
lippus videor?
PALAESTRIO Medicum istuc tibi meliust percontarier.
Verum enim tu istam, si te di ament, temere hau tollas
[fabulam:
tuis nunc cruribus capitique fraudem capitalem hinc creas.
Nam tibi iam ut pereas paratum est dupliciter nisi supprimis
tuom stultiloquium.
SCELEDRUS Qui vero dupliciter?
PALAESTRIO Dicam tibi.
Primumdum, si falso insimulas Philocomasium, hoc perieris;
iterum, si id verumst, tu ei custos additus periveris.
SCELEDRUS Quid fuat me nescio: haec me vidisse ego certo
[scio.
PALAESTRIO Pergin, infelix?

PALESTRIONE E che sarà mai?
SCELEDRO Una cosa scandalosa!
PALESTRIONE Tientelo per te, non dirmelo! Non voglio saperlo!
SCELEDRO Ti obbligherò ad ascoltare. Oggi ho rincorso la nostra scimmia sul tetto del vicino...
PALESTRIONE Per Polluce, Sceledro! Sei un uomo insignificante e hai rincorso una bestia stupida!
SCELEDRO Gli dei ti maledicano!
PALESTRIONE Tu, piuttosto, dovresti... continuare, dato che avevi cominciato a raccontare 'sta roba.
SCELEDRO Per puro caso guardo giù dall'impluvio nella casa del vicino e cosa ti vedo? Filocomasio che sbaciucchia un giovanotto sconosciuto.
PALESTRIONE Che scelleratagine, Sceledro, devo mai sentire da te?
SCELEDRO L'ho vista.
PALESTRIONE Proprio tu?
SCELEDRO In persona, con questi miei occhi.
PALESTRIONE Va' là! Dici cose assurde che non puoi avere visto.
SCELEDRO Ti sembro miope?
PALESTRIONE Questo è meglio che tu vada a chiederlo a un medico. Però questa storiella, se fossi in grazia degli dei, non dovresti andare a raccontarla in giro così alla leggera! Stai preparando un pericolo mortale per le tue gambe e per la tua testa! Se non tappi questa tua boccaccia stolta ti aspetta subito la morte, per due motivi.
SCELEDRO Per due motivi? E perché?
PALESTRIONE Te lo spiego subito. Primo: se l'accusa a Filocomasio è falsa, finirai male; secondo: se è vera, tu sei il suo custode e perciò comunque finirai male!
SCELEDRO Non so proprio che cosa mi capiterà; quel che è certo è che io questa cosa l'ho vista.
PALESTRIONE Insisti, disgraziato?

SCELEDRUS Quid tibi vis dicam nisi quod
[viderim?
Quin etiam nunc intus hic in proxumost.
PALAESTRIO Eho an non domist?
SCELEDRUS Visse, abi intro tute, nam ego mi iam nil credi
[postulo.
PALAESTRIO Certum est facere. –
SCELEDRUS Hic te opperiam; eadem
[illi insidias dabo,
quam mox horsum ad stabulum iuvenix recipiat se ‹e›
[pabulo.
Quid ego nunc faciam? Custodem me illi miles addidit:
nunc si indicium facio, interii; ‹interii› si taceo tamen,
si hoc palam fuerit. Quid peius muliere aut audacius?
Dum ego in tegulis sum, illaec †sum† hospitio edit foras;
edepol facinus fecit audax. Hoccine si miles sciat,
credo hercle has sustollat aedis totas atque hunc in crucem.
Hercle quidquid est, mussitabo potius quam inteream male;
non ego possum quae ipsa sese venditat tutarier.
PALAESTRIO Sceledre, Sceledre, quis homo in terra te alter
[est audacior?
Quis magi' dis inimicis natus quam tu atque iratis?
SCELEDRUS Quid est?
PALAESTRIO Iuben tibi oculos ecfodiri, quibus id quod
[nusquam hic vides?
SCELEDRUS Quid, nusquam?
PALAESTRIO Non ego tuam empsim vitam
[vitiosa nuce.
SCELEDRUS Quid negotist?
PALAESTRIO Quid negoti sit rogas?
SCELEDRUS Qur non
[rogem?
PALAESTRIO Non tu tibi istam praetruncari linguam
[largiloquam iubes?
SCELEDRUS Quam ob rem iubeam?
PALAESTRIO Philocomasium eccam
[domi, quam in proxumo

SCELEDRO Ma che posso dirti d'altro, se non quel che ho visto? Anzi, la ragazza è ancora lì, nella casa del vicino.
PALESTRIONE Ma va'?! Non è in casa nostra?
SCELEDRO Vai dentro a vedere; non pretendo che tu creda a me!
PALESTRIONE Vado subito. (*entra in casa del soldato*)
SCELEDRO Ti aspetto qui. Intanto tenderò una trappola, per quando la giovenca tornerà dal pascolo alla stalla. Che devo fare? Il soldato l'ha affidata alla mia custodia. Se la denuncio son fritto e son fritto anche se taccio, nel caso che la cosa venga scoperta. Che cosa c'è di peggiore e di più sfrontato di una donna? Mentre io ero sul tetto, quella[27] se n'è andata di casa. Ha avuto un bel coraggio! Se per caso il soldato viene a saperlo, credo che metterà in croce tutta la casa e me per primo. Per Ercole, comunque vada starò zitto, piuttosto che finir male. Non posso certo far la guardia a una che ha l'abitudine di vendersi!
PALESTRIONE Sceledro, Sceledro, sei l'uomo più sfacciato che esista al mondo! Sei nato in odio agli dei e la loro ira ti perseguita!
SCELEDRO Che cosa?
PALESTRIONE Fatti cavare quegli occhi con cui vedi ciò che non esiste!
SCELEDRO Che vuol dire "non esiste"?
PALESTRIONE Non comprerei la tua vita neanche per una noce marcia!
SCELEDRO Che cos'è successo?
PALESTRIONE E me lo chiedi?
SCELEDRO Perché non dovrei?
PALESTRIONE Tagliati quella linguaccia blaterona!
SCELEDRO Perché dovrei farlo?
PALESTRIONE Perché Filocomasio è in casa, quella che tu

vidisse aibas te osculantem atque amplexantem cum altero.
SCELEDRUS Mirumst lolio victitare te tam vili tritico.
PALAESTRIO Quid iam?
SCELEDRUS Quia luscitiosu's.
PALAESTRIO Verbero, edepol tu quidem
caecus, non luscitiosu's. Nam illa quidem | illae domi.
SCELEDRUS Quid, domi?
PALAESTRIO Domi hercle vero.
SCELEDRUS Abi, ludis me, Palaestrio.
PALAESTRIO Tum mihi sunt manus inquinatae.
SCELEDRUS Quidum?
PALAESTRIO Quia ludo luto.
SCELEDRUS Vae capiti tuo.
PALAESTRIO ‹Tuo› istuc, Sceledre, promitto fore
nisi oculos orationemque aliam commutas tibi.
Sed fores concrepuerunt nostrae.
SCELEDRUS At ego ilico observo fores;
nam nihil est qua hinc huc transire ea possit nisi recto ostio.
PALAESTRIO Quin domi eccam! Nescioquae te, Sceledre, scelera suscitant.
SCELEDRUS Mihi ego video, mihi ego sapio, ‹mihi› ego credo plurumum:
me homo nemo deterrebit, quin ea sit in his aedibus.
Hic opsistam, ne inprudenti huc ea se subrepsit mihi.
PALAESTRIO Meus illic homo est, deturbabo iam ego illum de pugnaculis.
Vin iam faciam, ut stultividum te fateare?
SCELEDRUS Age face.
PALAESTRIO Neque te quicquam sapere corde neque oculis uti?
SCELEDRUS Volo.
PALAESTRIO Nemp' tu istic ais esse erilem concubinam?
SCELEDRUS Atque arguo
eam me vidisse osculantem hic intus cum alieno viro.

dicevi di aver visto baciare e abbracciare un altro nella casa del vicino!

SCELEDRO Come mai continui a mangiar loglio quando il grano costa così poco?[28]

PALESTRIONE Che c'entra?

SCELEDRO C'entra che non hai gli occhi buoni!

PALESTRIONE E tu, mascalzone, non solo non li hai buoni, per Polluce, ma sei addirittura cieco! Filocomasio è in casa.

SCELEDRO Come, in casa?

PALESTRIONE In casa, in casa, per Ercole.

SCELEDRO Ma va'! Ti stai facendo gioco di me!

PALESTRIONE Allora ho le mani sporche.

SCELEDRO Perché?

PALESTRIONE Perché gioco col fango!

SCELEDRO Vai alla malora!

PALESTRIONE Ci andrai tu, se non cambi gli occhi e il modo di parlare...! Ma si sta aprendo la nostra porta![29]

SCELEDRO E io tengo d'occhio quella accanto. Non c'è modo per lei di passare da una casa all'altra se non per la porta principale.

PALESTRIONE Ma eccola lì, in casa nostra! Non so che diavolerie ti frullano in capo, Sceledro!

SCELEDRO Io vedo con i miei occhi, penso con la mia testa, e non credo a nessun altro. Nessuno potrà convincermi che non sia qui, nella casa del vicino. Resterò sul posto, bene attento, perché non mi sfugga via mentre mi distraggo.

PALESTRIONE (*tra sé*) L'uomo è nelle mie mani: lo costringerò ad abbandonare la sua posizione di difesa. (*ad alta voce*) Vuoi che ti costringa a confessare che prendi degli abbagli?

SCELEDRO Prova!

PALESTRIONE Che non hai un briciolo di senno, che non sai guardare?

SCELEDRO Avanti! Fallo!

PALESTRIONE Continui a sostenere che là dentro c'è l'amica del mio padrone?

SCELEDRO E asserisco di averla vista mentre baciava uno straniero.

PALAESTRIO Scin tu nullum commeatum hinc esse a nobis?
SCELEDRUS [Scio.
PALAESTRIO Neque solarium neque hortum nisi per
[impluvium?
SCELEDRUS [Scio.
PALAESTRIO Quid nunc? Si ea domist, si facio ut eam exire
[hinc videas domo,
dignun es verberibus multis?
SCELEDRUS Dignus.
PALAESTRIO Serva istas fores,
ne tibi clam se subterducat istinc atque huc transeat.
SCELEDRUS Consilium est ita facere.
PALAESTRIO Pede ego iam illam huc
[tibi sistam in viam. –
SCELEDRUS Agedum ergo face. Volo scire utrum egon id
[quod vidi viderim
an illic faciat, quod facturum dicit, ut ea sit domi.
Nam ego, quidem meos oculos habeo nec rogo utendos foris.
Sed hic illi subparasitatur semper, hic eae proxumust,
primus ad cibum vocatur, primo pulmentum datur;
nam illic noster est fortasse circiter triennium
neque quoiquam quam illic in nostra meliust famulo familia.
Sed ego hoc quod ago, id me agere oportet, hoc opservare
[ostium.
Sic opsistam. Hac quidem pol certo verba mihi numquam
[dabunt.

PALAESTRIO PHILOCOMASIUM SCELEDRUS

PALAESTRIO Praecepta facito ut memineris.
PHILOCOMASIUM Totiens monere
[mirumst.
PALAESTRIO At metuo ut sati' sis subdola.
PHILOCOMASIUM Cedo vel decem,
[edocebo
minime malas ut sint malae, mihi solae quod superfit.

PALESTRIONE Sai, vero, che non esiste passaggio tra una casa e l'altra?
SCELEDRO Lo so benissimo.
PALESTRIONE Che non c'è terrazzo, non c'è giardino, che si passa solo per l'impluvio, vero?
SCELEDRO Certo.
PALESTRIONE Allora se lei è in casa nostra, se la faccio venir fuori e tu la vedi, riconoscerai di meritare un sacco di legnate?
SCELEDRO D'accordo.
PALESTRIONE Continua a tenere d'occhio quella porta, perché non ne sgattaioli fuori di nascosto e passi da noi.
SCELEDRO Son ben deciso a farlo.
PALESTRIONE E io la farò uscire in strada coi suoi piedi e ti si pianterà qui davanti.
SCELEDRO Coraggio, fallo. (*tra sé*) Voglio proprio sapere se io ho visto quel che ho visto o se lui farà quel che dice di voler fare, cioè dimostrare che Filocomasio è in casa. Io i miei occhi ce li ho e non ho bisogno di chiederne a prestito. Ma quello lì cerca sempre di entrare nelle grazie della ragazza, le sta accanto, è il primo che invitano a tavola, il primo a cui danno i bocconcini; è in casa nostra forse nemmeno da tre anni[30] ed è quello che se la passa meglio di tutti, tra noi schiavi. Ma non devo distrarmi, devo continuare a osservare questa benedetta porta. Non mi muoverò. Per questa via non potranno certo imbrogliarmi, per Polluce!

Scena IV
PALESTRIONE FILOCOMASIO SCELEDRO

PALESTRIONE (*esce dalla casa insieme con Filocomasio, parlando a bassa voce con lei*) Ricordati bene quel che ti ho detto.
FILOCOMASIO Non c'è proprio bisogno di ripeterlo tante volte!
PALESTRIONE Ho paura che tu non sia abbastanza furba.
FILOCOMASIO Figurati! Potrei istruire dieci ingenue e farle diventare perverse solo con quel tanto di furbizia che mi

Age nunciam insiste in dolos; ego aps te procul recedam.
PALAESTRIO Quid ais tu, Scceledre?
SCELEDRUS Hanc rem gero. Habeo [auris, loquere quidvis.
PALAESTRIO Credo ego istoc exemplo tibi esse pereundum [extra portam,
dispessis manibus, patibulum quom habebis.
SCELEDRUS Quamnam | ob [rem?
PALAESTRIO Respicedum ad laevam: quis illaec est mulier?
SCELEDRUS [Pro di inmortales,
eri concubinast haec quidem!
PALAESTRIO Mihi quoque pol ita videtur.
Age nunciam, quando lubet –
SCELEDRUS Quid agam?
PALAESTRIO Perire propera.
PHILOCOMASIUM Ubi iste est bonu' servos, qui probri me [maxumi innocentem
falso insimulavit?
PALAESTRIO Em tibi! Hic mihi dixit tibi quae dixi.
PHILOCOMASIUM Tun me vidisse in proxumo hic, sceleste, [ais osculantem?
PALAESTRIO Ac cum alieno adulescentulo dixit.
SCELEDRUS Dixi hercle [vero.
PHILOCOMASIUM Tun me vidisti?
SCELEDRUS Atque his quidem hercle [oculis –
PHILOCOMASIUM [Carebis, credo,
qui plus vident quam quod vident.
SCELEDRUS Numquam hercle [deterrebor
quin viderim id quod viderim.
PHILOCOMASIUM Ego stulta et mora multum
quae cum hoc insano fabuler, quem pol ego capitis perdam.
SCELEDRUS Noli minitari: scio crucem futuram mihi [sepulcrum;
ibi mei sunt maiores siti, pater, avos, proavos, abavos.

avanza! Piuttosto sbrigati a dare l'avvio alla sceneggiata. Io mi allontano un bel po'.

PALESTRIONE (*forte*) Sei tu, Sceledro? Dicevi qualcosa?

SCELEDRO Sono occupato in questa faccenda. Ma ti ascolto; di' quel che vuoi.

PALESTRIONE Credo che tirerai le cuoia proprio così, come ti trovi adesso, con le braccia aperte, quando ti metteranno in croce fuori della porta.

SCELEDRO Perché mai?

PALESTRIONE Guarda un po' a sinistra. Chi è quella donna?

SCELEDRO Per gli dei immortali! È proprio l'amante del padrone!

PALESTRIONE Sembra anche a me. Avanti, dato che ci provi gusto...

SCELEDRO Avanti cosa?

PALESTRIONE Sbrigati, preparati a morire!

FILOCOMASIO Dov'è quel bravo schiavo che falsamente mi ha accusato di un'enorme vergogna, mentre non ho nessuna colpa?

PALESTRIONE Eccotelo! È lui che mi ha detto quel che io ti ho detto.

FILOCOMASIO Sei tu quello scellerato che sostiene di avermi vista nella casa del vicino a dar via baci?

PALESTRIONE E per di più a un giovane sconosciuto, ha detto!

SCELEDRO È la verità, per Ercole!

FILOCOMASIO Allora sei tu che mi hai visto?

SCELEDRO Con questi occhi, per Ercole!

FILOCOMASIO Fra poco ne dovrai fare a meno, perché stravedono.

SCELEDRO Non potrete costringermi, per Ercole, a negare di aver visto quello che ho visto!

FILOCOMASIO Sciocca io e pazza, che sto qui a parlare con questo insensato. Lo farò condannare a morte, per Polluce!

SCELEDRO Tienti le tue minacce! So già che la mia tomba sarà la croce, come lo fu dei miei antenati: padre, nonni, bisnonni e trisnonni! Ma con le tue minacce non mi si pos-

Non possunt mihi minaciis tuis hisce oculi ecfodiri.
Sed paucis verbis te volo, Palaestrio. Opsecro, unde exit haec huc?
PALAESTRIO Und' nisi domo?
SCELEDRUS Domo?
PALAESTRIO Me viden?
SCELEDRUS Te video.
Nimi' mirumst facinus, quo modo haec hinc huc transire [potuit;
nam certo neque solariumst apud nos neque hortus ullus
neque fenstra nisi clatrata; nam certe ego te hic intus vidi.
PALAESTRIO Pergin, sceleste, intendere hanc arguere?
PHILOCOMASIUM Ecastor [ergo
mi hau falsum evenit somnium quod noctu hac somniavi.
PALAESTRIO Quid somnia[vi]sti?
PHILOCOMASIUM Ego eloquar. Sed amabo [advortite animum.
Hac nocte in somnis mea soror geminast germana visa
venisse Athenis in Ephesum cum suo amatore quodam;
i ambo hospitio huc in proxumum mihi devortisse visi.
PALAESTRIO Palaestrionis somnium narratur. Perge porro.
PHILOCOMASIUM Ego laeta visa quia soror venisset, propter [eandem
suspicionem maxumam sum visa sustinere.
Nam arguere in somnis me meus mihi familiaris visust
me cum alieno adulescentulo, quasi nunc tu, esse osculatam,
quom illa osculata mea soror gemina esset suompte amicum.
Id me insimulatam perperam falsum esse somniavi.
PALAESTRIO Satin eadem vigilanti expetunt quae in somnis [visa memoras?
Eu hercle praesens somnium! Abi intro et comprecare.
Narrandum ego istuc militi censebo.
PHILOCOMASIUM Facere certumst,
neque me quidem patiar probri falso inpune insimulatam. –
SCELEDRUS Timeo quid rerum gesserim, ita dorsus totus [prurit.
PALAESTRIO Scin te periisse?

sono cavare gli occhi. Piuttosto stammi a sentire un momento tu, Palestrione! Dimmi, per favore, donde sbuca costei.

PALESTRIONE Da dove deve uscire? Da casa.

SCELEDRO Da casa?

PALESTRIONE Com'è vero che mi vedi.

SCELEDRO Certo che ti vedo. Però è troppo assurdo che costei abbia potuto passare da là a qui quando non c'è un terrazzo in casa nostra, non c'è un giardino e le finestre sono tutte sbarrate! (*a Filocomasio*) Comunque io sono certo di averti vista là dentro.

PALESTRIONE Farabutto, insisti nell'accusarla?

FILOCOMASIO Per Castore, allora non era ingannatore quel sogno che ho fatto questa notte!

PALESTRIONE Che cosa hai sognato?

FILOCOMASIO Ve lo racconterò e vi prego di stare attenti. Questa notte in sogno mi è apparsa la mia sorella gemella: veniva da Atene a Efeso con un suo innamorato. E ho sognato anche che tutti e due avevano trovato alloggio qui dal vicino.

PALESTRIONE (*tra sé*) Sta raccontando il sogno inventato da Palestrione! (*forte*) Va' avanti!

FILOCOMASIO E mi pareva di esser felice della venuta di mia sorella, ma che proprio per causa sua incorrevo in un tremendo sospetto. Sempre in sogno mi pareva che uno dei miei schiavi mi accusasse, come tu stai facendo ora, di baciare uno sconosciuto, mentre era lei, la mia sorella gemella, che baciava il suo amico! Ho sognato di essere accusata del tutto a torto.

PALESTRIONE Guarda un po'! Ti capitano da sveglia le stesse cose che ti ricordi di aver sognato! Che sogno veritiero, per Ercole! Va' in casa e di' qualche preghiera.[31] Io penso che si debba raccontare tutto al soldato.

FILOCOMASIO Senz'altro. Non tollererò certo che mi si accusi a torto di questa vergogna!

SCELEDRO Comincio ad aver paura di quel che ho combinato; già mi brucia la schiena!

PALESTRIONE Ti sei accorto che sei spacciato?

SCELEDRUS Nunc quidem domi certost.
[Certa res est
nunc nostrum opservare ostium, ubi ubist.
PALAESTRIO At, Sceledre,
[quaeso,
ut ad id exemplum somnium quam simile somniavit
atque ut tu suspicatus es eam vidisse osculantem!
SCELEDRUS Nescio quid credam egomet mihi iam, ita quod
[vidisse credo
me id iam non vidisse arbitror.
PALAESTRIO Ne tu hercle sero, opinor,
resipisces: si ad erum haec res prius praevenit, peribis
[pulchre.
SCELEDRUS Nunc demum experior mi ob oculos caliginem
[opstitisse.
PALAESTRIO Dudum edepol planumst id quidem, quae hic
[usque fuerit intus.
SCELEDRUS Nihil habeo certi quid loquar: non vidi eam, etsi
[vidi.
PALAESTRIO Ne tu edepol stultitia tua nos paene perdidisti:
dum te fidelem facere ero voluisti, apsumptu's paene.
Sed fores vicini proxumi crepuerunt. Conticiscam.

PHILOCOMASIUM SCELEDRUS PALAESTRIO

PHILOCOMASIUM Inde ignem in aram, ut Ephesiae Dianae
[laeta laudes
gratisque agam eique ut Arabico fumificem odore amoene,
quom me in locis Neptuniis templisque turbulentis
servavit, saevis fluctibus ubi sum adflictata multum.
SCELEDRUS Palaestrio, o Palaestrio!
PALAESTRIO O Sceledre, Sceledre,
[quid vis?
SCELEDRUS Haec mulier, quae hinc exit modo, estne erilis
[concubina
Philocomasium an non est ea?

SCELEDRO Intanto adesso è in casa, non si scappa. E io son deciso a tenere d'occhio la nostra porta, dovunque quella si sia cacciata.

PALESTRIONE Ma pensa un po', Sceledro, che caso! Ha sognato una cosa simile a quella che tu hai creduto di vedere: lei che stava baciando qualcuno.

SCELEDRO Non so più come raccapezzarmi: tanto che quel che credo di aver visto penso ormai di non averlo visto!

PALESTRIONE E io penso che, quando ti pentirai, sarà tardi, per Ercole! Se il padrone verrà a sapere tutto prima, sarai bell'e spacciato!

SCELEDRO Mi accorgo soltanto adesso che avevo la nebbia davanti agli occhi.

PALESTRIONE Ma questo, per Polluce, è chiaro da un pezzo: la ragazza è stata sempre in casa.

SCELEDRO Sono confuso e non so più che cosa dire: non l'ho vista, eppure l'ho vista.

PALESTRIONE Per Polluce, con la tua scempiaggine quasi ci rovinavi. Mentre volevi mostrarti devoto al padrone, mancava poco che ti giocassi la vita! Ma la porta del vicino ha cigolato. È bene che stia zitto.

Scena V
FILOCOMASIO SCELEDRO PALESTRIONE

FILOCOMASIO (*nelle vesti della gemella, rivolta a una schiava*) Accendi il fuoco[32] sull'ara perché io possa lieta lodare e ringraziare Diana di Efeso e far sì che si levino fumi dolcemente impregnati di profumi arabi: la dea mi ha salvato in mezzo alle furie del regno di Nettuno da quelle onde tremende ove ho tanto sofferto.

SCELEDRO Palestrione, oh, Palestrione!

PALESTRIONE Sono qui, Sceledro! Che vuoi?

SCELEDRO Quella donna che è appena uscita da lì è Filocomasio o non lo è?

PALAESTRIO Hercle opinor, ea videtur.
Sed facinus mirum est quo modo haec hinc huc transire [potuit,
si quidem east.
SCELEDRUS An dubium tibi est eam esse hanc?
PALAESTRIO Ea videtur.
SCELEDRUS Adeamus, appellemus. Heus, quid istuc est, [Philocomasium?
Quid tibi istic in istisce aedibus debetur, quid negotist?
Quid nunc taces? Tecum loquor.
PALAESTRIO Immo edepol tute tecum;
nam haec nihil respondet.
SCELEDRUS Te adloquor, viti probrique plena,
quae circum vicinos vagas.
PHILOCOMASIUM Quicum tu fabulare?
SCELEDRUS Quicum nisi tecum?
PHILOCOMASIUM Quis tu homo es aut mecum [quid est negoti?
SCELEDRUS Me rogas? Hem, qui sim?
PHILOCOMASIUM Quin ego hoc rogem [quod nesciam?
PALAESTRIO Quis ego sum igitur, si hunc ignoras?
PHILOCOMASIUM Mihi [odiosus, quisquis es,
et tu et hic.
SCELEDRUS Non nos novisti?
PHILOCOMASIUM Neutrum.
SCELEDRUS Metuo maxume,
PALAESTRIO Quid metuis?
SCELEDRUS Enim ne ‹nos› nosmet [perdiderimus uspiam;
nam nec te neque me novisse ait haec.
PALAESTRIO Persectari hic volo,
Sceledre, nos nostri an alieni simus, ne dum quispiam
nos vicinorum inprudentis aliquis immutaverit.
SCELEDRUS Certe equidem noster sum.

PALESTRIONE Per Ercole, sembra proprio lei! Ma è stranissimo che sia riuscita a passare da là a qui, se di lei si tratta.
SCELEDRO Hai qualche dubbio che non sia lei?
PALESTRIONE Veramente sembra lei.
SCELEDRO Avviciniamoci e rivolgiamole la parola. Ehi, Filocomasio, che stai facendo? Che c'entri con questa casa, che stai combinando? Perché non rispondi? Parlo con te.
PALESTRIONE Mi sembra invece che tu stia parlando con te stesso, perché quella non apre bocca.
SCELEDRO Sto parlando con te, svergognata e viziosa, che te ne vai a zonzo dai vicini.
FILOCOMASIO Con chi te la prendi?
SCELEDRO Oh bella! Con te.
FILOCOMASIO Tu chi sei e che cosa hai a che fare con me?
SCELEDRO E mi vieni anche a chiedere chi sono?
FILOCOMASIO Perché non dovrei chiedertelo, dato che non lo so?
PALESTRIONE Dimmi almeno chi sono io, se questo non lo conosci.
FILOCOMASIO Siete due scocciatori, chiunque voi siate.
SCELEDRO Davvero non ci conosci?
FILOCOMASIO Né l'uno né l'altro.
SCELEDRO Comincio ad avere una gran paura...
PALESTRIONE E di che cosa?
SCELEDRO Che abbiamo smarrito noi stessi da qualche parte... Costei dice di non conoscere né me né te.
PALESTRIONE Voglio andare a fondo, Sceledro, per vedere se per caso non siamo veramente più noi e se qualcuno dei vicini, senza che ce ne siamo accorti, ci abbia scambiato in altri.[33]
SCELEDRO Ma io mi sento me stesso.

PALAESTRIO Et pol ego. Quaeris tu, [mulier, malum.
Tibi ego dico, heus, Philocomasium!
PHILOCOMASIUM Quae te intemperiae [tenent,
qui me perperam perplexo nomine appelles?
PALAESTRIO Eho,
quis igitur vocare?
PHILOCOMASIUM Diceae nomen est.
SCELEDRUS Iniuria's,
falsum nomen possidere, Philocomasium, postulas;
ἄδικος es tu, non δικαία, et meo ero facis iniuriam.
PHILOCOMASIUM Egone?
SCELEDRUS Tu‹ne›.
PHILOCOMASIUM Quae heri Athenis [Ephesum adveni vesperi
cum meo amatore, adulescente Atheniensi?
PALAESTRIO Dic mihi,
quid hic tibi in Epheso est negoti?
PHILOCOMASIUM Geminam germanam meam
hic sororem esse indaudivi, eam veni quaesitum.
SCELEDRUS Mala es.
PHILOCOMASIUM Immo ecastor stulta multum quae [vobiscum fabuler.
Abeo.
SCELEDRUS Abire non sinam te.
PHILOCOMASIUM Mitte.
SCELEDRUS Manufestaria's.
Non omitto.
PHILOCOMASIUM At iam crepabunt mihi manus, malae tibi,
nisi me omittis.
SCELEDRUS Quid, malum, astas? Quin retines altrinsecus?
PALAESTRIO Nil moror negotiosum mihi esse tergum. Qui scio
an ista non sit Philocomasium atque alia eius similis siet?
PHILOCOMASIUM Mittis me an non mittis?
SCELEDRUS Immo vi atque [invitam ingratiis,
nisi voluntate ibis, rapiam te domum.

PALESTRIONE Anch'io, per Polluce! E tu, Filocomasio, stai cercando guai, ti avverto!

FILOCOMASIO Sei fuori di te, per caso, dato che parli a vanvera, chiamandomi con un nome complicato che non è il mio?

PALESTRIONE Oh bella! Allora come ti chiami?

FILOCOMASIO Mi chiamo Dicea.[34]

SCELEDRO Bugiarda! Sostieni di avere un nome falso, Filocomasio. Dicea, cioè Giusta? Ah, no! Tu sei ingiusta e offendi il mio padrone.

FILOCOMASIO Io?

SCELEDRO Sì, tu.

FILOCOMASIO Io che appena ieri sera sono giunta qui a Efeso da Atene, con il mio fidanzato, un giovane ateniese?

PALESTRIONE Dimmi un po', che ci fai qui a Efeso?

FILOCOMASIO So che qui abita la mia sorella gemella e sono venuta a cercarla.

SCELEDRO Bugiarda!

FILOCOMASIO Scema, piuttosto, per Castore, che sto a parlare con voi! Me ne vado.

SCELEDRO Ma io non ti lascio andare.

FILOCOMASIO Lasciami!

SCELEDRO No che non ti mollo! Ti ho colto in flagrante.

FILOCOMASIO Tra poco sentirai il suono dei miei schiaffi sul tuo muso, se non mi lasci.

SCELEDRO (*a Palestrione*) E tu, idiota, perché te ne stai lì impalato? Perché non la afferri dall'altra parte?

PALESTRIONE Non voglio impicciarmi e procurar guai alla mia schiena. Che ne so se questa è Filocomasio o un'altra che le somiglia?

FILOCOMASIO Mi molli o non mi molli?

SCELEDRO Neanche per idea! Se non ci vieni spontaneamente ti trascinerò in casa con le cattive.

PHILOCOMASIUM Hosticum hoc mihi
domicilium est, Athenis domus est atque erus; ego istam
[domum
neque moror neque vos qui homines sitis novi neque scio.
SCELEDRUS Lege agito: te nusquam mittam, nisi das firmatam
[fidem
te huc, si omisero, intro ituram.
PHILOCOMASIUM Vi me cogis, quisquis es.
Do fidem, si omittis, isto me intro ituram quo iubes.
SCELEDRUS Ecce omitto!
PHILOCOMASIUM At ego abeo missa. –
SCELEDRUS Muliebri fecit
[fide.
PALAESTRIO Sceledre, manibus amisisti praedam. Tam east
[quam potis
nostra erilis concubina. Vin tu facere hoc strenue?
SCELEDRUS Quid faciam?
PALAESTRIO Ecfer mihi machaeram huc intus.
SCELEDRUS [Quid facies ea?
PALAESTRIO Intro rumpam recta in aedis: quemque hic intus
[videro
cum Philocomasio osculantem, eum ego optruncabo ex-
tempulo.
SCELEDRUS Visanest ea esse?
PALAESTRIO Immo edepol plane east.
SCELEDRUS Sed
[quo modo
dissimulabat!
PALAESTRIO Abi, machaeram huc ecfer.
SCELEDRUS Iam faxo hic erit. –
PALAESTRIO Neque eques neque pedes profectost quisquam
[tanta audacia
qui aeque faciat confidenter quicquam quam mulier facit.
Ut utrubique orationem docte divisit suam,
ut sublinitur os custodi cauto, conservo meo!
Nimi' beat quod commeatus transtinet trans parietem.
SCELEDRUS Heus, Palaestrio, machaera nihil opust.

FILOCOMASIO Ma questa casa è straniera per me: la mia casa e il mio padrone sono ad Atene! A me di questa casa non importa niente e, quanto a voi, non so che razza di gente siate!

SCELEDRO E tu ricorri alla legge! Io non ti lascerò andare da nessuna parte, a meno che tu non mi giuri che, se ti lascio, entrerai in casa. (*indica quella di Pirgopolinice*)

FILOCOMASIO Mi costringi con la forza, illustre sconosciuto! Ebbene ti giuro che, se mi lasci, entrerò lì dove tu vuoi.

SCELEDRO Sei libera.

FILOCOMASIO Bene! Me ne vado. (*entra invece nella casa di Periplectomeno*)

SCELEDRO Si è comportata da donna, slealmente!

PALESTRIONE Sceledro, ti sei lasciato scappar di mano la preda! Quella è sicuramente l'amante del padrone! Vuoi farmi un piacere, subito?

SCELEDRO Che devo fare?

PALESTRIONE Va' dentro e portami qui la spada.

SCELEDRO A che cosa ti serve?

PALESTRIONE Irromperò difilato in quella casa e a chiunque sorprenderò a baciare Filocomasio mozzerò la testa senza esitazione.

SCELEDRO Ti sembrava che fosse lei?

PALESTRIONE Non ci sono dubbi: era lei.

SCELEDRO Ma come fingeva bene!

PALESTRIONE Vai! E portami la spada!

SCELEDRO Subito.

PALESTRIONE Non c'è soldato, cavaliere o fante che sia, tanto audace da agire con la spregiudicatezza di una donna.[35] Come se l'è cavata bene, recitando due parti, e come l'ha fatta in barba a quel furbacchione del mio compagno che le fa la guardia! Che trovata, però, quel passaggio attraverso la parete!

SCELEDRO Ehi, Palestrione, la spada non serve più.

PALAESTRIO Quid iam?
[Aut quid est?
SCELEDRUS Domi eccam erilem concubinam.
PALAESTRIO Quid, domi?
SCELEDRUS [In lecto cubat.
PALAESTRIO Edepol ne tu tibi malam rem repperisti, ut
[praedicas.
SCELEDRUS Quid iam?
PALAESTRIO Quia hanc attingere ausu's mulierem
[hinc ex proxumo.
SCELEDRUS Magis hercle metuo.
PALAESTRIO Sed numquam quisquam
[faciet quin soror
istaec sit gemina huius: eam pol tu osculantem hic videras.
SCELEDRUS Id quidem palam est eam esse, ut dicis; quid
[propius fuit,
quam ut perirem, si elocutus essem ero?
PALAESTRIO Ergo, si sapis,
mussitabis: plus oportet scire servom quam loqui.
Ego abeo a te, ne quid tecum consili commisceam,
atque apud hunc ero vicinum; tuae mihi turbae non placent.
Eru' si veniet, si me quaeret, hic ero: hinc me arcessito. –

SCELEDRUS PERIPLECTOMENUS

SCELEDRUS Satin abiit ille neque erili negotio
plus curat, quasi non servitutem serviat?
Certo illa quidem hic nunc intus est in aedibus,
nam egomet cubantem eam modo offendi domi.
Certum est nunc opservationi operam dare.
PERIPLECTOMENUS Non hercle hisce homines me marem,
[sed feminam
vicini rentur esse servi militis:
ita me ludificant. Meamne hic invitam hospitam,
quae heri huc Athenis cum hospite advenit meo,
tractatam et ludificatam, ingenuam et liberam?

PALESTRIONE No? Che cosa succede?
SCELEDRO Te la trovo in casa, l'amante del padrone!
PALESTRIONE In casa?
SCELEDRO Ma sì! Se ne sta a letto.
PALESTRIONE Per Polluce, ti sei cacciato in un bel guaio, se è come tu dici.
SCELEDRO E perché?
PALESTRIONE Perché hai osato mettere le mani addosso a quella donna che sta dal vicino!
SCELEDRO Per Ercole, ho sempre più paura!
PALESTRIONE È evidente che quella è la sorella gemella di questa qui: è lei che hai visto mentre dava via baci.
SCELEDRO Certo, è evidente, è lei, come dici tu! Poco mancava che finissi male, se l'avessi denunciata al padrone!
PALESTRIONE Perciò taci, se hai buon senso. I servi devono sapere molto e parlare poco. Io me ne vado, caro mio, non voglio averci a che fare con te: andrò qui dal vicino. I tuoi pasticci non mi piacciono. Se viene il padrone e mi cerca, sono là. Fammi chiamare.

Scena VI
SCELEDRO PERIPLECTOMENO

SCELEDRO Guarda un po'! Se n'è andato senza curarsi minimamente delle faccende del padrone, come se non fosse un suo servo! Quanto alla donna, ormai sono sicuro: è in casa; l'ho appena sorpresa io, sdraiata sul letto nella sua camera. Però continuo a non perder di vista la situazione.
PERIPLECTOMENO (*fingendo di non vedere Sceledro*) Per Ercole, questi mascalzoni degli schiavi del soldato credono proprio che io sia una donnetta e non un uomo: si fanno gioco di me. Al punto che hanno costretto la mia ospite, che è arrivata da Atene ieri con un mio amico, a subire qui i loro maltrattamenti e le loro beffe, lei, una donna per bene e libera!

SCELEDRUS Perii hercle! Hic ad me recta habet rectam viam.
Metuo illaec mihi res ne malo magno fuat,
quantum hunc audivi facere verborum senem.
PERIPLECTOMENUS Accedam ad hominem. Tun, Sceledre,
[hic, scelerum caput,
meam ludificavisti hospitam ante aedis modo?
SCELEDRUS Vicine, ausculta quaeso.
PERIPLECTOMENUS Ego auscultem tibi?
SCELEDRUS [Ex]purgare volo me.
PERIPLECTOMENUS Tun ted expurges mihi,
qui facinus tantum tamque indignum feceris?
an quia latrocinamini, arbitramini
quidvis licere facere vobis, verbero?
SCELEDRUS Licetne?
PERIPLECTOMENUS At ita me di deaeque omnis ament
nisi mihi supplicium virgarum de te datur
longum diutinumque, a mani ad vesperum,
quod meas confregisti imbricis et tegulas,
ibi dum condignam te sectatu's simiam,
quodque inde inspectavisti meum apud me hospitem
amplexum amicam, quom osculabatur, suam,
quodq' concubinam erilem insimulare ausus es
probri pudicam meque summi flagiti,
tum quod tractavisti hospitam ante aedis meam:
nisi mihi supplicium stimuleum de ‹te› datur,
dedecoris pleniorem erum faciam tuom,
quam magno vento plenumst undarum mare.
SCELEDRUS Ita sum coactus, Periplectomene, ut nesciam
utrum me ‹ex›postulare priu' tecum aequiust –
nisi ‹si› istaec non est haec neque ‹haec› istast, mihi
med expurgare haec tibi videtur aequius;
sicut etiam nunc nescio quid viderim:
itast ista huiius similis nostrai tua,
siquidem non eadem est.
PERIPLECTOMENUS Vise ad me intro, iam scies.
SCELEDRUS Licetne?
PERIPLECTOMENUS Quin te iubeo; et placide noscita.
SCELEDRUS Ita facere certum est. –

SCELEDRO (*tra sé*) Per Ercole, sono perduto! Questo viene diritto verso di me. Ho paura che da quella storia mi venga un gran danno, stando alle parole che ho appena udito dal vecchio.

PERIPLECTOMENO Ecco l'uomo! Gli vado incontro. Sceledro scellerato, sei tu che hai offeso poco fa, proprio qui davanti a casa, la mia ospite?

SCELEDRO Stammi a sentire, mio buon vicino...

PERIPLECTOMENO Dovrei anche starti a sentire?

SCELEDRO Vorrei scusarmi.

PERIPLECTOMENO Scusarti dopo averne fatta una così grossa? Vergogna! Credete di poter fare tutto quello che volete, mascalzone, perché siete dei banditi?

SCELEDRO Posso parlare?

PERIPLECTOMENO In nome di tutti gli dei e di tutte le dee, voglio che ti sia inflitto un sacco di legnate, senza smettere mai, da mattina fino a sera; primo: perché mi hai rotto le tegole del tetto mentre correvi dietro a una scimmia, tua degna compare; secondo: perché hai spiato da lassù il mio ospite che in casa mia baciava la sua amica; terzo: perché hai osato accusare di condotta scandalosa l'onesta amante del tuo padrone e me di una gravissima colpa; e infine perché hai maltrattato la mia ospite davanti a casa mia. Se non otterrò che tu sia punito a suon di scudiscio,[36] farò sì che il tuo padrone sia coperto di vergogna più di quanto non lo sia di onde il mare quando soffia un forte vento.

SCELEDRO Mi hai messo in una tale condizione, Periplectomeno, che non so se sia più giusto ch'io contesti quel che hai detto oppure, ammesso che quella non sia questa e questa non sia quella, sia meglio ch'io ti chieda scusa. Mi sono ridotto a non saper più che cosa ho visto, tanto la donna che abita da te è simile alla nostra... se poi non è la stessa![37]

PERIPLECTOMENO Allora va' dentro a vedere e lo saprai.

SCELEDRO Posso?

PERIPLECTOMENO Anzi, te lo impongo. E indaga con calma.

SCELEDRO Va bene. Faccio così. (*entra in casa del vicino*)

PERIPLECTOMENUS Heus, Philocomasium, cito
transcurre curriculo ad nos, ita negotiumst.
Post, quando exierit Sceledrus a nobis, cito
transcurrito ad vos rusum curriculo domum.
Nunc pol ego metuo ne quid infuscaverit.
Si hic non videbit mulierem – aperitur foris.
SCELEDRUS Pro di inmortales! Similiorem mulierem
magi'que eandem, ut pote quae non sit eadem, non reor
deos facere posse.
PERIPLECTOMENUS Quid nunc?
SCELEDRUS Commerui malum.
PERIPLECTOMENUS Quid igitur? Eanest?
SCELEDRUS Etsi east, non est ea.
PERIPLECTOMENUS Vidistin istam?
SCELEDRUS Vidi et illam et hospitem
complexam atque osculantem.
PERIPLECTOMENUS Eanest?
SCELEDRUS Nescio.
PERIPLECTOMENUS Vin scire plane?
SCELEDRUS Cupio.
PERIPLECTOMENUS Abi intro ad vos [domum.
Continuo, vide sitne istaec vostra intus.
SCELEDRUS Licet,
pulchre admonuisti. Iam ego ad te exibo foras. –
PERIPLECTOMENUS Numquam edepol hominem [quemquam ludificarier
magis facete vidi et magi' miris modis.
Sed eccum egreditur.
SCELEDRUS Periplectomene, te opsecro
per deos atque homines perque stultitiam meam
perque tua genua –
PERIPLECTOMENUS Quid opsecras me?
SCELEDRUS Inscitiae
meae et stultitiae ignoscas. Nunc demum scio
me fuisse excordem, caecum, incogitabilem.
Nam Philocomasium eccam intus.

PERIPLECTOMENO (*verso la casa del soldato*) Ehi! Filocomasio, sbrigati a passare da noi! Di corsa! È il momento. Poi, quando Sceledro uscirà da casa mia, allora torna di là, sempre di corsa. Per Polluce, ho paura che capiti qualche intoppo... Se non trova qui la donna... Ma già la porta si apre.

SCELEDRO Per gli dei immortali! Una donna più uguale, anzi la stessa precisa, pur non essendo la stessa, non credo che gli dei possano crearla!

PERIPLECTOMENO E allora?

SCELEDRO Ho meritato il castigo.

PERIPLECTOMENO Perché? È lei?

SCELEDRO Anche se è lei, non è lei.

PERIPLECTOMENO L'hai poi vista?

SCELEDRO Certo: sia lei che il tuo ospite, che si baciavano e si abbracciavano.

PERIPLECTOMENO Allora è lei?

SCELEDRO Non lo so.

PERIPLECTOMENO Vuoi scoprirlo definitivamente?

SCELEDRO Non vedo l'ora.

PERIPLECTOMENO Entra in casa vostra e va' subito a vedere se la vostra donna c'è o non c'è.

SCELEDRO Certo. Hai ragione. Torno subito. (*entra in casa del soldato*)

PERIPLECTOMENO Per Polluce, non ho mai visto un uomo gabbato più abilmente e in modo più straordinario. Ma eccolo che torna.

SCELEDRO Periplectomeno, ti prego e ti scongiuro per gli dei, per gli uomini, per la mia dabbenaggine, per le tue ginocchia...

PERIPLECTOMENO Di che cosa mi preghi?

SCELEDRO Che tu perdoni la mia ignoranza e la mia stupidità! Adesso finalmente mi accorgo di essere stato pazzo, cieco, insensato. Filocomasio è in casa.

PERIPLECTOMENUS Quid nunc, furcifer?
Vidistin ambas?
SCELEDRUS Vidi.
PERIPLECTOMENUS Erum exhibeas volo.
SCELEDRUS Meruisse equidem me maxumum fateor malum
et tuae fecisse me hospitae aio iniuriam;
sed meam esse erilem concubinam censui,
quoi me custodem erus addidit miles meus.
Nam ex uno puteo similior numquam potis
aqua aquai sumi quam haec est atque ista hospita.
Et me despexe ad te per impluvium tuom
fateor.
PERIPLECTOMENUS Quidni fateare ego quod viderim?
et ibi osculantem meum hospitem cum ista hospita
vidisti?
SCELEDRUS Vidi (qur negem quod viderim?),
sed Philocomasium me vidisse censui.
PERIPLECTOMENUS Ratu'n istic me hominem esse omnium
[minimi preti,
si ego me sciente paterer vicino meo
eam fieri apud me tam insignite iniuriam?
SCELEDRUS Nunc demum a me insipienter factum esse
[arbitror
quom rem cognosco; at non malitiose tamen
feci.
PERIPLECTOMENUS Immo indigne; nam hominem servom
[suos
domitos habere oportet oculos et manus
orationemque.
SCELEDRUS Ego‹ne› si post hunc diem
muttivero, etiam quod egomet certo sciam,
dato excruciandum me: egomet me dedam tibi;
nunc hoc mi ignosce quaeso.
PERIPLECTOMENUS Vincam animum meum,
ne malitiose factum id esse aps te arbitrer.
Ignoscam tibi istuc.
SCELEDRUS At tibi di faciant bene!

PERIPLECTOMENO E adesso, pendaglio da forca? Le hai viste tutte e due?

SCELEDRO Sì.

PERIPLECTOMENO Voglio che tu vada a chiamare il tuo padrone.

SCELEDRO Riconosco di aver meritato il peggior castigo e di aver ingiustamente insultato la tua ospite; ma credevo che fosse l'amante del mio padrone, che mi era stata affidata proprio da lui. Non si può attingere da un pozzo un secchio d'acqua più uguale all'altro di quanto lo siano queste due. Quanto all'aver guardato giù dall'impluvio in casa tua, ammetto di averlo fatto.

PERIPLECTOMENO E come potresti negare quel che io stesso ho visto? E hai sorpreso il mio ospite che baciava la sua ragazza?

SCELEDRO Eh, sì (come potrei dire di non averlo visto?) Ma ho creduto si trattasse di Filocomasio.

PERIPLECTOMENO E hai pensato che io fossi un uomo così vile da permettere che sotto il mio naso, in casa mia, si facesse un torto tanto evidente al mio vicino?

SCELEDRO Adesso che so come stanno le cose, riconosco senz'altro di aver agito da stolto. Però non l'ho fatto per cattiveria.

PERIPLECTOMENO Comunque è una vergogna. Uno schiavo deve saper tenere a bada gli occhi, le mani e la lingua.

SCELEDRO Se da oggi in poi mi lascerò scappare una sola parola anche su cose che so con sicurezza, consegnami alla tortura; anzi mi metterò io stesso nelle tue mani. Ma per ora perdonami, ti prego!

PERIPLECTOMENO Va bene, vedrò di calmarmi e di non pensare che l'hai fatto apposta; per questa volta ti perdonerò.

SCELEDRO Gli dei te ne rendano merito!

PERIPLECTOMENUS Ne tu hercle, si te di ament, linguam [comprimes,
posthac, etiam illud quod scies nesciveris
nec videris quod videris.
SCELEDRUS Bene me mones,
ita facere certum est. Sed satine oratu's?
PERIPLECTOMENUS Abi.
SCELEDRUS Numquid nunc aliud me vis?
PERIPLECTOMENUS Ne me noveris.
SCELEDRUS Dedit hic mihi verba. Quam benigne gratiam
fecit, ne iratus esset! Scio quam rem gerat:
ut, miles quom extemplo a foro adveniat domum,
domi comprehendar. Una hic et Palaestrio
me habent venalem: sensi et iam dudum scio.
Numquam hercle ex ista nassa ego hodie escam petam;
nam iam aliquo aufugiam et me occultabo aliquot dies,
dum haec consilescunt turbae atque irae leniunt.
Nam uni satis populo inpio merui mali.
Verum tamendem quidquid est, ibo hinc domum. –
PERIPLECTOMENUS Illic hinc apscessit. Sat edepol certo scio
occisam saepe sapere plus multo suem:
quoin id adimatur ne id quod vidit viderit?
Nam illius oculi atque aures atque opinio
transfugere ad nos. Usque adhuc actum est probe;
nimium festivam mulier operam praehibuit.
Redeo in senatum rusum; nam Palaestrio
domi nunc apud me est, Sceledrus nunc autemst foris:
frequens senatus poterit nunc haberier.
†Ibo intro, ne, dum apsum, multae sortitae fuant†.

PERIPLECTOMENO Però tu, per Ercole, se vuoi essere in grazia degli dei, tieni a freno la lingua: d'ora in avanti non saprai anche quello che sai e non avrai visto quello che hai visto.

SCELEDRO Hai ragione di ricordarmelo. Lo farò senz'altro. Ti ritieni soddisfatto?

PERIPLECTOMENO Vattene!

SCELEDRO Hai bisogno di qualcos'altro da me?

PERIPLECTOMENO Fai finta di non conoscermi.

SCELEDRO (*tra sé*) Costui mi ha certo imbrogliato. Troppo benevolo, troppo ben disposto a non arrabbiarsi. So io che cosa ha in mente: non appena il soldato torna dal foro a casa, in casa mi fa catturare. Lui e Palestrione sono d'accordo nel volermi tradire: me ne sono accorto già da un pezzo. Starò attento, per Ercole, a non cadere in trappola abboccando all'esca. L'unica è scappare da qualche parte e nascondermi per qualche giorno, fin quando questo pandemonio non si placa e le ire sbollono. Mi sono tirato addosso tanti guai che basterebbero a punire dei suoi peccati un'intera popolazione. Intanto, comunque vada, rientro in casa.

PERIPLECTOMENO Se n'è andato! Per Polluce, sono certo che una scrofa accoppata ha più cervello di costui. Chi si potrebbe arrendere a non aver visto quello che ha visto? Quello è passato dalla nostra parte tutto intero: occhi, orecchie e testa. Finora è andato tutto bene. La donna ha collaborato in modo veramente eccellente. Adesso torno in senato.[38] Al momento Palestrione è in casa mia e Sceledro ne è fuori. Si potrà tenere una seduta plenaria. Vado dentro perché non vengano sorteggiati i compiti[39] in mia assenza.

ACTUS III

PALAESTRIO PERIPLECTOMENUS PLEUSICLES

PALAESTRIO Cohibete intra limen etiam vos parumper, [Pleusicles,
sinite me priu' perspectare, ne uspiam insidiae sient
concilium quod habere volumus. Nam opus est nunc tuto [loco
unde inimicus ne quis nostri spolia capiat consili.
Nam bene consultum inconsultumst, si id inimicis usuist,
neque potest quin, si id inimicis usuist, opsit tibi;
nam bene ‹consultum› consilium surrupitur saepissume,
si minu' cum cura aut cautela locu' loquendi lectus est.
Quippe qui, si rescivere inimici consilium tuom,
tuopte tibi consilio occludunt linguam et constringunt manus
atque eadem quae illis voluisti facere, illi faciunt tibi.
Sed speculabor nequis aut hinc aut ab laeva aut a dextera
nostro consilio venator adsit cum auritis plagis.
Sterilis hinc prospectus usque ad ultumamst plateam probe.
Evocabo. Heus Periplectomene et Pleusicles, progredimini!
PERIPLECTOMENUS Ecce nos tibi oboedientes.
PALAESTRIO Facilest [imperium in bonis.
Sed volo scire, eodem consilio quod intus meditati sumus
gerimus rem?
PERIPLECTOMENUS Magis non potest esse ad rem utibile.
PALAESTRIO [†Immo†
quid tibi, Pleusicles?
PLEUSICLES Quodn' vobis placeat, displiceat mihi?
Quis homo sit magis meu' quam tu's?

ATTO III

Scena I
PALESTRIONE PERIPLECTOMENO PLEUSICLE

PALESTRIONE Non uscite di casa ancora per un po', Pleusicle;[40] lasciatemi guardare bene che non vi sia da qualche parte chi insidi la riunione che vogliamo tenere.[41] Adesso abbiamo bisogno di un posto sicuro, dove non ci sia nessun nemico che possa cogliere brandelli della nostra conversazione. Anche una buona deliberazione diventa cattiva se è il nemico a servirsene: ed è inevitabile che, se giova al nemico, nuoccia a te. Succede più spesso di quanto non si creda che un'idea ben ponderata venga rubata, se non si sceglie con la massima attenzione il luogo ove tenere il dibattito; perché se i nemici vengono a sapere il tuo piano, se ne servono per tapparti la bocca e legarti le mani e per fare a te quello che tu avresti voluto fare a loro. Ma io son qui apposta ad accertarmi che in nessun posto, né a destra né a sinistra, ci sia un cacciatore pronto a impossessarsi del nostro progetto con reti orecchiute. Ma non scovo nessuno, nemmeno se ficco lo sguardo fino in fondo alla piazza. Allora li faccio venir fuori. Ehi! Periplectomeno e Pleusicle, venite!

PERIPLECTOMENO Ti obbediamo. Siamo qui.

PALESTRIONE Non è difficile ottenere obbedienza dalla gente per bene. Allora, siamo d'accordo di proseguire l'azione secondo il piano che abbiamo progettato là dentro?

PERIPLECTOMENO Non ne vedo altri più appropriati al caso.

PALESTRIONE Va bene. E tu, Pleusicle, che ne dici?

PLEUSICLE Vuoi che non approvi quel che voi approvate? Chi potrebbe essermi più fedele di te?

PALAESTRIO Loquere lepide et
[commode.
PERIPLECTOMENUS Pol ita decet hunc facere.
PALAESTRIO At hoc me
[facinus miserum macerat
meumque cor corpusque cruciat.
PERIPLECTOMENUS Quid id est quod cruciat?
[Cedo.
PLEUSICLES Me tibi istuc aetatis homini facinora puerilia
obicere neque te decora neque tuis virtutibus;
ea te expetere ex opibus summis mei honoris gratia
mihique amanti ire opitulatum atque ea te facere facinora
quae istaec aetas fugere facta magi' quam sectari solet:
eam pudet me tibi in senecta obicere sollicitudinem.
PALAESTRIO Novo modo tu homo amas, siquidem te
[quicquam quod faxis pudet;
nihil amas, umbra es amantis magi' quam amator, Pleusicles.
PLEUSICLES Hancine aetatem exercere mei amoris gratia?
PERIPLECTOMENUS Quid ais tu? Itane tibi ego videor
[oppido Accheruntiscus?
Tam capularis? Tamne tibi diu videor vitam vivere?
Nam equidem hau sum annos natus praeter quinquaginta et
[quattuor,
clare oculis video, pernix sum pedibus, manibus mobilis.
PALAESTRIO Si albicapillus hic, videtur neutiquam ab
[ingenio senex.
Inest in hoc emussitata sua sibi ingenua indoles.
PLEUSICLES Pol id quidem experior ita esse ut praedicas,
[Palaestrio;
nam benignitas quidem huiius oppido adulescentulist.
PERIPLECTOMENUS Immo, hospes, magi' cum periclum
[facies, magis nosces meam
comitatem erga te amantem.
PLEUSICLES Quid opus nota noscere?
PERIPLECTOMENUS Ut apud te exemplum experiundi
[habeas, ne †itast† foris;
nam nisi qui ipse amavit aegre amantis ingenium inspicit:
et ego amoris aliquantum habeo umorisque etiam in corpore

PALESTRIONE Sei gentile. Mi piace il tuo modo di parlare.
PERIPLECTOMENO Per Polluce, non può fare altrimenti.
PLEUSICLE Però questa faccenda mi consuma e mi tormenta anima e corpo.
PERIPLECTOMENO Quale? Spiegati.
PLEUSICLE Costringere te, che sei un uomo anziano, a questi trucchi puerili che non si convengono alla tua dignità, e vedere che tu ti ci impegni con ogni mezzo per farmi piacere e per venirmi in aiuto nelle mie vicende d'amore; tu ti presti ad azioni che alla tua età si sogliono evitare piuttosto che perseguire. Mi vergogno proprio di darti questa tribolazione nella tua vecchiaia.
PALESTRIONE Hai un modo strano di essere innamorato se ti vergogni di quel che fai. Non ami davvero. Sei una parvenza d'amante, Pleusicle.
PLEUSICLE E io dovrei tormentare una persona così anziana in nome del mio amore?
PERIPLECTOMENO Ma che cosa stai dicendo? Ti sembro proprio un relitto da Acheronte? Uno scheletro da tomba? Ti sembra che abbia già vissuto troppo a lungo? Ho solo cinquantaquattro anni, ci vedo bene, sono svelto di piedi e di mani.
PALESTRIONE Certo. Anche se costui ha i capelli bianchi, d'animo non è affatto vecchio. È fatto bene,[42] è nobile per natura.
PLEUSICLE Mi rendo conto che è così come dici, Palestrione; ha uno slancio generoso degno di un giovane.
PERIPLECTOMENO E lo vedrai ancor più quando mi metterai alla prova. Allora ti accorgerai come sono disponibile verso il mio ospite innamorato!
PLEUSICLE Lo so senza bisogno di prove.
PERIPLECTOMENO Tanto perché tu abbia sotto mano un esempio, senza cercare lontano,[43] sappi che solo chi ha provato l'amore capisce a fondo lo stato d'animo di un innamorato. Quanto al mio corpo, è ancora sensibile al-

nequedum exarui ex amoenis rebus et voluptariis.
Vel cavillator facetus vel conviva commodus
item ero neque ego oblocutor sum alteri in convivio:
incommoditate apstinere me apud convivas commodo
commemini et meam orationis iustam partem persequi
et meam partem itidem tacere, quom aliena est oratio;
minime sputator, screator sum, itidem minime mucidus:
post Ephesi sum natus, non enim in Apulis; non sum
[Animula.
PALAESTRIO O lepidum semisenem, si quas memorat virtutes
[habet,
atque equidem plane educatum in nutricatu Venerio!
PERIPLECTOMENUS Plus dabo quam praedicabo ex me
[venustatis tibi.
Neque ego umquam alienum scortum subigito in convivio
neque praeripio pulpamentum neque praevorto poculum
neque per vinum umquam ex me exoritur discidium in
[convivio:
si quis ibi est odiosus, abeo domum, sermonem segrego;
Venerem, amorem amoenitatemque accubans exerceo.
PALAESTRIO Tu quidem edepol omnis moris ad venustatem
[†vicet†;
cedo tris mi homines aurichalco contra cum istis moribus.
PLEUSICLES At quidem illuc aetatis qui sit non invenies
[alterum
lepidiorem ad omnis res nec qui amicus amico sit magis.
PERIPLECTOMENUS Tute me ut fateare faciam esse
[adulescentem moribus,
ita apud omnis comparebo tibi res benefactis frequens.
Opu'ne erit tibi advocato tristi, iracundo? Ecce me!
Opu'ne leni? Leniorem dices quam mutum est mare
liquidiusculusque ero quam ventus est favonius.
Vel hilarissimum convivam hinc indidem expromam tibi
vel primarium parasitum atque opsonatorem optumum;
tum ad saltandum non cinaedus malacus aequest atque ego.
PALAESTRIO Quid ad illas artis optassis, si optio eveniat tibi?
PLEUSICLES Huius pro meritis ut referri pariter possit gratia,

l'amore e al desiderio; non mi sono affatto inaridito nei confronti delle piacevolezze che si possono godere. Posso discutere brillantemente con gli amici e pranzare piacevolmente con loro, senza interrompere i discorsi altrui. Non dimentico di evitare di essere sconveniente con i convitati, conosco il momento opportuno, cerco di parlare quando mi tocca e tacere invece quando parlano gli altri; non sputo, non scatarro, non mi lascio colare il naso. Infine sono nato a Efeso non tra gli Apuli: non sono di Animula.[44]

PALESTRIONE O uomo garbato, vecchio solo a metà! Se ha le virtù che vanta è stato proprio allevato e nutrito sotto il manto di Venere!

PERIPLECTOMENO E di questa mia educazione posso darti prove maggiori di quante ne possa decantare. Nei conviti non allungo mai le mani a tastar le donnette degli altri, non mi accaparro i bocconcini per primo né per primo allungo il bicchiere; e men che meno a causa mia si scatena a tavola una rissa di ubriachi. Se mi trovo con gente antipatica, me ne torno a casa, rinunciando alla compagnia. A tavola coltivo solo Venere, amore e gioia.

PALESTRIONE Tutto il tuo comportamento, per Polluce, brilla per eleganza![45] Trovami tre uomini che si comportino come te, e io te li pago in oro.

PLEUSICLE È proprio così. Un altro di quell'età che dimostri più spirito in ogni circostanza e sia più disponibile con gli amici, non lo trovi.

PERIPLECTOMENO E vedrai che ti indurrò a riconoscere che sono addirittura un ragazzo, tanto ti riempirò di benefici in ogni occasione. Ti servirà un difensore severo, facile a riscaldarsi? Eccomi! Ne vorrai uno tranquillo? Mi troverai più arrendevole del mare calmo, più carezzevole del favonio. Se vuoi, mi posso trasformare sui due piedi in un convitato allegrissimo, in un parassita di prim'ordine, in un capocuciniere perfetto. Non c'è ballerino più sciolto nelle movenze[46] della danza di quanto sia io.

PALESTRIONE (*a Pleusicle*) E tu, se potessi scegliere, che cosa desidereresti oltre a tutte quelle virtù?

PLEUSICLE La possibilità di ringraziarlo in proporzione ai

tibique, quibu' nunc me esse experior summae sollicitudini.
At tibi tanto sumptui esse mihi molestumst.
PERIPLECTOMENUS Morus es.
Nam in mala uxore atque inimico si quid sumas, sumptus est,
in bono hospite atque amico quaestus est quod sumitur:
et quod in dinis rebus sumas sumpti sapienti lucrost.
Deum virtute est te unde hospitio accipiam apud me comiter:
es, bibe, animo opsequere mecum atque onera te hilaritudine.
Liberae sunt aedes, liber sum autem ego; me volo vivere.
Nam mihi, deum virtute dicam, propter divitias meas
licuit uxorem dotatam genere summo ducere;
sed nolo mi oblatratricem in aedis intro mittere.
PALAESTRIO Qur non vis? Nam procreare liberos lepidumst [opus.
PERIPLECTOMENUS Hercle vero liberum esse tete, id [multo lepidiust.
PALAESTRIO Tu homo et alteri sapienter potis es consulere et [tibi.
PERIPLECTOMENUS Nam bona uxor suave ductust, si sit [usquam gentium
ubi ea possit inveniri; verum egone eam ducam domum
quae mihi numquam hoc dicat «Eme, mi vir, lanam, und' tibi [pallium
malacum et calidum conficiatur tunicaeque hibernae bonae,
ne algeas hac hieme» (hoc numquam verbum ex uxore [audias),
verum priu' quam galli cantent quae me e somno suscitet,
dicat «Da, mi vir, calendis meam qui matrem moenerem,
da qui faciam condimenta, da quod dem quinquatrubus
praecantrici, coniectrici, hariolae atque haruspicae;
flagitiumst si nil mittetur quae supercilio spicit;
tum plicatricem clementer non potest quin moenerem;
iam pridem, quia nihil apstulerit, suscenset ceriaria;
tum opstetrix expostulavit mecum, parum missum sibi;
quid? Nutrici non missuru's quicquam quae vernas alit?».

suoi meriti e così fare con te; mi rendo conto di essere per voi, in questo momento, motivo di grande preoccupazione. In più, Periplectomeno, mi dispiace di farti sperperare tanto denaro.

PERIPLECTOMENO Sei matto! Se uno spende per una cattiva moglie o per un nemico, quello è uno spreco. Ma per un buon amico e ospite quel che si spende è un guadagno E un altro guadagno è per il saggio quel che si spende per il culto degli dei.[47] Proprio per grazia degli dei ho quanto basta per ospitarti con ogni agio. Mangia, bevi, fa' il tuo comodo in casa mia e datti alla pazza gioia. La casa è vuota e io sono libero. Voglio vivere a mio talento. Sempre per grazia degli dei e delle mie ricchezze avrei potuto sposare una donna assai nobile e ricca: ma non mi sogno nemmeno di introdurre in casa mia una cagna che mi latri contro.[48]

PALESTRIONE Perché non vuoi? Far dei ragazzini è bello.

PERIPLECTOMENO Ma restare tu un ragazzino, per Ercole, è molto meglio.

PALESTRIONE Tu sei in grado di amministrarti bene e di consigliare altrettanto bene gli altri.

PERIPLECTOMENO Una buona moglie sarebbe anche bello sposarla, ma se ne esistesse una in qualche parte del mondo. Invece me ne prenderei in casa una che non direbbe mai: «Caro, compra della lana perché si possa fartene un mantello morbido e caldo e delle buone tuniche per l'inverno perché tu non debba aver freddo!» (mai sentirai parole del genere da una moglie); ma prima che il gallo canti mi sveglierebbe dicendo: «Dammi dei soldi per fare un regalo a mia madre alle Calende,[49] dammene per far delle conserve, per pagare quella che fa gli incantesimi durante le feste di Minerva[50] e per quella che interpreta i sogni, per l'indovina qui, per l'indovina là. E sarà uno scandalo se non si darà niente a quella che legge la sorte nelle sopracciglia.[51] Non posso evitare di fare un piccolo omaggio a quella che stira le pieghe delle vesti; e quella che le inamida già da un po' è di malumore perché non è riuscita ad arraffare niente. Non parliamo dell'ostetrica che si è lamentata di aver avuto poco. E non vuoi proprio dar niente alla nutrice

Haec atque huiius similia alia damna multa mulierum
me uxore prohibent, mihi quae huius similes sermones sera[n]t.
PALAESTRIO Di tibi propitii sunt, nam hercle si istam semel amiseris
libertatem, hau facile in eundem rusum restitues locum.
PLEUSICLES At illa laus est, magno in genere et in divitiis maxumis
liberos hominem educare, generi monumentum et sibi.
PERIPLECTOMENUS Quando habeo multos cognatos, quid opu' est mihi liberis?
Nunc bene vivo et fortunate atque ut volo atque animo ut lubet.
Mea bona mea morti cognatis didam, inter eos partiam.
I apud me aderunt, me curabunt, visent quid agam, ecquid velim.
Priu' quam lucet adsunt, rogitant noctu ut somnum ceperim.
Eos pro liberis habebo qui mihi mittunt munera.
Sacruficant: dant inde partem mihi maiorem quam sibi,
abducunt ad exta; me ad se ad prandium, ad cenam vocant;
ille miserrumum se retur minimum qui misit mihi.
Illi inter se certant donis, egomet mecum mussito:
bona mea inhiant, me certatim nutricant et munerant.
PALAESTRIO Nimi' bona ratione nimiumque ad te et tuam vitam vides:
et tibi sunt gemini et trigemini, si te bene habes, filii.
PERIPLECTOMENUS Pol si habuissem, sati' cepissem miseriarum e liberis:
continuo excruciarer animi: si ei fort' fuisset febris,
censerem emori; cecidissetve ebrius aut de equo uspiam,
metuerem ne ibi diffregisset crura aut cervices sibi.
PLEUSICLES Huic homini dignum est divitias esse et diu vitam dari,
qui et rem servat et se bene habet suisque amicis usui est.
PALAESTRIO O lepidum caput! Ita me di deaeque ament, aequom fuit
deos paravisse uno exemplo ne omnes vitam viverent;

degli schiavi?».[52] Tutte queste pesanti pretese delle donne e tante altre simili mi trattengono dal prendere una moglie che mi snoccioli tiritere di questo genere.

PALESTRIONE Gli dei ti sono propizi, perché, una volta persa codesta tua libertà, non sarebbe facile recuperarla.

PLEUSICLE Però è un motivo di gloria, per un uomo di nobile famiglia e ben fornito di ricchezze, tirar su dei figli che lo onorino e continuino la stirpe.

PERIPLECTOMENO Ma io ho un sacco di parenti! Che bisogno ho di figli? Ora vivo bene, felice e contento, e devo compiacere solo me stesso. I miei beni, quando morirò, li lascerò ai parenti, li dividerò tra loro. Saranno loro a correre da me, a curarmi, a farmi visita per sapere come sto e di che cosa ho bisogno. Sai? Corrono qui prima dell'alba e si informano se mi è stato facile prender sonno la notte. Riterrò miei figli tutti quelli che mi coprono di attenzioni. Se fanno sacrifici mi riservano della vittima una parte maggiore di quella che tengono per sé, mi accompagnano al banchetto sacro, mi invitano a casa loro a pranzo e a cena. Quello che mi ha fatto l'omaggio più modesto si dispera; gareggiano tra loro in regali e io son lì che mormoro tra me: "Sono i miei averi che fanno loro gola, ma intanto fanno a chi più mi nutre e mi copre di doni".

PALESTRIONE Sei fin troppo accorto! Con quanta oculatezza provvedi a passartela bene! È come se avessi due o tre figli, se ti va bene così.

PERIPLECTOMENO Per carità! Se ne avessi avuti, chissà come mi farebbero tribolare! Sarei continuamente in ansia: se a uno venisse la febbre, penserei subito che potrebbe morire; se si sbronzasse e finisse in terra oppure cadesse da cavallo, avrei paura che si fosse rotto una gamba o l'osso del collo.

PLEUSICLE È proprio giusto che costui sia ricco e longevo perché sa badare alla sua roba, si mantiene bene e in più è utile agli amici.

PALESTRIONE Che persona gradevole! Che gli dei mi perdonino, ma sarebbe stato giusto che avessero provveduto a far sì che lo schema di vita non fosse uguale per tutti. Vedi come

sicut merci pretium statuit qui est probus agoranomus:
quae probast mers, pretium ei statuit, pro virtute ut veneat,
quae inprobast, pro mercis vitio dominum pretio pauperet,
itidem divos dispertisse vitam humanam aequom fuit:
qui lepide ingeniatus esset, vitam ei longinquam darent,
qui inprobi essent et scelesti, is adimerent animam cito.
Si hoc paravissent, et homines essent minu' multi mali
et minus audacter scelesta facerent facta, et postea,
qui homines probi essent, esset is annona vilior.
PERIPLECTOMENUS Qui deorum consilia culpet stultus
[inscitusque sit,
quique eos vituperet. Nunc [iam] istis rebus desisti decet.
Nunc volo opsonare, ut, hospes, tua te ex virtute et mea
meae domi accipiam benigne, lepide et lepidis victibus.
PLEUSICLES Nihil me paenitet iam quanto sumptui fuerim tibi;
nam hospes nullus tam in amici hospitium devorti potest
quin, ubi triduom continuom fuerit, iam odiosus siet;
verum ubi dies decem continuos sit, east odiorum Ilias:
tam etsi dominus non invitus patitur, servi murmurant.
PERIPLECTOMENUS Serviendae servituti ego servos
[instruxi mihi,
hospes, non qui mi imperarent quibu've ego essem
[obnoxius:
si illis aegrest mihi quod volup est, meo remigio rem gerunt,
tamen id quod odiost faciundumst cum malo atque ingratiis.
Nunc, quod occepi, opsonatum pergam.
PLEUSICLES Si certumst tibi,
commodulum opsona, ne magno sumptu: mihi quidvis sat est.
PERIPLECTOMENUS Quin tu istanc orationem hinc veterem
[atque antiquam amoves?
Proletario sermone nunc quidem, hospes, utere;
nam i solent, quando accubuere, ubi cena adpositast, dicere:
«Quid opus fuit hoc ‹sumpto› sumptu tanto nostra gratia?
Insanivisti hercle, nam idem hoc hominibus sat erat decem».
Quod eorum caussa opsonatumst culpant et comedunt
[tamen.
PALAESTRIO Fit pol illud ad illud exemplum. Ut docte et
[perspecte sapit!

fa il magistrato che controlla le merci: se è onesto, sta attento nell'imporre i prezzi e a quella che è buona attribuisce un prezzo corrispondente al suo valore, mentre su quella cattiva ritiene che il proprietario debba perdere in proporzione al difetto. Così gli dei avrebbero dovuto distinguere le vite degli uomini: a chi aveva un buon carattere dovevano dare una vita lunga, a chi invece era cattivo e perverso dovevano toglierla in fretta. Se si fossero regolati così ci sarebbero molto meno mascalzoni e avrebbero meno coraggio di far del male, mentre ai galantuomini la vita costerebbe di meno.[53]

PERIPLECTOMENO Criticare e biasimare i disegni degli dei è da stolti e da ignoranti. Piantiamola con questi discorsi! Adesso voglio andare a far la spesa per accoglierti come si deve a casa mia, secondo la tua dignità, caro ospite, e secondo la mia, con ogni garbo e con cibi raffinati.

PLEUSICLE Basta già[54] quanto hai speso per me. Non c'è chi possa godere dell'ospitalità di un amico più di tre o quattro giorni; dopo diventa insopportabile. Se poi si azzarda a restare dieci giorni di seguito, ne nasce un'Iliade[55] di guai! E anche se il padrone sopporta con disinvoltura, i servi mormorano.

PERIPLECTOMENO Ah! Ma io ho educato i miei servi a servirmi, caro mio, in modo che non siano loro a comandare e io a dovermi assoggettare. Anche se non gli va quel che piace a me, devono remare nella direzione che voglio io, devono fare anche quel che gli ripugna, pur soffrendo e contro voglia. Ma adesso vado per la spesa, come mi accingevo a fare.

PLEUSICLE Se hai deciso, vacci ma senza esagerare, senza spender troppo. A me va bene tutto.

PERIPLECTOMENO[56] Smettila con queste cerimonie d'altri tempi! Adesso parli come la gente volgare che, appena si è seduta a tavola e la cena è servita, esclama: «Che bisogno c'era di spender tanto per noi? Sei proprio pazzo, per Ercole! Questa roba basterebbe per dieci!». Ti biasimano per tutto quel che hai speso per loro, ma intanto mangiano a quattro palmenti.

PALESTRIONE Succede proprio quello che lui sta descrivendo! Come la sa lunga costui!

PERIPLECTOMENUS Sed eidem homines numquam dicunt, quamquam adpositumst ampliter:
«Iube illud demi; tolle hanc patinam; remove pernam, nil moror;
aufer illam offam porcinam, probus hic conger frigidus‹t›,
remove, abi aufer»: neminem eorum haec adseverare audias,
sed procellunt sese [et procumbunt] in mensam dimidiati, dum appetunt.
PALAESTRIO Bonu' bene ut malos descripsit mores!
PERIPLECTOMENUS Hau centesumam
partem dixi atque, otium rei si sit, possum expromere.
PALAESTRIO Igitur id quod agitur, ‹ei› hic primum praevorti decet.
Nunc hoc animum advortite ambo. Mihi opus est opera tua,
Periplectomene; nam ego inveni lepidam sycophantiam
qui admutiletur miles usque caesariatus, atque uti
huic amanti ac Philocomasio hanc ecficiamus copiam,
ut hic eam abducat habeatque.
PERIPLECTOMENUS Dari istanc rationem volo.
PALAESTRIO At ego mi anulum dari istunc tuom volo.
PERIPLECTOMENUS Quam ad rem usui est?
PALAESTRIO Quando habebo, igitur rationem mearum fabricarum dabo.
PERIPLECTOMENUS Utere, accipe.
PALAESTRIO Accipe a me rusum rationem doli
quam institui.
PERIPLECTOMENUS Perpurigatis damu' tibi ambo operam auribus.
PALAESTRIO Eru' meus ita magnus moechus mulierum est ut neminem
fuisse aeque neque futurum credo.
PERIPLECTOMENUS Credo ego istuc idem.
PALAESTRIO Isque Alexandri praestare praedicat formam suam
itaque omnis se ultro sectari in Epheso memorat mulieres.

PERIPLECTOMENO Però quella gente lì, per quanto il pranzo sia abbondante, non si sogna di dire: «Quello fallo portar via! Togli quel piatto! Metti via il prosciutto e quella carne di maiale, non ne voglio. Quell'anguilla è buona anche fredda, porta via, mettila da parte!». Non ne senti nessuno dir così, ma li vedi protendersi in avanti, spenzolandosi fino alla cintola sulla tavola, per arraffare il cibo.

PALESTRIONE Lui, che è un uomo così a posto, come ha descritto bene quel modo di comportarsi da bifolchi!

PERIPLECTOMENO Ho solo cominciato, non ho detto che la centesima parte di quel che potrei, se ne avessimo il tempo!

PALESTRIONE Non ne abbiamo. Bisogna tornare a occuparci del nostro affare. State bene attenti tutti e due: ho bisogno del tuo aiuto, Periplectomeno. Ho escogitato una bella canagliata per pelare a dovere il soldato zazzeruto e dare la possibilità a questo giovanotto innamorato di portarsi via Filocomasio e tenersela per sé.

PERIPLECTOMENO Voglio che mi spieghi tutto.

PALESTRIONE Mi devi dare il tuo anello.

PERIPLECTOMENO A che cosa ti serve?

PALESTRIONE Quando l'avrò in mano, ti spiegherò tutto il piano che ho elaborato.

PERIPLECTOMENO Prendilo, fanne ciò che vuoi.

PALESTRIONE E tu ricevi in cambio la spiegazione di come si svolgerà l'imbroglio che ho progettato.

PERIPLECTOMENO Siamo qui entrambi tutt'orecchi!

PALESTRIONE Il mio padrone è un donnaiolo impenitente come mai ce n'è stato e mai ce ne sarà un altro.

PERIPLECTOMENO Sono d'accordo.

PALESTRIONE Egli va cianciando di essere più bello di Paride Alessandro e che tutte le donne di Efeso gli corron dietro spontaneamente.

PERIPLECTOMENUS Edepol qui te de isto multi cupiunt nunc
[mentirier,
sed ego ita esse ut dicis teneo pulchre. Proin, Palaestrio,
quam potis tam verba confer maxume ad compendium.
PALAESTRIO Ecquam tu potis reperire forma lepida mulierem
quoi facetiarum cor pectusque sit plenum et doli?
PERIPLECTOMENUS Ingenuamne an libertinam?
PALAESTRIO Aequi istuc
[facio, dum modo
eam des quae sit quaestuosa, quae alat corpus corpore,
quoique sapiat pectus; nam cor non potest, quod nulla habet.
PERIPLECTOMENUS Lautam vis an quae nondum sit lauta?
PALAESTRIO [Sic consucidam,
quam lepidissumam potis quamque adulescentem maxume.
PERIPLECTOMENUS Habeo eccillam meam clientam,
[meretricem adulescentulam.
Sed quid ea usus est?
PALAESTRIO Ut ad te eam iam deducas domum
itaque eam huc ornatam adducas, ex matronarum modo,
capite compto, crinis vittasque habeat adsimuletque se
tuam esse uxorem: ita praecipiundum est.
PLEUSICLES Erro quam insistas
[viam.
PALAESTRIO At scietis. Sed ecqua ancillast illi?
PERIPLECTOMENUS Est prime cata.
PALAESTRIO Ea quoque opus est. Ita praecipito mulieri atque
[ancillulae,
ut simulet se tuam esse uxorem et deperire hunc militem,
quasique hu‹n›c anulum faveae suae dederit, ea porro mihi,
militi ut darem, quasique ego rei sim interpres.
PERIPLECTOMENUS Audio.
Ne me surdum verberavit! Si audes, ego recte meis
auris ut ***
‹PALAESTRIO› ***
ei dabo, ‹a› tua mi uxore dicam delatum et datum,
ut sese ad eum conciliarem; ille eiusmodi est: cupiet miser,
qui nisi adulterio studiosus rei nulli aliaest inprobus.

PERIPLECTOMENO Per Polluce, molti[57] vorrebbero che tu ora mentissi su questo tema! Ma le cose stanno proprio così, io lo so bene! Quindi, Palestrione, vai al sodo più presto che puoi.

PALESTRIONE Sei in grado di trovare una donna belloccia, spiritosa e furbacchiona?

PERIPLECTOMENO Donna libera o liberta?

PALESTRIONE Questo non importa, purché ne trovi una che sia avida, che si mantenga con il commercio del suo corpo e che sia anche piuttosto intelligente. Di sentimenti non parlo, perché non c'è donna che ne abbia.

PERIPLECTOMENO La vuoi raffinata o ancora un po' rozza?

PALESTRIONE Deve essere appetitosa così,[58] il più graziosa e il più giovane possibile.

PERIPLECTOMENO Ne ho una che frequenta la mia casa, una zoccoletta giovane giovane... Ma a che ti serve?

PALESTRIONE Devi andare a prenderla e poi farla venire qui, abbigliata secondo la moda delle signore, ben pettinata, bende nei capelli,[59] pronta a simulare di essere tua moglie. Spiegale che deve recitare questa parte.

PLEUSICLE Non so proprio dove vuoi arrivare.

PALESTRIONE Lo saprete. Costei ha una serva?

PERIPLECTOMENO Ce l'ha, e furba come poche.

PALESTRIONE Ho bisogno anche di lei. Spiega alla donna e alla sua serva che lei deve recitare la parte di tua moglie, una moglie perdutamente innamorata del soldato. Consegnerà alla servetta[60] quest'anello come fosse suo: quella a sua volta lo consegnerà a me perché lo dia al soldato, fungendo così da mezzano nella tresca.

PERIPLECTOMENO Bada, ci sento![61] Mi ha intontito come se fossi sordo. Per tua norma, io ho un ottimo udito...[62]

PALESTRIONE ... Io glielo consegnerò e gli dirò che mi è stato affidato da tua moglie per entrare nelle sue grazie. Il disgraziato è fatto così, si metterà subito a spasimare perché nulla interessa tanto a quel gaglioffo come queste storie di adulterio.

PERIPLECTOMENUS Non potuit reperire, si ipsi Soli quaerendas dares,
lepidiores duas ad hanc rem quam ego. Habe animum bonum.
PALAESTRIO Ergo adcura, sed propere opus est. Nunc tu ausculta mi, Pleusicles.
PLEUSICLES Tibi sum oboediens.
PALAESTRIO Hoc facito, miles domum ubi advenerit,
memineris ne Philocomasium nomines.
PLEUSICLES Quem nominem?
PALAESTRIO Diceam.
PLEUSICLES Nempe eandem quae dudum constitutast.
PALAESTRIO Pax! Abi.
PLEUSICLES Meminero. Sed quid meminisse id refert, ‹rogo› ego te tamen.
PALAESTRIO Ego enim dicam tum quando usus poscet; interea tace;
ut nunc etiam hic agit, actutum partis defendas tuas.
PLEUSICLES Eo ego intro igitur. –
PALAESTRIO Et praecepta sobrie ut cures face.

PALAESTRIO LURCIO

PALAESTRIO Quantas res turbo, quantas moveo machinas!
Eripiam ego hodie concubinam militi,
si centuriati bene sunt manuplares mei.
Sed illum vocabo. Heus Sceledre, nisi negotiumst,
progredere ante aedis, te vocat Palaestrio.
LURCIO Non operaest Sceledro.
PALAESTRIO Quid iam?
LURCIO Sorbet dormiens.
PALAESTRIO Quid, sorbet?
LURCIO Illud "stertit" volui dicere.
Sed quia consimile est, quom stertas, quasi sorbeas –

PERIPLECTOMENO Se anche affidassi la ricerca al Sole[63] in persona, non potrebbe scovare due donnette più adatte a questa faccenda di quelle che io ho a disposizione. Sta' di buon animo!

PALESTRIONE Allora pensaci tu, ma in fretta. Quanto a te, Pleusicle, stammi a sentire.

PLEUSICLE Sono ai tuoi ordini.

PALESTRIONE Sta' attento, quando tornerà il soldato, a non chiamare Filocomasio con il suo nome.

PLEUSICLE E come dovrò chiamarla?

PALESTRIONE Dicea.

PLEUSICLE Cioè con il nome che abbiamo deciso prima.

PALESTRIONE Perfetto! Va'!

PLEUSICLE Me ne ricorderò, però vorrei sapere da te a che cosa servirà.

PALESTRIONE Te lo dirò quando sarà il momento. Intanto sta' zitto. Come Periplectomeno recita la sua parte, tu pensa a sostenere la tua.

PLEUSICLE Va bene. Entro in casa.

PALESTRIONE E ricordati con esattezza quel che ti ho detto.

Scena II
PALESTRIONE LURCIONE[64]

PALESTRIONE Che sorta di pasticci riesco a combinare, quanti diabolici ordigni metto in campo! Oggi strapperò di mano al soldato la sua amante, se le mie schiere sono ben ordinate e pronte. Ma adesso chiamo quello lì. Ehi! Sceledro, se non hai da fare, esci di casa. È Palestrione che ti chiama!

LURCIONE Sceledro non può venire.

PALESTRIONE E perché?

LURCIONE Dorme e ciuccia.

PALESTRIONE E che cosa succhia?

LURCIONE Volevo dire "russa", ma è la stessa cosa; quando uno russa è come se succhiasse.

PALAESTRIO Eho an dormit Sceledrus intus?
LURCIO Non naso quidem,
nam eo magnum clamat.
PALAESTRIO Tetigit calicem clanculum:
†domisit† nardini amphoram, cellarius.
Eho tu sceleste, qui illi subpromu's, eho –
LURCIO Quid vis?
PALAESTRIO Qui[d] lubitum est illi condormiscere?
LURCIO Oculis opinor.
PALAESTRIO Non te istuc rogito, scelus.
Procede huc. Periisti iam, nisi verum scio.
Prompsisti tu illi vinum?
LURCIO Non prompsi.
PALAESTRIO Negas?
LURCIO Nego hercle vero, nam ill' me votuit dicere;
neque equidem heminas octo exprompsi in urceum
neque illic calidum | exbibit in prandium.
PALAESTRIO Neque tu bibisti?
LURCIO Di me perdant si bibi,
si bibere potui!
PALAESTRIO Quid iam?
LURCIO Quia enim opsorbui;
nam nimi' calebat, amburebat gutturem.
PALAESTRIO Alii ebrii sunt, alii poscam potitant.
Bono subpromo et promo cellam creditam!
LURCIO Tu | hercle idem faceres si tibi esset credita:
quoniam aemulari non licet, nunc invides.
PALAESTRIO Eho an umquam prompsit antehac? Responde, [scelus.
Atque ut tu scire possies, dico tibi:
si falsa dices, Lurcio, excruciabere.
LURCIO Ita vero? Ut tu ipse me dixisse delices,
post ‹e› sagina ego eiciar cellaria,
ut tibi, si promptes, alium subpromum pares.

PALESTRIONE Ma come? È lì dentro a dormire?

LURCIONE Con il naso però non dorme, perché con quello sta facendo un gran rumore.

PALESTRIONE Certo ha messo mano al bicchiere di nascosto mentre nella sua veste di cantiniere spillava[65] da un'anfora vino misto a nardo. E tu, farabutto, che lo aiuti a spillare...

LURCIONE Be'?

PALESTRIONE Come gli è venuta la voglia di dormire?

LURCIONE Come? Con gli occhi, credo.

PALESTRIONE Non è questo che ti chiedevo, mascalzone. Vieni qui. Sei bell'e morto se non mi dici la verità. Sei tu che gli hai versato il vino?

LURCIONE No.

PALESTRIONE Dici di no?

LURCIONE Dico di no, per Ercole, perché lui mi ha proibito di parlare: di conseguenza non è vero che ho spillato nel suo orcio circa quattro litri di vino e che lui se li è bevuti belli caldi a pranzo.

PALESTRIONE E nemmeno che tu hai bevuto?

LURCIONE Gli dei mi fulminino se ho bevuto, se sono riuscito a farlo!

PALESTRIONE Perché?

LURCIONE Perché ho dovuto trangugiarlo: era troppo caldo e mi bruciava la gola.

PALESTRIONE C'è chi si ubriaca di vino e chi beve acqua e aceto![66] Tra il cantiniere e il vicecantiniere, è stata affidata bene quella cantina!

LURCIONE Tu faresti lo stesso, per Ercole, se fosse affidata a te. Dato che non puoi, ci invidi.

PALESTRIONE È già successo che quello abbia scolato del vino, prima d'ora? Rispondi, furfante. E ti avverto, perché tu ti regoli: se non dici la verità, Lurcione, sarai torturato.

LURCIONE Ah! Davvero? Perché tu poi vada a spifferare[67] che sono stato io ad ammetterlo? Perché io venga espulso da quella zona di delizie che è la cantina e tu, nel caso venga eletto cantiniere, ti prenda un altro aiutante?

PALAESTRIO Non edepol faciam. Age eloquere audacter mihi.
LURCIO Numquam edepol vidi promere. Verum hoc erat:
mihi imperabat, ego promebam postea.
PALAESTRIO Hoc illi crebro capite sistebant cadi.
LURCIO Non hercle tam istoc valide cassabant cadi;
sed in cella erat paullum nimi' loculi lubrici,
ibi erat bilibris aula sic propter cados,
ea saepe deciens complebatur: vidi eam
plenam atque inanem fieri; opera maxuma,
ubi bacchabatur aula, cassabant cadi.
PALAESTRIO Abi, abi intro iam. Vos in cella vinaria
bacchanal facitis. Iam hercle ego illum adducam a foro.
LURCIO Perii! Excruciabit me erus, domum si venerit,
quom haec facta scibit, quia sibi non dixerim.
Fugiam hercle aliquo atque hoc in diem extollam malum.
Ne dixeritis, opsecro, huic, vostram fidem!
PALAESTRIO Quo tu agis?
LURCIO Missus sum alio: iam huc revenero.
PALAESTRIO Quis misit?
LURCIO Philocomasium.
PALAESTRIO Abi, actutum redi.
LURCIO Quaeso tamen tu meam partem, infortunium
si dividetur, me apsente accipito tamen. –
PALAESTRIO Modo intellexi quam rem mulier gesserit:
quia Sceledrus dormit, hunc subcustodem suom
foras ablegavit, dum ab se huc transiret. Placet
sed Periplectomenus quam ei mandavi mulierem
nimi' lepida forma ducit. Di hercle hanc rem adiuvant.
Quam digne ornata incedit, hau meretricie!
Lepide hoc succedit sub manus negotium.

PALESTRIONE Per Polluce, ti garantisco che non lo farò. Su, sbrigati, dimmi tutto senza riserve.

LURCIONE Io non l'ho mai visto versarsi il vino. Andava così: lui mi comandava di spillarlo e io lo facevo.

PALESTRIONE Ecco perché così spesso gli orci restavano lì capovolti.[68]

LURCIONE Ma no, per Ercole, non è tanto questo il motivo per cui gli orci vacillavano e cadevano; nella cantina c'era un tratto di pavimento scivoloso e lì, proprio vicino agli orci, c'era un boccale di circa un litro che si riempiva un sacco di volte al giorno: l'ho visto riempirsi e svuotarsi continuamente; quando il boccale freneticamente sussultava in preda al furore bacchico, gli orci perdevano l'equilibrio.

PALESTRIONE Va', torna dentro! Siete voi che fate il baccanale in cantina. Per Ercole, è l'ora che io faccia ritornare il padrone dal foro.

LURCIONE (*tra sé*) Sono morto! Il padrone, se tornerà a casa e verrà a sapere tutto, mi punirà con la tortura perché non gliel'ho detto. Devo fuggire da qualche parte per evitare il guaio almeno per oggi. (*agli spettatori, indicando Palestrione*) Vi prego e vi scongiuro, voialtri non lo dite a costui!

PALESTRIONE Dove vai?

LURCIONE Devo fare una commissione altrove. Torno subito.

PALESTRIONE Chi te ne ha dato l'incarico?

LURCIONE Filocomasio.

PALESTRIONE Va' e torna di corsa.

LURCIONE Tu intanto, se il castigo verrà diviso, in mia assenza prendine la mia parte! (*esce*)

PALESTRIONE Adesso ho capito che cosa ha combinato la ragazza. Dato che Sceledro dorme, con una scusa ha mandato fuori costui che lo sostituisce, per poter passare dalla sua stanza a qua. Va benone! Ma ecco Periplectomeno che accompagna qui una donna secondo l'accordo: è fin troppo bella! Gli dei favoriscono l'impresa! Com'è elegante e con quanta dignità avanza! Non sembra proprio una puttana. L'affare mi sta riuscendo che è un piacere![69]

PERIPLECTOMENUS ACROTELEUTIUM MILPHIDIPPA PALAESTRIO

PERIPLECTOMENUS Rem omnem tibi, Acroteleutium,
[tibique una, Milphidippa,
domi demonstravi in ordine. Hanc fabricam fallaciasque
minu' si tenetis, denuo volo percipiatis plane;
satis si intellegitis, aliud est quod potius fabulemur.
ACROTELEUTIUM Stultitia atque insipientia mea istaec sit,
[‹mi patrone,›
me ire in opus alienum aut [t]ibi meam operam pollicitari,
si ea in opificina nesciam aut mala esse aut fraudulenta.
PERIPLECTOMENUS At meliust ‹com›monerier.
ACROTELEUTIUM Meretricem
[commoneri
quam sane magni referat, nihil clam est. Quin egomet ultro,
postquam adbibere auris meae tuam oram orationis,
tibi dixi, miles quem ad modum potisset deasciarei.
PERIPLECTOMENUS At nemo solus sati' sapit. Nam ego
[multos saepe vidi
regionem fugere consili priu' quam repertam haberent.
ACROTELEUTIUM Si quid faciundum est mulieri male atque
[malitiose,
ea sibi inmortalis memoriast meminisse et sempiterna;
sin bene quid aut fideliter faciundumst, eo deveniunt
obliviosae extemplo uti fiant, meminisse nequeunt.
PERIPLECTOMENUS Ergo istuc metuo, quom venit vobis
[faciundum utrumque:
nam id proderit mihi, militi male quod facietis ambae.
ACROTELEUTIUM Dum nescientes quod bonum faciamus,
[ne formida.
PERIPLECTOMENUS Mala mille meres.
ACROTELEUTIUM St! Ne pave, peioribus
[conveniunt.
PERIPLECTOMENUS Ita vos decet. Consequimini.

Scena III
PERIPLECTOMENO ACROTELEUZIO MILFIDIPPA PALESTRIONE

PERIPLECTOMENO Ho già elencato in ordine tutti i particolari del piano sia a te, Acroteleuzio, che a te, Milfidippa, mentre eravamo in casa. Ma nell'ipotesi che vi siate dimenticate qualcosa, voglio che apprendiate di nuovo chiaramente com'è stato imbastito questo imbroglio. Se invece avete capito tutto, ci sono altre cose di cui parlare.

ACROTELEUZIO Sarebbe proprio da sciocca e da dissennata, padron mio, aderire a un progetto altrui e promettere la mia partecipazione se poi non fossi capace di mostrarmi all'altezza della birbanteria che si sta tramando.

PERIPLECTOMENO In ogni caso è meglio rinfrescare la memoria.

ACROTELEUZIO Ma sì! Lo sanno tutti quanto valga la pena di ammaestrare bene una cortigiana![70] Non sono stata io che, non appena ho udito l'inizio del tuo discorso, ti ho spontaneamente suggerito come si possa scorticare il soldato?

PERIPLECTOMENO Non c'è nessuno che da solo ne sappia abbastanza. Ne ho visti molti e spesso confondersi prima di aver definito un progetto.

ACROTELEUZIO Se le donne devono fare qualcosa con perfidia e astuzia, non c'è pericolo che se ne dimentichino, anzi, ne hanno una memoria indelebile. Se invece si tratta di far qualcosa di buono e di leale, tutt'a un tratto diventano smemorate, non ricordano più nulla.

PERIPLECTOMENO È proprio questo che temo, dato che dovete agire su due fronti: infatti quel che tutte e due farete di male al soldato risulterà un vantaggio per me.

ACROTELEUZIO Purché lo facciamo, questo qualcosa di buono, senza rendercene conto, non preoccuparti.

PERIPLECTOMENO Ti meriti mille accidenti!

ACROTELEUZIO Non temere. Le donne hanno a che fare con chi è peggiore di loro.

PERIPLECTOMENO E vi sta bene! Seguitemi!

PALAESTRIO Cesso ego
[illis obviam ire.
Venire salvom gaudeo, lepide hercle ornatus [in]cedis.
PERIPLECTOMENUS Bene opportuneque obviam es,
[Palaestrio. Em tibi adsunt
quas me iussisti adducere et quo ornatu.
PALAESTRIO Eu. Noster esto.
Palaestrio Acroteleutium salutat.
ACROTELEUTIUM Quis hic amabo est
qui tam pro nota nominat me?
PERIPLECTOMENUS Hic noster architectust.
ACROTELEUTIUM Salve, architecte.
PALAESTRIO Salva sis. Sed dic mihi,
[ecquid hic te
oneravit praeceptis?
PERIPLECTOMENUS Probe meditatam utramque duco.
PALAESTRIO Audire cupio quem ad modum; ne quid
[peccetis paveo.
PERIPLECTOMENUS Ad tua praecepta de meo nihil his
[novom adposivi.
ACROTELEUTIUM Nemp' ludificari militem tuom erum vis?
PALAESTRIO [Exlocuta's[t].
ACROTELEUTIUM Lepide et sapienter, commode et facete
[res parata est.
PALAESTRIO Atque huius uxorem te volo ‹ted› adsimulare.
ACROTELEUTIUM [Fiat.
PALAESTRIO Quasi militi animum adieceris simulare.
ACROTELEUTIUM Sic
[futurum est.
PALAESTRIO Quasique ea res per me interpretem et tuam
[ancillam ei curetur.
ACROTELEUTIUM Bonu' vatis poteras esse, nam quae sunt
[futura dicis.
PALAESTRIO Quasique anulum hunc ancillula tua aps te
[detulerit ad me
quem ego militi ‹porro› darem tuis verbis.
ACROTELEUTIUM Vera dicis.

PALESTRIONE (*intromettendosi e dirigendosi verso Periplectomeno*) Adesso gli vado incontro. Ti vedo bene, per Ercole, e ne godo. E hai una bella compagnia.

PERIPLECTOMENO Arrivi a proposito, Palestrione! Eccoti qui le persone che mi hai chiesto di portarti: sono abbigliate come volevi.

PALESTRIONE Evviva! Benvenuto! Salute a te, Acroteleuzio!

ACROTELEUZIO Chi è costui che mi chiama per nome come se mi conoscesse?

PERIPLECTOMENO È il regista del nostro piano.

ACROTELEUZIO Salve, regista!

PALESTRIONE Salute a te! Ma dimmi: costui ti ha già riempito la testa di istruzioni?

PERIPLECTOMENO Te le porto entrambe ben ammaestrate.

PALESTRIONE Voglio sapere come. Ho paura che possiate sbagliare.

PERIPLECTOMENO Non ho aggiunto niente di mio a quello che tu hai predisposto.

ACROTELEUZIO Allora sei tu quello che vuol mettere nel sacco il suo padrone?

PALESTRIONE Esatto.

ACROTELEUZIO Il piano è bello, accorto e spiritoso: dovrebbe andar bene.

PALESTRIONE Io voglio che tu faccia finta di essere la moglie di costui.

ACROTELEUZIO Va bene.

PALESTRIONE E devi anche fingere di esserti incapricciata del soldato.

ACROTELEUZIO Farò così.

PALESTRIONE E fingere che io e la tua ancella abbiamo l'incarico di trasferirgli il messaggio.

ACROTELEUZIO Tu avresti potuto benissimo fare l'indovino. Prevedi tutto quello che avverrà.

PALESTRIONE Faremo come se la tua ancella avesse ricevuto da te quest'anello e me lo consegnasse perché io lo dia al soldato in nome tuo.

ACROTELEUZIO Proprio così.

PERIPLECTOMENUS Quid istis nunc memoratis opust quae
[commeminere?

ACROTELEUTIUM [Meliust.
Nam, mi patrone, hoc cogitato, ubi probus est architectus,
bene lineatam si semel carinam conlocavit,
facile esse navem facere, ubi fundata, constitutast.
Nunc haec carina sati' probe fundata, [et] bene statutast,
adsunt fabri architectique ‹adsunt› ad eam haud inperiti.
Si non nos materiarius remoratur, quod opus‹t› qui det
(novi indolem nostri ingeni), cito erit parata navis.

PALAESTRIO Nemp' tu novisti militem meum erum?

ACROTELEUTIUM Rogare
[mirumst.
Populi odium quidni noverim, magnidicum, cincinnatum,
moechum unguentatum?

PALAESTRIO Num ille te nam novit?

ACROTELEUTIUM Numquam
[vidit:
qui noverit me quis ego sim?

PALAESTRIO Nimi' lepide fabulare;
eo pote fuerit lepidius pol fieri.

ACROTELEUTIUM Potin ut hominem
mihi des, quiescas cetera? Ni ludificata lepide
ero, culpam omnem in me imponito.

PALAESTRIO Age igitur intro abite,
insistite hoc negotium sapienter.

ACROTELEUTIUM Alia cura.

PALAESTRIO Age, Periplectomene, has nunciam duc intro;
[ego ad forum illum
conveniam atque illi hunc anulum dabo atque praedicabo
a tua uxore mihi datum esse eamque illum deperire;
hanc ad nos, quom extemplo a foro veniemus, mittitote.
Quasi clanculum ad ‹eum› missa sit.

PERIPLECTOMENUS Faciemus: alia cura.

PALAESTRIO Vos modo curate, ego illum probe iam
[oneratum huc acciebo. –

PERIPLECTOMENUS Bene ambula, bene rem geras. Egone
[hoc si ecficiam plane,

PERIPLECTOMENO Che bisogno c'è di ripetere quel che queste due ricordano benissimo?

ACROTELEUZIO È sempre meglio. Considera questo, padron mio. Quando l'architetto è valido, se ha fatto un buon disegno della struttura della nave[71] è poi facile realizzarla, una volta bene impostato il lavoro. Ora, la nostra carena è salda sulla base, c'è chi dirige, ci sono le maestranze, gente che sa il suo mestiere. Se chi fornisce il materiale non ostacola il lavoro (conosco bene il nostro talento), la nave sarà pronta in un batter d'occhio.

PALESTRIONE Tu lo conosci, vero, il soldato, il mio padrone?

ACROTELEUZIO Mi stupisco che tu mi faccia una simile domanda. Non dovrei conoscere quell'essere odioso a tutti, quel fanfarone, quel donnaiolo coi capelli arricciati e tutto profumato?

PALESTRIONE E lui ti conosce?

ACROTELEUZIO No. Non mi ha mai vista. Come potrebbe conoscermi?

PALESTRIONE Sono arcicontento di quel che mi dici. Per Polluce, tutto andrà per il meglio!

ACROTELEUZIO A questo punto perché non metti nelle mie mani l'uomo e non ti impicci d'altro? Se non riuscirò a gabbarlo a dovere, dà pure tutta la colpa a me.

PALESTRIONE Bene. Adesso andate dentro e impegnatevi a fondo nell'operazione.

ACROTELEUZIO Non preoccuparti.

PALESTRIONE Su, Periplectomeno, accompagna in casa queste due. Io andrò al foro a raggiungere il nostro, gli darò quest'anello e gli riferirò che mi è stato consegnato da tua moglie, la quale muore d'amore per lui. Non appena saremo ritornati, mandateci costei. (*indica la schiava*) Deve dar l'impressione di essere stata inviata a lui di nascosto.

PERIPLECTOMENO Sarà fatto. Non preoccuparti.

PALESTRIONE Sarete voi a occuparvene. Io ve lo porterò qui già cotto a puntino.[72]

PERIPLECTOMENO Buon viaggio e buona fortuna! (*ad Acroteleuzio*) Quanto a me, se entro oggi riuscirò a restituire al

ut concubinam militis meus hospes habeat hodie
atque hinc Athenas avehat, ‹si› hodie hunc dolum dolamus,
quid tibi ego mittam muneris!
ACROTELEUTIUM Datne ab se mulier operam?
PERIPLECTOMENUS Lepidissume et comissume.
ACROTELEUTIUM Confido
[confuturum.
Ubi facta erit conlatio nostrarum malitiarum,
hau vereor ne nos subdola perfidia pervincamur.
PERIPLECTOMENUS Abeamus ergo intro, haec uti
[meditemur cogitate,
ut accurate et commode hoc quod agendumst exsequamur,
ne quid, ubi miles venerit, titubetur.
ACROTELEUTIUM Tu morare.

mio ospite quella che il soldato tiene come concubina e lui potrà riportarla ad Atene, se oggi questa trappola scatterà, vedrai che regalo ti farò.

ACROTELEUZIO Ma la ragazza,[73] per quanto sta in lei, ci aiuterà?

PERIPLECTOMENO Con grande spirito e disinvoltura.

ACROTELEUZIO Ho fiducia che tutto andrà per il suo verso. Quando tutte le nostre astuzie convergeranno, sono certa che non sarà possibile vincerci in fatto di inganni e di perfidia.

PERIPLECTOMENO Adesso entriamo in casa a ripassare tutto per bene per poi attuare il piano alla perfezione e senza esitazioni quando arriverà il soldato.

ACROTELEUZIO Sei tu che la tiri in lungo.

ACTUS IV

PYRGOPOLYNICES PALAESTRIO

PYRGOPOLYNICES Volup est, quod agas, si id procedit
[lepide at‹que ex› sententia;
nam ego hodie ad Seleucum regem misi parasitum meum,
ut latrones quos conduxi hinc ad Seleucum duceret,
qui eius regnum tutarentur, mihi dum fieret otium.
PALAESTRIO Quin tu tuam rem cura potius quam Seleuci,
[quae tibi
condicio nova et luculenta fertur per me interpretem.
PYRGOPOLYNICES Immo omnis res posteriores pono atque
[operam do tibi.
Loquere: auris meas profecto dedo in dicionem tuam.
PALAESTRIO Circumspicedum ne quis nostro hic auceps
[sermoni siet.
Nam hoc negoti clandestino ut agerem mandatumst mihi.
PYRGOPOLYNICES Nemo adest.
PALAESTRIO Hunc arrabonem amoris
[primum a me accipe.
PYRGOPOLYNICES Quid hic? Unde est?
PALAESTRIO A luculenta ac festiva
[femina,
quae te amat tuamque expetessit pulchram pulchritudinem;
eius nunc mi anulum ad te ancilla porro ut deferrem dedit.
PYRGOPOLYNICES Quid ea? Ingenuan an festuca facta e
[serva liberast?
PALAESTRIO Vah! Egone ut ad te ab libertina esse auderem
[internuntius,
qui ingenuis sati' responsare nequeas quae cupiunt tui?

ATTO IV

Scena I
PIRGOPOLINICE PALESTRIONE

PIRGOPOLINICE È un piacere darsi da fare se tutto procede bene e secondo le tue aspettative. Ho potuto inviare oggi al re Seleuco il mio parassita, perché accompagnasse da lui i mercenari che ho qui arruolato per aiutarlo a difendere il suo regno, mentre io mi prendo un po' di riposo.

PALESTRIONE Pensa a occuparti dei fatti tuoi, piuttosto che di quelli di Seleuco: hai davanti un'occasione inaspettata e stupenda grazie alla mia mediazione.

PIRGOPOLINICE Va bene. Tralascio tutto il resto e do retta a te. Parla: metto le mie orecchie a tua disposizione.

PALESTRIONE Bisogna stare attenti che non ci sia qualche spione pronto a captare[74] quello che diciamo, perché mi è stato imposto di trattare quest'affare in segreto.

PIRGOPOLINICE Non c'è nessuno.

PALESTRIONE Ti consegno per prima cosa questo pegno d'amore: prendilo!

PIRGOPOLINICE Che cos'è? Da dove viene?

PALESTRIONE Da una donna di prim'ordine, piacevolissima, che ti ama e si strugge di desiderio per la tua incomparabile bellezza; è stata la sua ancella che mi ha appena dato quest'anello da consegnarti.

PIRGOPOLINICE Di chi si tratta? Di una donna libera o di una che lo è diventata,[75] una serva emancipata, insomma?

PALESTRIONE Figurati! Io dovrei farmi interprete delle voglie di una liberta quando non sai come fare a tenere a bada tutte le donne libere che ti bramano?

PYRGOPOLYNICES Nuptanst an vidua?
PALAESTRIO Et nupta et vidua.
PYRGOPOLYNICES [Quo pacto potis
nupta et vidua esse eadem?
PALAESTRIO Quia adulescens nuptast cum sene.
PYRGOPOLYNICES Eugae!
PALAESTRIO Lepida et liberali formast.
PYRGOPOLYNICES [Cave mendacium.
PALAESTRIO Ad tuam formam illa una dignast.
PYRGOPOLYNICES Hercle
[pulchram praedicas.
Sed quis east?
PALAESTRIO Senis huius uxor Periplectomeni e proxumo.
Ea demoritur te atque ab illo cupit abire: odit senem.
Nunc te orare atque opsecrare iussit ut eam copiam
sibi potestatemque facias.
PYRGOPOLYNICES Cupio hercle equidem, si illa volt.
PALAESTRIO Quae cupit?
PYRGOPOLYNICES Quid illa faciemus concubina, quae
[domist?
PALAESTRIO Quin tu illam iube aps te abire quo lubet: sicut
[soror
eius huc gemina venit Ephesum et mater, accersuntque eam.
PYRGOPOLYNICES Eho tu, advenit Ephesum mater eiius?
PALAESTRIO [Aiunt qui sciunt.
PYRGOPOLYNICES Hercle occasionem lepidam, ut
[mulierem excludam foras!
PALAESTRIO Immo vin tu lepide facere?
PYRGOPOLYNICES Loquere et consilium
[cedo.
PALAESTRIO Vin tu illam actutum amovere, a te ut abeat per
[gratiam?
PYRGOPOLYNICES Cupio.
PALAESTRIO Tum te hoc facere oportet. Tibi
[divitiarum adfatimst:
iube sibi aurum atque ornamenta, quae illi instruxti mulieri,
dono habere, ‹abire›, auferre aps te quo lubeat sibi.

PIRGOPOLINICE È sposata o vedova?

PALESTRIONE Ambedue le cose.

PIRGOPOLINICE Ma come può essere sposata e vedova allo stesso tempo?

PALESTRIONE Semplice! Lei è giovane e ha sposato un vecchio.

PIRGOPOLINICE Benone!

PALESTRIONE È vivace, bella...

PIRGOPOLINICE Bada a non dir bugie!

PALESTRIONE Ti dico che è la sola degna della tua bellezza.

PIRGOPOLINICE Allora, per Ercole, deve essere proprio una meraviglia! Ma chi è, infine?

PALESTRIONE È la moglie di questo vecchio signore che abita qui vicino, Periplectomeno. È pazza d'amore per te e vuole lasciare il vecchio. Non lo sopporta più. Mi ha incaricato di pregarti e scongiurarti di darle questa possibilità.

PIRGOPOLINICE Io mi adeguo ai suoi desideri, se è così.

PALESTRIONE Vuoi che non sia così?

PIRGOPOLINICE Già, ma intanto che ne facciamo di quell'altra donna che ho in casa?

PALESTRIONE Dille di andarsene dove le piace: tanto più che la sua sorella gemella e la madre sono venute a Efeso e la vogliono con loro.

PIRGOPOLINICE Oh! Guarda! Sua madre è venuta a Efeso?

PALESTRIONE Così dicono i bene informati.

PIRGOPOLINICE Per Ercole, che occasione favolosa per sbatterla fuori di casa!

PALESTRIONE Vuoi una cosa fatta bene?

PIRGOPOLINICE Tira fuori il tuo consiglio!

PALESTRIONE Vuoi liberartene subito e farla andar via contenta?

PIRGOPOLINICE Certo che lo voglio.

PALESTRIONE Allora fa' così. Dato che sei straricco, lascia che si tenga l'oro e gli ornamenti di cui l'hai ricoperta e si porti via quel che le pare.

PYRGOPOLYNICES Placet ut dicis; sed ne istanc amittam et [haec mutet fidem
vide modo.
PALAESTRIO Vah! Delicatu's, quae te tamquam oculos amet.
PYRGOPOLYNICES Venu' me amat.
PALAESTRIO St tace! Aperiuntur fores, [concede huc clanculum.
Haec celox illiust, quae hinc egreditur, internuntia.
PYRGOPOLYNICES Quae haec celox?
PALAESTRIO Ancillula illiust, quae [hinc egreditur foras.
Quae anulum istunc attulit quem tibi dedi.
PYRGOPOLYNICES Edepol haec [quidem
bellulast.
PALAESTRIO Pithecium haec est prae illa et spinturnicium.
Viden tu illam oculis venaturam facere atque aucupium [auribus?

MILPHIDIPPA PYRGOPOLYNICES PALAESTRIO

MILPHIDIPPA Iam est ante aedis circus ubi sunt ludi faciundi [mihi.
Dissimulabo, hos quasi non videam neque esse hic etia [dum sciam.
PYRGOPOLYNICES Tace, subauscultemus ecquid de me fiat [mentio.
MILPHIDIPPA Numquis[nam] hic prope adest qui rem [alienam potius curet quam suam,
qui aucupet me quid agam, qui de vesperi vivat suo?
Eos nunc homines metuo, mihi ne opsint neve opstent [uspiam,
domo si bita‹n›t, dum huc transbitat, quae huius cupiens [corporist,
997a ‹er›a mea, quoius propter amorem cor nunc miser‹ae [contremit›,

PIRGOPOLINICE Mi va bene. Soltanto devi stare attento che non mi ritrovi a perdere questa, mentre l'altra cambia parere.

PALESTRIONE Come sei sospettoso! Quella ti ama come le sue pupille!

PIRGOPOLINICE È Venere che mi ama!

PALESTRIONE Silenzio! Si apre la porta. Tirati da parte, nasconditi qui. Quella che esce adesso è la sua staffetta,[76] la messaggera.

PIRGOPOLINICE E chi sarebbe?

PALESTRIONE La serva della signora, quella che mi ha dato l'anello che ti ho consegnato: è proprio lei che esce.

PIRGOPOLINICE Per Polluce, non è male nemmeno lei!

PALESTRIONE In confronto alla padrona è una scimmia, un uccellaccio! Non ti accorgi che è lì protesa con gli occhi e con gli orecchi in cerca di selvaggina?

Scena II
MILFIDIPPA PIRGOPOLINICE PALESTRIONE

MILFIDIPPA (*tra sé*)[77] Ecco, davanti a casa si apre il circo dove devo produrmi. Farò finta di non vedere costoro e di non accorgermi ancora che sono qui.

PIRGOPOLINICE Taci! Tendiamo le orecchie per sentire se dice qualcosa di me!

MILFIDIPPA C'è per caso qui intorno qualcuno che si occupa dei fatti degli altri piuttosto che dei suoi, che spia per captare quello che faccio, che può perder tempo perché tanto ha la pappa pronta?[78] Ho paura di questa razza di gente! Temo che mi vengano a mettere i bastoni tra le ruote uscendo di casa proprio quando passa di qui la mia padrona, che spasima di congiungersi a costui e ha il cuore

quae amat hunc hominem nimium lepidum et nimia
[pulchritudine,
militem Pyrgopolynicem.
PYRGOPOLYNICES Satin haec quoque me deperit?
Meam laudat speciem. Edepol huiius sermo hau cinerem
[quaeritat.
PALAESTRIO Quo argumento?
PYRGOPOLYNICES Quia enim loquitur laute et
[minime sordide.
PALAESTRIO Quidquid istaec de te loquitur, nihil attrectat
[sordidi.
PYRGOPOLYNICES Tum autem illa ipsa est nimium lepida
[nimi'que nitida femina.
Hercle vero iam adlubescit primulum, Palaestrio.
PALAESTRIO Priu'ne quam illam oculis tuis –
PYRGOPOLYNICES Videon id quod
[credo tibi?
Tum haec celocla autem illa apsente subigit me ut amem.
PALAESTRIO [Hercle hanc quidem
nihil tu amassis; mihi haec desponsast: tibi si illa hodie
[nupserit,
ego hanc continuo uxorem ducam.
PYRGOPOLYNICES Quid ergo hanc dubitas
[conloqui?
PALAESTRIO Sequere hac me ergo.
PYRGOPOLYNICES Pedisequos tibi sum.
MILPHIDIPPA [Utinam, quoius caussa foras
sum egressa, ‹eiius› conveniundi mihi potestas evenat.
PALAESTRIO Erit et tibi exoptatum optinget, bonum habe
[animum, ne formida;
homo quidamst qui scit quod quaeris ubi sit.
MILPHIDIPPA Quem ego hic
[audivi?
PALAESTRIO Socium tuorum conciliorum et participem consiliorum.
MILPHIDIPPA Tum pol ego id quod celo hau celo.
PALAESTRIO Immo et
[celas et non celas.

tutto palpitante di passione: l'infelice è innamorata di quella incomparabile meraviglia che è il soldato Pirgopolinice.

PIRGOPOLINICE Che anche costei sia innamorata di me? Sta lodando la mia bellezza, per Polluce, con parole assai forbite.[79]

PALESTRIONE Da che cosa lo deduci?

PIRGOPOLINICE Non senti come parla elegantemente e senza volgarità?

PALESTRIONE Certo: tutto quel che dice di te non sfiora in nessun modo la volgarità.

PIRGOPOLINICE E ribadisco che in più lei è una donnina graziosa e piena di vezzi; per Polluce, mi stuzzica moltissimo, fin dalla prima occhiata, sai, Palestrione.

PALESTRIONE Ma non hai ancora visto l'altra!

PIRGOPOLINICE Come faccio a vederla? Devo immaginarla basandomi sulle tue parole? Intanto quella non c'è e questa sua staffetta mi soggioga e mi induce all'amore.

PALESTRIONE Per Ercole, non innamorarti di questa: è fidanzata con me. Se la padrona oggi ti sposerà, io immediatamente mi prenderò questa qui.

PIRGOPOLINICE E allora perché indugi a rivolgerle la parola?

PALESTRIONE Vieni dietro a me.

PIRGOPOLINICE Seguo i tuoi passi.

MILFIDIPPA Oh! Se mi capitasse la ventura di incontrare colui per cui sono uscita!

PALESTRIONE Ti capiterà, vedrai, sta' tranquilla e non aver paura! C'è qualcuno che sa dov'è quello che cerchi.

MILFIDIPPA Chi c'è qui? Mi pare d'aver sentito parlare.

PALESTRIONE Certo! Sono colui con cui ti sei incontrata e hai fatto progetti.

MILFIDIPPA Ma allora, per Polluce, non riesco a nascondere quel che vorrei.

PALESTRIONE Veramente un po' lo nascondi e un po' no.

MILPHIDIPPA Quo argumento?
PALAESTRIO Infidos celas: ego sum tibi
[firme fidus.
MILPHIDIPPA Cedo signum, si harunc Baccharum es.
PALAESTRIO Amat
[mulier quaedam quendam.
MILPHIDIPPA Pol istuc quidem multae.
PALAESTRIO At non multae de
[digito donum mittunt.
MILPHIDIPPA Enim cognovi nunc, fecisti modo mi ex
[proclivo planum.
Sed hic numquis adest?
PALAESTRIO Vel adest vel non.
MILPHIDIPPA Cedo te mihi solae
[solum.
PALAESTRIO Brevin an longinquo sermoni?
MILPHIDIPPA Tribu' verbis.
PALAESTRIO Iam
[ad te redeo.
PYRGOPOLYNICES Quid ego? Hic astabo tantisper cum
[hac forma et factis [sic] frustra?
PALAESTRIO Patere atque asta, tibi ego hanc operam do.
PYRGOPOLYNICES [Properando – excrucior.
PALAESTRIO Pedetemptim (tu haec scis) tractare soles hasce
[huiius modi mercis.
PYRGOPOLYNICES Age age ut tibi maxume concinnumst.
PALAESTRIO [Nullumst hoc stolidiu' saxum.
Redeo ad te. Quid me voluisti?
MILPHIDIPPA Quo pacto hoc Ilium appelli
velis, id fero ad te consilium.
PALAESTRIO Quasi hunc depereat –
MILPHIDIPPA Teneo
[istuc.
PALAESTRIO Conlaudato formam et faciem et virtutes
[commemorato.
MILPHIDIPPA Ad eam rem habeo omnem aciem, tibi uti
[dudum iam demonstravi.

MILFIDIPPA Sarebbe a dire?

PALESTRIONE Lo nascondi a quelli di cui non ti fidi: ma io sono fidatissimo.

MILFIDIPPA Fatti riconoscere,[80] dimostra che fai parte di questa setta di Baccanti.[81]

PALESTRIONE C'è una certa signora che ama un certo uomo.

MILFIDIPPA Se è per questo, ce ne sono tante.

PALESTRIONE Ma non molte si sfilano l'anello per mandarlo in dono.

MILFIDIPPA Ora ti riconosco. Hai appianato le mie difficoltà. Ma c'è qualcun altro qui, per caso?

PALESTRIONE C'è e non c'è.

MILFIDIPPA Io voglio un incontro tra noi due soli.

PALESTRIONE Per un discorso lungo o breve?

MILFIDIPPA Solo tre parole.

PALESTRIONE (*a Pirgopolinice che è rimasto nell'ombra*) Torno subito da te.

PIRGOPOLINICE E io che faccio, adesso? Starò qui come un babbeo per tutto il tempo, bello come sono e carico di gloria?

PALESTRIONE Pazienza! Sta' buono! Lo faccio per te.

PIRGOPOLINICE Sbrigati! Io mi tormento!

PALESTRIONE Eppure sai bene che bisogna andare coi piedi di piombo nel trattare merce di tal genere.

PIRGOPOLINICE Ma sì! Fa' come ti sembra più conveniente.

PALESTRIONE (*tra sé*) Non c'è pietra che sia più inerte di lui. (*a Milfidippa*) Torno da te. Che volevi?

MILFIDIPPA Come vuoi che si aggredisca questa Ilio?[82] È di questo che voglio parlare.[83]

PALESTRIONE Fingi che la tua padrona si strugga d'amore per lui...

MILFIDIPPA Questo lo so.

PALESTRIONE Tessi gran lodi sul suo bell'aspetto ed esalta le sue virtù.

MILFIDIPPA A questo pongo la massima attenzione, come ti ho appena dimostrato.

PALAESTRIO Tu cetera cura et contempla et de meis venator
[verbis.
PYRGOPOLYNICES Aliquam mihi partem hodie operae des
[denique, iam tandem ades †ilico†.
PALAESTRIO Adsum, impera si quid vis.
PYRGOPOLYNICES Quid illaec narrat tibi?
PALAESTRIO [Lamentari
ait illam, miseram cruciari et lacrumantem se adflictare,
quia tis egeat, quia te careat. Ob eam rem huc ad te missast.
PYRGOPOLYNICES Iube adire.
PALAESTRIO At scin quid tu facias? Facito
[fastidi plenum,
quasi non lubeat; me inclamato, quia sic te volgo volgem.
PYRGOPOLYNICES Memini et praeceptis parebo.
PALAESTRIO Vocon ergo
[hanc quae te quaerit?
PYRGOPOLYNICES Adeat, si quid volt.
PALAESTRIO Si quid vis, adi, mulier.
MILPHIDIPPA [Pulcher, salve.
PYRGOPOLYNICES Meum cognomentum commemoravit.
[Di tibi dent quaequomque optes.
MILPHIDIPPA Tecum aetatem exigere ut liceat –
PYRGOPOLYNICES Nimium optas.
MILPHIDIPPA [Non me dico,
sed eram meam, quae te demoritur.
PYRGOPOLYNICES Aliae multae idem istuc
[cupiunt
quibu' copia non est.
MILPHIDIPPA Ecastor hau mirum, si te habes carum,
hominem tam pulchrum et praeclarum virtute et forma,
[factis.
Deu' dignior fuit quisquam homo qui esset?
PALAESTRIO Non hercle
[humanust ergo –
nam volturio plus humani credo est.
PYRGOPOLYNICES Magnum me faciam
nunc quom illaec me illi[c] conlaudat.

PALESTRIONE Stai attenta al resto, tieni d'occhio tutto e prendi l'imbeccata dalle mie parole. (*torna da Pirgopolinice*)

PIRGOPOLINICE Occupati un po' anche di me oggi, finalmente! Ah, eccoti!

PALESTRIONE Sono qui ai tuoi comandi.

PIRGOPOLINICE Che cosa ti diceva quella lì?

PALESTRIONE Mi diceva che la padrona non fa che lamentarsi, torturarsi e sciogliersi in lacrime, perché ha bisogno di te, perché le manchi. Per questo l'ha mandata da te.

PIRGOPOLINICE Allora dille di avvicinarsi.

PALESTRIONE Un momento! Tu sai, vero, come comportarti? Fingi d'essere molto annoiato, come se la cosa ti dispiacesse. Prenditela con me perché ti do in pasto al volgo in questo modo.

PIRGOPOLINICE D'accordo, seguirò i tuoi consigli.

PALESTRIONE Allora devo far venire la postulante?

PIRGOPOLINICE Venga, se vuole qualcosa.

PALESTRIONE Vieni, donna, se vuoi qualcosa.

MILFIDIPPA Salve, o splendido!

PIRGOPOLINICE Ha citato il mio soprannome. Gli dei esaudiscano ogni tuo desiderio!

MILFIDIPPA Soprattutto quello di poter passare la vita con te.

PIRGOPOLINICE Pretendi troppo.

MILFIDIPPA Non parlo per me, ma per la mia padrona che sta morendo per te.

PIRGOPOLINICE Ce ne sono molte altre che vorrebbero la stessa cosa e non possono averla.

MILFIDIPPA Per Castore, non mi meraviglio che tu faccia il prezioso, dato che sei così bello e famoso per il valore, l'aspetto e le gesta che hai compiute. C'è mai stato un uomo più degno di essere un dio?

PALESTRIONE (*tra sé*) Infatti non ha niente di umano, per Ercole; credo che un avvoltoio sia più umano di lui!

PIRGOPOLINICE (*tra sé*) Mi terrò su, dato che costei mi copre di lodi!

PALAESTRIO Viden tu ignavom ut
[sese infert?
Quin tu huic responde, haec illaec est ab illa quam dudum
[‹dixi›.
PYRGOPOLYNICES Qua ab illarum? Nam ita me occursant
[multae: meminisse hau possum.
MILPHIDIPPA Ab illa quae digitos despoliat suos et tuos
[digitos decorat.
Nam hunc anulum ab tui cupienti huic detuli, hic porro
[‹ad te›.
PYRGOPOLYNICES Quid nunc tibi vis, mulier? memora.
MILPHIDIPPA Ut
[quae te cupit, eam ne spernas,
quae per tuam nunc vitam vivit: sit necne sit, spes in te uno est.
PYRGOPOLYNICES Quid nunc volt?
MILPHIDIPPA Te compellare et
[complecti et contrectare.
Nam nisi tu illi fers suppetias, iam illa animum despondebit.
Age,
1054a mi Achilles, fiat quod te oro, serva illam pulchram pulchre,
exprome benignum ex te ingenium, urbicape, occisor
[regum.
PYRGOPOLYNICES Eu hercle odiosas res! Quotiens hoc tibi,
[verbero, ego interdixi,
meam ne sic volgo pollicitere operam?
PALAESTRIO Audin tu, mulier?
Dixi hoc tibi dudum et nunc dico: nisi huic verri adfertur
[merces,
1059-60 non hic suo seminio quemquam proculenam impertiturust.
MILPHIDIPPA Dabitur quantum ipsus preti poscet.
PALAESTRIO Talentum
[Philippi huic opus auri est;
minus ab nemine accipiet.
MILPHIDIPPA Eu ecastor nimi' vilest tandem!
PYRGOPOLYNICES Non mihi avaritia umquam innatast:
[satis habeo divitiarum,
plus mi auri mille est modiorum Philippi.
PALAESTRIO Praeter thensauros.

PALESTRIONE (*a Milfidippa*) Vedi tu quello stupido che arie si dà? (*forte a Pirgopolinice*) Coraggio! Rispondile! Essa viene da parte di colei di cui poco fa ti ho parlato.

PIRGOPOLINICE Ma da quale in particolare? Sono talmente tante quelle che mi assediano che non posso ricordarle tutte!

MILFIDIPPA Da colei che privò dell'anello le sue dita per ornarne le tue. Fui io a consegnarlo a costui da parte di chi ti brama, e lui a te.

PIRGOPOLINICE In conclusione, che cosa vuoi, donna? Dillo.

MILFIDIPPA Che tu non disprezzi colei che ti desidera e vive ora solo per te. Da te solo dipende se può sperare di continuare a vivere o no.

PIRGOPOLINICE Insomma, che vuole?

MILFIDIPPA Rivolgerti la parola, abbracciarti, accarezzarti. Se non l'aiuti, crollerà. O mio Achille, esaudisci quello di cui ti prego! Lei è bella come te: salvala![84] Mostra tutta la benevolenza di cui sei capace, o conquistatore di città,[85] o giustiziere di re!

PIRGOPOLINICE Che situazione imbarazzante, per Ercole! Quante volte ti ho ripetuto, furfante, di non mettere a disposizione della prima che capita le mie prestazioni?

PALESTRIONE Hai sentito, donna? Te l'ho appena detto e te lo ripeto adesso: se non lo si foraggia, questo verro, si guarderà bene dal distribuire il suo seme prezioso a una porcellina qualsiasi.

MILFIDIPPA Non gli sarà lesinato il prezzo che vorrà chiedere.

PALESTRIONE Qui ci vuole un talento di Filippi d'oro:[86] per meno non si concederà.

MILFIDIPPA Per Castore! È fin troppo a buon mercato!

PIRGOPOLINICE Non so cos'è l'avarizia. Ho un mucchio di soldi: più di mille moggi di Filippi d'oro.

PALESTRIONE Per non contare le riserve: ha delle montagne

Tum argenti montes, non massas, habet Aetina mons non
[aeque altos.
MILPHIDIPPA Eu ecastor
hominem peiiurum!
PALAESTRIO Ut ludo?
MILPHIDIPPA Quid ego? Ut sublecto?
PALAESTRIO Scite.
MILPHIDIPPA Sed amabo, mitte me actutum.
PALAESTRIO Quin tu huic
[respondes aliquid,
aut facturum aut non facturum?
MILPHIDIPPA Quid illam miseram animi
[excrucias,
quae numquam male de te meritast?
PYRGOPOLYNICES Iube eampse exire huc
[ad nos.
Dic me ei omnia quae volt facturum.
MILPHIDIPPA Faci' nunc ut facere
[aequom,
quom, quae te volt, eandem tu vis,
PYRGOPOLYNICES Non insulsum huic
[ingenium.
MILPHIDIPPA Quomq' me oratricem hau sprevisti sistique
[exorare ex te.
Quid est? Ut ludo?
PALAESTRIO Nequeo hercle equidem risu[m]
[admoderarier: ‹hahahae!›
MILPHIDIPPA Ob eam caussam huc aps te avorti.
PYRGOPOLYNICES Non edepol
[tu scis, mulier,
quantum ego honorem nunc illi habeo.
MILPHIDIPPA Scio et istuc illi dicam.
PALAESTRIO Contra auro alii hanc vendere potuit operam.
MILPHIDIPPA [Pol istuc tibi credo.
PALAESTRIO Meri bellatores gignuntur, quas hic praegnatis
[fecit,
et pueri annos octingentos vivont.
MILPHIDIPPA Vae tibi, nugator!

d'argento, non dei blocchetti, tanto alte quanto nemmeno l'Etna.

MILFIDIPPA (*tra sé*) Per Castore, che sgonfione!

PALESTRIONE (*a Milfidippa*) Sto recitando bene?

MILFIDIPPA E io? Come lo lusingo?

PALESTRIONE Perfettamente.

MILFIDIPPA (*a Pirgopolinice*) Per favore, fa' ch'io possa tornare a casa subito!

PALESTRIONE (*a Pirgopolinice*) Perché non le dai una qualche risposta, se intendi aderire alle sue richieste o no?

MILFIDIPPA Perché tormenti quell'infelice che non ti ha fatto mai nulla di male?

PIRGOPOLINICE E va bene! Invitala a presentarsi qui da me. Dille che l'accontenterò in tutto.

MILFIDIPPA Adesso sì che fai la cosa giusta: corrispondi ai suoi desideri.

PALESTRIONE[87] (*tra sé*) Questa sì che ci sa fare!

MILFIDIPPA E poi ti sei degnato di accettarmi come ambasciatrice e mi hai concesso di esporti la mia supplica. (*a Palestrione*) Come va la mia recita?

PALESTRIONE Non riesco, per Ercole, a trattenere il riso.

MILFIDIPPA Per questo non ti guardo in faccia.

PIRGOPOLINICE Per Polluce, non sospetti nemmeno, donna, quale onore sto facendo alla tua padrona.

MILFIDIPPA Lo capisco, invece, e glielo riferirò.

PALESTRIONE Avrebbe potuto vendere a peso d'oro i suoi favori ad altre.

MILFIDIPPA Per Polluce, ti credo.

PALESTRIONE Da quelle che questo qui ha messo incinte, nascono solo guerrieri dalla testa ai piedi, gente che vive ottocento anni!

MILFIDIPPA Non esagerare, spaccone!

PYRGOPOLYNICES Quin mille annorum perpetuo vivont ab
[saeclo ad saeclum.
PALAESTRIO Eo minu' dixi ne haec censeret me advorsum se
[mentiri.
MILPHIDIPPA Perii! Quot hic ipse annos vivet, quoius filii
[tam diu vivont?
PYRGOPOLYNICES Postriduo natus sum ego, mulier, quam
[Iuppiter ex Ope natust.
PALAESTRIO Si hic pridie natus foret quam ille est, hic
[haberet regnum in caelo.
MILPHIDIPPA Iam iam sat, amabo, est. Sinite abeam,
[si possum, viva a vobis.
PALAESTRIO Quin ergo abis, quando responsumst?
MILPHIDIPPA Ibo atque
[illam huc adducam,
propter ‹quam› opera est mihi. Numquid vis?
PYRGOPOLYNICES Ne magi' sim
[pulcher quam sum,
ita me mea forma habet sollicitum.
PALAESTRIO Quid hic nunc stas? Quin
[abis?
MILPHIDIPPA [Abeo.
PALAESTRIO Atque adeo (audin?) dicito docte et cordate, ut
[cor ei saliat –
Philocomasio dic, sist istic, domum ut transeat: hunc hic esse.
MILPHIDIPPA †Hic cum era est, clam nostrum hunc†
[sermonem sublegerunt.
PALAESTRIO Lepide factumst: iam ex sermone hoc
[gubernabunt doctiu' porro.
MILPHIDIPPA Remorare, abeo. –
PALAESTRIO Neque te remoror neque
[tango neque te – taceo.
PYRGOPOLYNICES Iube maturare illam exire huc. Iam istic
[rei praevortemur.

PIRGOPOLINICE Che hai detto? Mille anni vivono, passano da un secolo all'altro!

PALESTRIONE Io mi sono limitato perché costei non pensasse che mentissi.

MILFIDIPPA Muoio di spavento! Allora lui quanto vivrà se i suoi figli vivono tanto?

PIRGOPOLINICE Io sono nato il giorno dopo quello in cui Giove nacque da Opi.[88]

PALESTRIONE Se fosse nato il giorno prima, sarebbe lui ad avere il regno del cielo.

MILFIDIPPA Basta! Basta! Per favore! Lasciatemi andar via viva, se è possibile!

PALESTRIONE Già. Perché non ti muovi, dato che hai la risposta?

MILFIDIPPA Vado subito e accompagnerò qui colei per la quale mi son data da fare. (*a Pirgopolinice*) Desideri qualcosa?

PIRGOPOLINICE Di non diventare più bello di quello che già sono: la mia bellezza mi preoccupa talmente.

PALESTRIONE Sei ancora qui? Non te ne vai?

MILFIDIPPA Vado.

PALESTRIONE E sta bene attenta (mi senti?) a riferire tutto con precisione e sentimento perché lei abbia un tuffo al cuore... (*piano*) Di' a Filocomasio, se è a casa vostra, di ripassare di qua perché lui è tornato.

MILFIDIPPA (*piano*) È qui, con la mia padrona, e senza farsi vedere non si sono perse una parola di quello che abbiamo detto.

PALESTRIONE Ben fatto! In base a quello che hanno ascoltato sapranno meglio comportarsi d'ora in avanti.

MILFIDIPPA Mi fai perdere tempo. Me ne vado.

PALESTRIONE Non ti trattengo, non ti tocco, non... be'! lasciamo andare.

PIRGOPOLINICE Di' alla tua padrona di sbrigarsi a venire qui: voglio dare la precedenza a quest'affare!

PYRGOPOLYNICES PALAESTRIO

PYRGOPOLYNICES Quid nunc mi es auctor ut faciam,
[Palaestrio,
de concubina? Nam nullo pacto potest
prius haec in aedis recipi quam illam amiserim.
PALAESTRIO Quid me consultas quid agas? Dixi equidem tibi
quo id pacto fieri possit clementissume.
Aurum atque vestem muliebrem omnem habeat sibi
quae illi instruxisti: sumat, habeat, auferat;
dicasque tempus maxume esse ut eat domum:
sororem geminam adesse et matrem dicito,
quibu' concomitata recte deveniat domum.
PYRGOPOLYNICES Qui tu scis eas adesse?
PALAESTRIO Quia oculis meis
vidi hic sororem esse eiius.
PYRGOPOLYNICES Convenitne eam?
PALAESTRIO Convenit.
PYRGOPOLYNICES Ecquid fortis visast?
PALAESTRIO Omnia
vis optinere.
PYRGOPOLYNICES Ubi matrem esse aiebat soror?
PALAESTRIO Cubare in navi lippam atque oculis turgidis
nauclerus dixit, qui illas advexit, mihi.
Is ad hos nauclerus hospitio devortitur.
PYRGOPOLYNICES Quid is? Ecquid fortis?
PALAESTRIO Abi sis hinc, nam
[tu quidem
ad equas fuisti scitus admissarius,
qui consectare qua maris qua feminas.
Hoc age nunc.
PYRGOPOLYNICES Istuc quod das consilium mihi,
te cum illa verba facere de ista re volo;
nam cum illa sane congruos sermo tibi.
PALAESTRIO Qui potius quam tute adeas, tuam rem tute agas?
Dicas uxorem tibi necessum ducere;
cognatos persuadere, amicos cogere.

Scena III
PIRGOPOLINICE PALESTRIONE

PIRGOPOLINICE Palestrione, che mi consigli di fare con l'amante che ho in casa? Non posso certo farci entrare quell'altra prima di avere congedato questa!

PALESTRIONE Perché torni a chiedere il mio consiglio? Ti ho già detto in che modo puoi cavartela elegantemente. Lasciale tutto l'oro e i vestiti che le hai dato: se li prenda, se li tenga e se li porti via. Dille che questo è il momento buono per tornare a casa perché sono qui a Efeso sua madre e la sua sorella gemella: è l'ideale rimpatriare in loro compagnia.

PIRGOPOLINICE E come fai a sapere che sono qui?

PALESTRIONE Perché la sorella l'ho vista qui, proprio coi miei occhi.

PIRGOPOLINICE È venuta a trovarla?

PALESTRIONE Sì.

PIRGOPOLINICE E ti è sembrata belloccia?

PALESTRIONE Ma tu le vuoi proprio tutte!

PIRGOPOLINICE E questa sorella ha detto dove si trova la madre?

PALESTRIONE È stato il comandante della nave che le ha portate qui a dirmi che la madre è rimasta a bordo con gli occhi gonfi e cisposi. Lui, il comandante, è ospite dei vicini.

PIRGOPOLINICE E com'è costui? Un bel pezzo d'uomo?

PALESTRIONE Ma fammi il piacere! Tu saresti un ottimo stallone, dato che corri dietro a maschi e a femmine indifferentemente! Pensa all'affare che hai tra le mani!

PIRGOPOLINICE A proposito del consiglio che mi hai dato, preferisco che sia tu a parlare con Filocomasio di questa faccenda. Tu te la intendi bene con lei.

PALESTRIONE Ma non sarebbe il caso che ci andassi tu e te li sbrigassi tu i tuoi interessi? Dille che devi prender moglie, che i parenti e gli amici ti tolgono il fiato.

PYRGOPOLYNICES Itan tu censes?
PALAESTRIO Quid ego ni ita censeam?
PYRGOPOLYNICES Ibo igitur intro. Tu hic ante aedis interim
speculare, ut, ubi illaec prodeat, me provoces.
PALAESTRIO Tu modo istuc cura quod agis.
PYRGOPOLYNICES Curatum id
[quidemst.
Quin si voluntate nolet, vi extrudam foras.
PALAESTRIO Istuc cave faxis; quin potius per gratiam
bonam abeat aps te. Atque illaec quae dixi dato,
aurum, ornamenta quae illi instruxisti ferat.
PYRGOPOLYNICES Cupio hercle.
PALAESTRIO Credo te facile impetrassere.
Sed abi intro. Noli stare.
PYRGOPOLYNICES Tibi sum oboediens. –
PALAESTRIO Numquid videtur demutare †aut utique†
dixi esse vobis dudum hunc moechum militem?
Nunc ad me ut veniat usust Acroteleutium aut
ancillula eius aut Pleusicles. Pro Iuppiter,
satine ut Commoditas usquequaque me adiuvat!
Nam quos videre exoptabam me maxume,
una exeuntis video | hinc e proxumo.

ACROTELEUTIUM MILPHIDIPPA
PALAESTRIO PLEUSICLES

ACROTELEUTIUM Sequimini, simul circumspicite ne quis
[adsit arbiter.
MILPHIDIPPA Neminem pol video, nisi hunc quem volumus
[conventum.
PALAESTRIO Et ego vos.
MILPHIDIPPA Quid agis, noster architecte?
PALAESTRIO Egone architectus?
[Vah!
MILPHIDIPPA [Quid est?

PIRGOPOLINICE Dici?
PALESTRIONE Perché no?
PIRGOPOLINICE Va bene, ci vado. Tu intanto resta di guardia davanti alla casa. Appena quella signora si presenta, chiamami fuori.
PALESTRIONE Va bene. Tu pensa alla tua incombenza.
PIRGOPOLINICE È già risolta. Se non vorrà andarsene con le buone, la sbatterò fuori.
PALESTRIONE Guardatene bene! Vedi che se ne vada con buona grazia e dalle tutto quel che ti ho detto: l'oro e tutto il corredo che le hai fornito.
PIRGOPOLINICE È quel che desidero, per Ercole!
PALESTRIONE Credo che l'otterrai[89] facilmente; ma non star qui a perder tempo; va' dentro.
PIRGOPOLINICE Ti obbedisco.
PALESTRIONE (*al pubblico*) Vi sembra forse che questo sciupafemmine di un soldato si comporti diversamente da quanto vi avevo detto?[90] Adesso andrebbe bene che venisse qui da me Acroteleuzio o la sua servetta o Pleusicle. Per Giove! Che gran fortuna ho in ogni occasione! Tutti quelli che avevo urgenza di incontrare ecco che li vedo spuntar fuori insieme dalla casa del vicino.

Scena IV
ACROTELEUZIO MILFIDIPPA
PALESTRIONE PLEUSICLE

ACROTELEUZIO Venitemi dietro, facendo ben attenzione che nei dintorni non ci sia qualche spia.
MILFIDIPPA Non vedo nessuno, per Polluce, eccetto quella persona che proprio vogliamo incontrare.
PALESTRIONE E io voglio incontrare voi.
MILFIDIPPA Come va, carissimo regista e architetto?
PALESTRIONE Io architetto? Macché!
MILFIDIPPA Ma perché?

PALAESTRIO Qui‹a› enim non sum dignus prae te palum ut
[figam in parietem.
MILPHIDIPPA Heia vero!
PALAESTRIO Nimi' facete nimi'que facunde mala's.
Ut lepide deruncinavit militem!
MILPHIDIPPA At etiam parum.
PALAESTRIO Bono animo es: negotium omne iam succedit
[sub manus;
vos modo porro, ut occepistis, date operam adiutabilem.
Nam ipse miles concubinam intro abiit oratum suam
ab se ut abeat cum sorore et matre Athenas.
PLEUSICLES Eu, probe!
PALAESTRIO Quin etiam aurum atque ornamenta, quae ipse
[instruxit, mulieri
omnia dat dono, a se ut abeat: ita ego consilium dedi.
PLEUSICLES Facile istuc quidemst, si et illa volt et ille autem
[cupit.
PALAESTRIO Non tu scis, quom ex alto puteo susum ad
[summum escenderis,
maxumum periclum inde esse ab summo ne rusum cadas?
Nunc haec res apud summum puteum geritur: si prosenserit
miles, nihil ecferri poterit huiius: nunc quom maxume
opust dolis.
PLEUSICLES Domi esse ad eam rem video silvai satis:
mulieres tres, quartus tute's, quintus ego, sextus senex.
Quod apud nos fallaciarum sex situmst, certo scio,
oppidum quodvis videtur posse expugnari dolis.
Date modo operam.
ACROTELEUTIUM Id nos ad te, si quid velles, venimus.
PALAESTRIO Lepide facitis. Nunc hanc tibi ego impero
[provinciam.
ACROTELEUTIUM Impetrabis, imperator, quod ego potero,
[quod voles.
PALAESTRIO Militem lepide et facete, laute ludificarier
volo.
ACROTELEUTIUM Voluptatem mecastor mi imperas.

PALESTRIONE Perché al tuo confronto non son nemmeno capace di piantare un chiodo in una parete!

MILFIDIPPA Figurati!

PALESTRIONE Sei troppo abile e disinvolta nell'imbrogliare. Aveste visto con quale spirito ha disarmato[91] il soldato!

MILFIDIPPA È ancora poco!

PALESTRIONE Sta' tranquilla. Abbiamo la situazione sotto controllo; voi continuate a collaborare come avete fatto finora. Quanto al soldato, è entrato in casa per pregare la sua amante di partire per Atene con la madre e la sorella.

PLEUSICLE Benissimo!

PALESTRIONE E in più le darà in dono tutto l'oro e il corredo che le aveva fornito: sono stato io a consigliarglielo.

PLEUSICLE D'altronde la cosa è facile, dato che i loro desideri coincidono.

PALESTRIONE Vacci piano! Non ti rendi conto che quando sei riuscito a risalire dal fondo del pozzo fino al bordo, allora grandissimo è il rischio di precipitare dall'alto ancora giù? Ora siamo proprio in bilico sull'orlo del pozzo: se per caso il soldato ha sentore di quel che si sta tramando, non si riuscirà a concludere nulla. È proprio il momento di usare il massimo dell'astuzia.

PLEUSICLE Mi sembra che abbiamo una scorta di materiale[92] sufficiente per lo scopo: tre donne, tu come quarto, io come quinto e per sesto il vecchio. Se abbiamo ben sei persone pronte a tramare inganni, sono certo che con questi mezzi qualunque fortezza potrebbe essere espugnata. Datevi solo da fare.

ACROTELEUZIO Siamo qui per questo: per sapere che cosa vuoi.

PALESTRIONE Benissimo. Ora a te, Acroteleuzio, assegno solennemente quest'incarico.[93]

ACROTELEUZIO E tu otterrai quel che vuoi, o mio imperatore, nei limiti delle mie possibilità.

PALESTRIONE Esigo che il soldato sia beffato senza pietà ma nel modo più spiritoso ed esilarante.

ACROTELEUZIO Mi affidi un compito che mi entusiasma, per Castore!

PALAESTRIO Scin quem [ad modum?
ACROTELEUTIUM Nempe ut adsimulem me amore istius [differri.
PALAESTRIO [Tenes.
ACROTELEUTIUM Quasique istius caussa amoris ex hoc [matrimonio
abierim, cupiens istius nuptiarum.
PALAESTRIO Omne ordine.
Nisi modo unum hoc: hasce esse aedis dicas dotalis tuas,
hinc senem aps te abiisse, postquam feceris divortium:
ne ille mox vereatur introire in alienam domum.
ACROTELEUTIUM Bene mones.
PALAESTRIO Sed ubi ille exierit intus, istinc [te procul
ita volo adsimulare, prae illius forma quasi spernas tuam
quasique eius opulentitatem reverearis, et simul
formam, amoenitatem illius, faciem, pulchritudinem
conlaudato. Satin praeceptumst?
ACROTELEUTIUM Teneo. Satinest, si tibi
meum opus ita dabo expolitum, ut inprobare non queas?
PALAESTRIO Sat habeo. Nunc tibi vicissim quae imperabo ea [discito.
Quom extemplo hoc erit factum, ubi intro haec abierit, ibi [tu ilico
facito uti venias ornatu huc ad nos nauclerico;
causeam habeas ferrugineam, [et] scutulam ob oculos [laneam,
palliolum habeas ferrugineum (nam is colos thalassicust),
id conexum in umero laevo, exfafillato bracchio,
praecinctus aliqui: adsimulato quasi gubernator sies;
atque apud hunc senem omnia haec sunt, nam is piscatores [habet.
PLEUSICLES Quid? Ubi ero exornatus quin tu dicis qui [facturu' sim?
PALAESTRIO Huc venito et matris verbis Philocomasium [arcessito,
ut, si itura siet Athenas, eat tecum ad portum cito

PALESTRIONE Sai come fare, vero?

ACROTELEUZIO Certo. Devo fingere di essere stravolta dall'amore per lui.

PALESTRIONE Perfetto!

ACROTELEUZIO E di aver rotto per questo il mio matrimonio, bramando di sposare lui.

PALESTRIONE Sai tutto per filo e per segno. Ma c'è ancora un punto: dovrai dire che la casa è tua per dote e che il vecchio ha dovuto andarsene dopo il divorzio. Lo scopo è che il soldato non abbia remore a entrare nella casa di un altro.

ACROTELEUZIO Buon consiglio!

PALESTRIONE E appena lo vedrai uscire di casa, da qui, pur essendo lontana, devi fingere di essere incantata e intimidita dalla sua bellezza, di non tenere in conto la tua, di prosternarti davanti alla sua magnificenza. E mettiti subito a lodare il suo aspetto, il suo fascino, la bellezza del suo volto e così via. Hai capito bene?

ACROTELEUZIO Benissimo! E sarai soddisfatto se porterò a termine il mio compito in modo così perfetto che tu non abbia nulla da criticare?

PALESTRIONE Certo. (*a Pleusicle*) Adesso tocca a te. Sta' attento alla parte che ti assegno. Non appena Acroteleuzio avrà finito di recitare la sua ed entrerà in casa, allora vedi di presentarti qui subito, vestito da marinaio. Devi avere un cappello scuro, una benda di lana sugli occhi, un mantelletto color del ferro (questo è il colore tipico della gente di mare), che sia fermato sulla spalla sinistra e lasci scoperto il braccio;[94] e tirati su la tunica con una cintura in qualche modo. Devi fingere di essere un nocchiero. Troverai tutto l'arsenale in casa di questo vecchio: lui ha degli schiavi che fanno i pescatori.

PLEUSICLE E quando mi sarò conciato così, che cosa dovrò fare?

PALESTRIONE Vieni qui a invitare Filocomasio, a nome della madre, a venire subito con te al porto, se vuol partire per

atque ut iubeat ferri in navim si quid imponi velit.
Nisi eat, te soluturum esse navim: ventum operam dare.
PLEUSICLES Sati' placet pictura. Perge.
PALAESTRIO Ille extemplo illam
[hortabitur
ut eat, ut properet, ne sit matri morae.
PLEUSICLES Multimodis sapis.
PALAESTRIO Ego illi dicam, ut me adiutorem, qui onu' feram
[ad portum, roget.
Ille iubebit me ire cum illa ad portum. Ego adeo, ut tu scias,
prorsum Athenas protinam abibo tecum.
PLEUSICLES Atque ubi illo
[veneris,
triduom servire numquam te quin liber sis sinam.
PALAESTRIO Abi cito atque orna te.
PLEUSICLES Numquid aliud?
PALAESTRIO Haec
[ut memineris.
PLEUSICLES Abeo. –
PALAESTRIO Et vos abite hinc intro actutum; nam
[illum huc sat scio
iam exiturum esse intus.
ACROTELEUTIUM Celebre apud nos imperium tuomst.
PALAESTRIO Agite apscedite ergo. Ecce autem commodum
[aperitur foris.
Hilarus exit: impetravit. Inhiat quod nusquam est miser.

PYRGOPOLYNICES PALAESTRIO

PYRGOPOLYNICES Quod volui ut volui impetravi, per
[amicitiam et gratiam,
a Philocomasio.
PALAESTRIO Quid tam intus fuisse te dicam diu?
PYRGOPOLYNICES Numquam ego me tam sensi amari quam
[nunc ab illa muliere.
PALAESTRIO Quid iam?

Atene, e dille di far caricare sulla nave tutto quello che vuol portare con sé. Aggiungerai che, se non si decide, tu salperai comunque perché il vento è favorevole.

PLEUSICLE È un progetto che mi piace molto. Va' avanti!

PALESTRIONE Vedrai che il soldato la incoraggerà subito ad andare, a sbrigarsi per non fare aspettare sua madre.

PLEUSICLE Le sai proprio tutte!

PALESTRIONE Io le suggerirò di chiedere che io vada con lei al porto per aiutarla a portare i bagagli. Lui me lo ordinerà. E io, tanto perché tu lo sappia, partirò immediatamente con te per Atene.

PLEUSICLE E quando ci sarai arrivato non resterai schiavo per più di tre giorni: ti libererò subito.

PALESTRIONE Allora va' e travestiti!

PLEUSICLE C'è altro?

PALESTRIONE Basta che ti ricordi quel che ti ho detto.

PLEUSICLE Vado.

PALESTRIONE (*alle altre due*) Anche voi ritiratevi subito. Mi aspetto che il soldato esca da un momento all'altro.

ACROTELEUZIO Quel che tu ordini non si discute.

PALESTRIONE Su, su, andate. Ecco che infatti la porta della casa del soldato si apre. Esce felice e beato. Si vede che ha ottenuto quel che voleva. Il poveraccio è lì a bocca aperta davanti a un miraggio!

Scena V
PIRGOPOLINICE PALESTRIONE

PIRGOPOLINICE Ho ottenuto quel che volevo da Filocomasio, proprio come volevo: amichevolmente e garbatamente.

PALESTRIONE E allora come mai sei rimasto dentro così a lungo?

PIRGOPOLINICE Non ho mai avuto la sensazione di esser tanto amato da quella donna come oggi!

PALESTRIONE Come mai?

PYRGOPOLYNICES Ut multa verba feci, ut lenta materies fuit!
Verum postremo impetravi ut volui: donavi, dedi
quae voluit, quae postulavit; ‹te› quoque ‹ei› dono dedi.
PALAESTRIO Etiam me? Quo modo ego vivam sine te?
PYRGOPOLYNICES Age,
[animo bono es,
idem ego te liberabo. Nam si possem ullo modo
impetrare ut abiret, ne te abduceret, operam dedi;
verum oppressit.
PALAESTRIO Deos sperabo teque. Postremo tamen
etsi istuc mi acerbumst, quia ero te carendum est optumo,
saltem id volup est quom ex virtute formai evenit tibi
mea opera super hac vicina, quam ego nunc concilio tibi.
PYRGOPOLYNICES Quid opust verbis? Libertatem tibi ego
[et divitias dabo,
si impetras.
PALAESTRIO Reddam impetratum.
PYRGOPOLYNICES At gestio.
PALAESTRIO At modice decet:
moderare animo, ne sis cupidus. Sed eccam ipsam, egreditur
[foras.

MILPHIDIPPA ACROTELEUTIUM
PYRGOPOLYNICES PALAESTRIO

MILPHIDIPPA Era, eccum praesto militem.
ACROTELEUTIUM Ubi est?
MILPHIDIPPA Ad laevam.
ACROTELEUTIUM [Video.
MILPHIDIPPA Aspicito limis, ne ille nos se sentiat videre.
ACROTELEUTIUM Video. Edepol nunc nos tempus est malas
[peiores fieri.
MILPHIDIPPA Tuomst principium.
ACROTELEUTIUM Opsecro, tute ipsum
[convenisti?
Ne parce vocem, ut audiat.

PIRGOPOLINICE Quanto ho dovuto parlare, com'è stato difficile vincere la sua resistenza! Ma infine l'ho spuntata: le ho dato generosamente tutto quel che mi ha chiesto, fino all'ultimo. Le ho perfino regalato anche te!
PALESTRIONE Anche me? E io come farò a vivere senza di te?
PIRGOPOLINICE Su, su, coraggio! Io provvederò anche a liberarti. Ho fatto di tutto perché se ne andasse senza portarti via, ma l'ha vinta lei.
PALESTRIONE Ripongo la mia speranza negli dei e in te. Infine, anche se per me è duro restar privo di un padrone splendido come te, tuttavia mi consola il fatto che grazie alla tua bellezza e al mio intervento hai avuto fortuna con questa vicina che ora farò cadere nelle tue braccia.
PIRGOPOLINICE C'è bisogno di dir altro? Se ci riesci ti regalerò la libertà e anche molti soldi.
PALESTRIONE Mi impegno a mantenere la promessa.
PIRGOPOLINICE Ne sono ansioso.
PALESTRIONE Calma! Devi trattenerti, non mostrarti smanioso. Ma eccola appunto. Sta uscendo di casa.

Scena VI
MILFIDIPPA ACROTELEUZIO
PIRGOPOLINICE PALESTRIONE

MILFIDIPPA[95] Signora, eccolo lì il soldato.
ACROTELEUZIO Dov'è?
MILFIDIPPA A sinistra.
ACROTELEUZIO Ah! Lo vedo.
MILFIDIPPA Guardalo di sottecchi, perché non si accorga che l'abbiamo visto.
ACROTELEUZIO Va bene. Per Polluce, questo è il momento di diventar più perfide di quel che siamo.
MILFIDIPPA Tocca a te cominciare.
ACROTELEUZIO (*ad alta voce*) Dimmi, ti prego, se hai potuto parlare proprio con lui! (*a bassa voce*) Parla forte, perché ti senta.

MILPHIDIPPA Cum ipso pol sum locuta,
placide, ipsae dum lubitum est mihi, otiose, meo arbitratu.
PYRGOPOLYNICES Audin quae loquitur?
PALAESTRIO Audio. Quam laeta
[est, quia ted adiit!
ACROTELEUTIUM O, fortunata mulier es!
PYRGOPOLYNICES Ut amari videor.
PALAESTRIO [Dignu's.
ACROTELEUTIUM Permirum ecastor praedicas te adiisse
[atque exorasse;
per epistulam aut per nuntium, quasi regem, adiri eum
[aiunt.
MILPHIDIPPA Namque edepol vix fuit copia adeundi atque
[impetrandi.
PALAESTRIO Ut tu inclitu's apud mulieres!
PYRGOPOLYNICES Patiar, quando ita
[Venus volt.
ACROTELEUTIUM Veneri pol habeo gratiam, eandemque et
[oro et quaeso
ut eiius mihi sit copia quem amo quemque expetesso
benignusque erga me siet, quod cupiam ne gravetur.
MILPHIDIPPA Spero ita futurum, quamquam multae illum
[sibi expetessunt:
ille illas spernit, segregat hasce omnis, extra te unam.
ACROTELEUTIUM Ergo iste metus me macerat, quod ille
[fastidiosust,
ne oculi eiius sententiam mutent, ubi viderit me,
atque eiius elegantia meam extemplo speciem spernat.
MILPHIDIPPA Non faciet, ‹modo› bonum animum habe.
PYRGOPOLYNICES [Ut ipsa se contemnit!
ACROTELEUTIUM Metuo, ne praedicatio tua nunc meam
[formam exsuperet.
MILPHIDIPPA Istuc curavi, ut opinione illius pulchrior sis.
ACROTELEUTIUM Si pol me nolet ducere uxorem, genua
[amplectar
atque opsecrabo; alio modo, si non quibo impetrare,
consciscam letum: vivere sine illo scio me non posse.

MILFIDIPPA Ma certo, per Polluce! Gli ho parlato con tutta calma, finché ho voluto, a mio agio e piacere.

PIRGOPOLINICE Senti quel che dice?

PALESTRIONE Lo sento. Com'è felice per quel colloquio con te!

ACROTELEUZIO Oh! Che donna fortunata sei!

PIRGOPOLINICE Come è chiaro che mi ama!

PALESTRIONE Te lo meriti.

ACROTELEUZIO Tu dici di averlo incontrato e pregato: ma è meraviglioso, per Castore! Corre voce che bisogna presentarsi a lui previa lettera o tramite un ambasciatore, come a un re!

MILFIDIPPA È proprio così, per Polluce! Non mi è stato facile avvicinarlo e ottenere quanto chiedevo.

PALESTRIONE Guarda che fama hai tra le donne!

PIRGOPOLINICE Mi adatterò, dal momento che questo è il volere di Venere!

ACROTELEUZIO A Venere io rendo grazie e contemporaneamente la prego e la supplico di farmi avere colui che amo e bramo e di far sì che egli mi si mostri benevolo e non disdegni il mio desiderio.

MILFIDIPPA Spero che così avvenga, per quanto siano in molte a volerlo per sé. Ma lui le disprezza, le tiene tutte alla larga, eccetto te sola.

ACROTELEUZIO Ma è proprio questa l'angoscia che mi consuma; dato che è così schizzinoso, temo che i suoi occhi gli facciano cambiare parere appena mi abbiano visto e che la sua raffinatezza gli faccia disprezzare il mio aspetto.

MILFIDIPPA Non accadrà. Abbi fiducia!

PIRGOPOLINICE Che poca stima ha di sé!

ACROTELEUZIO Ho paura che tu gli abbia decantato la mia bellezza al di là del vero.

MILFIDIPPA Invece mi sono studiata che tu gli appaia più bella di quanto si aspetta.

ACROTELEUZIO Se, per Polluce, non vorrà sposarmi, gli abbraccerò le ginocchia e lo scongiurerò; ma se non riuscirò a smuoverlo, mi ammazzerò. So di non poter vivere senza di lui.

PYRGOPOLYNICES Prohibendam mortem mulieri video.
[Adibon?
PALAESTRIO [Minime;
nam tu te vilem feceris, si te ultro largiere:
sine ultro veniat; quaeritet, desideret, exspectet
sine: perdere istam gloriam vis quam habes? Cave sis faxis.
Nam nulli mortali scio optigisse hoc, nisi duobus,
tibi et Phaoni Lesbio, tam mulier se ut amaret.
ACROTELEUTIUM Eo intro, aut tu illunc evocas foras, mea
[Milphidippa?
MILPHIDIPPA Immo opperiamur dum exeat aliquis.
ACROTELEUTIUM Durare
[nequeo
quin eam intro.
MILPHIDIPPA Occlusae sunt fores.
ACROTELEUTIUM Ecfringam.
MILPHIDIPPA Sana non es[t].
ACROTELEUTIUM Si amavit umquam aut si parem
[sapientiam [hic] habet ac formam,
per amorem si quid fecero, clementi ‹hic› animo ignoscet.
PALAESTRIO Ut, quaeso, amore perditast te misera!
PYRGOPOLYNICES Mutuom
[fit.
PALAESTRIO Tace, ne audiat.
MILPHIDIPPA Quid astitisti opstupida? Qur
[non pultas?
ACROTELEUTIUM Quia non est intus quem ego volo.
MILPHIDIPPA Qui scis?
ACROTELEUTIUM [Scio de olefactu;
nam odore nasum sentiat, si intus sit.
PYRGOPOLYNICES Hariolatur.
Quia me amat, propterea Venus fecit eam ut divinaret.
ACROTELEUTIUM Nescio ubi hic prope adest quem expeto
[videre: olet profecto.
PYRGOPOLYNICES Naso pol iam haecquidem plus videt
[quam oculis.
PALAESTRIO [Caeca amore est.
ACROTELEUTIUM Tene me opsecro.

PIRGOPOLINICE Bisogna impedire a quella donna di darsi la morte. Le vado incontro?

PALESTRIONE Nemmeno per idea! Ti avviliresti se ti offrissi a lei spontaneamente. Lascia che faccia lei: che venga, che chieda, che smani dal desiderio, che aspetti. Vuoi perdere la fama che hai? Per carità, non farlo! Mi risulta che soltanto a due uomini è capitata la sorte di essere così amati da una donna: a te e a Faone di Lesbo.[96]

ACROTELEUZIO Devo entrare io in casa sua o tu, cara Milfidippa, me lo vai a chiamare?

MILFIDIPPA È meglio che aspettiamo che esca qualcuno.

ACROTELEUZIO Non resisto ad aspettare: credo che entrerò.

MILFIDIPPA Ma la porta è chiusa.

ACROTELEUZIO La sfonderò.

MILFIDIPPA Sei proprio pazza!

ACROTELEUZIO Se egli mai ha amato o se è saggio quanto è bello, userà clemenza verso il mio atto d'amore.

PALESTRIONE Come è distrutta dalla passione per te l'infelice!

PIRGOPOLINICE È un amore reciproco.

PALESTRIONE Taci, che non ti senta!

MILFIDIPPA Perché ti sei fermata lì come impietrita? Perché non batti alla porta?

ACROTELEUZIO Perché quello che io bramo non è in casa.

MILFIDIPPA Come lo sai?

ACROTELEUZIO Me lo dice il fiuto; il mio naso sentirebbe il suo odore se fosse dentro.

PIRGOPOLINICE È una veggente. Poiché mi ama, Venere le ha dato la capacità di divinare.

ACROTELEUZIO Non so bene dove, ma deve essere qui vicino colui che bramo di vedere: ora colgo il suo profumo.

PIRGOPOLINICE Per Polluce, costei vede più col naso che con gli occhi!

PALESTRIONE È cieca d'amore.

ACROTELEUZIO Sostienimi, ti prego.

MILPHIDIPPA Qur?
ACROTELEUTIUM Ne cadam.
MILPHIDIPPA Quid ita?
ACROTELEUTIUM [Quia stare nequeo,
ita animus per oculos meos ‹meu'› defit.
MILPHIDIPPA Militem pol
tu aspexisti.
ACROTELEUTIUM Ita.
MILPHIDIPPA Non video. Ubi est?
ACROTELEUTIUM Videres pol, si amares.
MILPHIDIPPA Non edepol tu illum magis amas quam ego
[mea, si per te liceat.
PALAESTRIO Omnes profecto mulieres te amant, ut quaeque
[aspexit.
PYRGOPOLYNICES Nescio, tu ex me hoc audiveris an non:
[nepos sum Veneris.
ACROTELEUTIUM Mea Milphidippa, adi opsecro et
[congredere.
PYRGOPOLYNICES [Ut me veretur.
PALAESTRIO Illa ad nos pergit.
MILPHIDIPPA Vos volo.
PYRGOPOLYNICES Et nos te.
MILPHIDIPPA Ut iussisti,
eram meam eduxi foras.
PYRGOPOLYNICES Video.
MILPHIDIPPA Iube ergo adire.
PYRGOPOLYNICES Induxi in animum, ne oderim item ut
[alias, quando orasti.
MILPHIDIPPA Verbum edepol facere non potis, si accesserit
[prope ad te.
Dum te optuetur, interim linguam oculi praeciderunt.
PYRGOPOLYNICES Levandum morbum mulieri video.
MILPHIDIPPA Ut tremit
[atque extimuit,
postquam te aspexit.
PYRGOPOLYNICES Viri quoque armati idem istuc faciunt,
ne tu mirere eius mulierem. Sed quid ‹est quod› volt me
[facere?

MILFIDIPPA Perché?
ACROTELEUZIO Per non lasciarmi cadere.
MILFIDIPPA Che ti succede?
ACROTELEUZIO Non mi reggo più. L'animo mi sfugge attraverso gli occhi!
MILFIDIPPA Allora hai visto il soldato.
ACROTELEUZIO Sì.
MILFIDIPPA Ma io non lo vedo. Dov'è?
ACROTELEUZIO Lo vedresti, se lo amassi.
MILFIDIPPA Non lo ami certo più di quanto lo amerei io, padrona mia, se tu me lo permettessi!
PALESTRIONE Ecco: tutte le donne si innamorano di te appena ti vedono.
PIRGOPOLINICE Non so se te l'ho già detto o no: sono nipote di Venere.
ACROTELEUZIO Milfidippa, ti prego, vai a parlargli.
PIRGOPOLINICE Che soggezione ha di me!
PALESTRIONE Attento, viene da noi!
MILFIDIPPA Cerco proprio voi.
PIRGOPOLINICE E noi te.
MILFIDIPPA Come tu mi hai chiesto, ho fatto uscire di casa la mia padrona.
PIRGOPOLINICE Lo vedo.
MILFIDIPPA Invitala allora ad avvicinarsi.
PIRGOPOLINICE Mi sono sforzato a non provare per lei la repulsione che ho per le altre, dato che tu me ne hai pregato.
MILFIDIPPA Non riuscirà nemmeno a parlare, per Polluce, se ti verrà vicino. Le è bastato guardarti che ha perso l'uso della parola.
PIRGOPOLINICE Penso che si debba alleviare l'infelicità di quella donna.
MILFIDIPPA Come trema! Si è terrorizzata appena ti ha visto.
PIRGOPOLINICE Se capita anche ai soldati, non meravigliarti che capiti a una donna! Ma che vuole da me?

MILPHIDIPPA Ad se ut eas: tecum vivere volt atque aetatem
[exigere.
PYRGOPOLYNICES Egon ad illam eam, quae nupta sit? Vir
[eius me deprehendat.
MILPHIDIPPA Quin tua caussa exegit virum ab se.
PYRGOPOLYNICES Qui id
[facere potuit?
MILPHIDIPPA [Quia] aedes dotalis huiiu' sunt.
PYRGOPOLYNICES Itane?
MILPHIDIPPA Ita pol.
PYRGOPOLYNICES [Iube domum ire.
Iam ego illi ero.
MILPHIDIPPA Vide ne sies in exspectatione,
ne illam animi excrucies.
PYRGOPOLYNICES Non ero profecto. Abite.
MILPHIDIPPA Abimus. –
PYRGOPOLYNICES Sed quid ego video?
PALAESTRIO Quid vides?
PYRGOPOLYNICES Nescio
[quis eccum incedit
ornatu quidem thalassico.
PALAESTRIO It ad nos, volt te profecto.
Nauclerus hicquidem est.
PYRGOPOLYNICES Videlicet accersit hanc iam.
PALAESTRIO Credo.

PLEUSICLES PALAESTRIO PYRGOPOLYNICES

PLEUSICLES Alium alio pacto propter amorem ni sciam
fecisse multa nequiter, verear magis
me amoris caussa ‹huc› hoc ornatu incedere.
Verum quom multos multa admisse acceperim
inhonesta propter amorem atque aliena a bonis:
mitto iam, ut occidi Achilles civis passus est –
sed eccum Palaestrionem, stat cum militi:
oratio alio mihi demutandast mea.
Mulier profecto natast ex ipsa Mora;

MILFIDIPPA Che tu vada da lei: vuole vivere con te fino alla morte.
PIRGOPOLINICE Io dovrei accostare una donna sposata? Suo marito mi coglierebbe in flagrante.
MILFIDIPPA Ma lei per te ha ripudiato e scacciato il marito.
PIRGOPOLINICE Come ha potuto?
MILFIDIPPA Perché la casa è proprietà sua.
PIRGOPOLINICE Veramente?
MILFIDIPPA Certo.
PIRGOPOLINICE Allora dille di rientrare in casa. La raggiungerò subito.
MILFIDIPPA Vedi di non attardarti, per non farla penare.
PIRGOPOLINICE Non lo farò. Andate.
MILFIDIPPA Ce ne andiamo.
PIRGOPOLINICE To'! Che cosa vedo?
PALESTRIONE Che vedi mai?
PIRGOPOLINICE Vedo avvicinarsi un tale vestito da marinaio.
PALESTRIONE È vero, si avvicina. Cerca te certamente. È proprio il comandante della nave.
PIRGOPOLINICE Evidentemente è venuto a prendere Filocomasio.
PALESTRIONE Penso di sì.

Scena VII
PLEUSICLE PALESTRIONE PIRGOPOLINICE

PLEUSICLE (*credendosi solo*) Se non sapessi che anche altri, chi in un modo chi nell'altro, hanno fatto cose da pazzi per amore, mi vergognerei ancor di più di presentarmi in questo abbigliamento. Ma sapendo che molti, per amore appunto, hanno commesso cose turpi e sconvenienti, senza parlar d'Achille che tollerò la strage dei suoi compatrioti... ma ecco lì Palestrione accanto al soldato. Devo parlare d'altro. (*forte*) La donna è certo nata dal Ritardo. Infatti

nam quaevis alia, quae morast aeque, mora
minor ea videtur quam quae propter mulieremst.
Hoc adeo fieri credo consuetudine.
Nam ego hanc accerso Philocomasium. Sed fores
pultabo. Heus, ecquis hic est?
PALAESTRIO Adulescens, quid est?
Quid veis? Quid pultas?
PLEUSICLES Philocomasium quaerito.
A matre illius venio. Si iturast, eat.
Omnis moratur: navim cupimus solvere.
PYRGOPOLYNICES Iam dudum res paratast. I, Palaestrio,
aurum, ornamenta, vestem, pretiosa omnia
duc adiutores tecum ad navim qui ferant.
Omnia composita sunt quae donavi: auferat.
PALAESTRIO Eo. –
PLEUSICLES Quaeso hercle propera.
PYRGOPOLYNICES Non morabitur.
Quid istuc, quaeso? Quid oculo factumst tuo?
PLEUSICLES Habeo equidem hercle oculum.
PYRGOPOLYNICES At laevom dico.
PLEUSICLES [Eloquar.
Amoris caussa hercle hoc ego oculo utor minus,
nam si apstinuissem amore, tamquam hoc uterer.
Sed nimi' morantur me diu.
PYRGOPOLYNICES Eccos exeunt.

PALAESTRIO PHILOCOMASIUM PYRGOPOLYNICES PLEUSICLES

PALAESTRIO Quid modi flendo quaeso hodie facies?
PHILOCOMASIUM Quid ego [ni fleam?
Ubi pulcherrume egi aetatem, inde abeo.
PALAESTRIO Em hominem tibi
qui a matre et sorore venit.
PHILOCOMASIUM Video.
PYRGOPOLYNICES Audin, Palaestrio?

ogni ritardo, qualunque esso sia, è sempre minore di quello che si verifica a causa di una donna. Credo lo facciano per abitudine. Ma ora devo chiamare questa Filocomasio. Busserò alla porta. Ehi! C'è qualcuno?

PALESTRIONE Giovanotto, che c'è? Che vuoi? Perché bussi?

PLEUSICLE Vado cercando Filocomasio, per incarico di sua madre. Se ha intenzione di partire, venga fuori. Fa perdere del tempo a tutti. Abbiamo fretta di salpare.

PIRGOPOLINICE Tutto è pronto da un pezzo. Va', Palestrione, fatti accompagnare alla nave da altri schiavi che portino l'oro, gli ornamenti, i vestiti, tutte le gioie che le ho donato; tutto è già stato imballato: che se lo porti via.

PALESTRIONE Vado.

PLEUSICLE Sbrigati, per favore.

PIRGOPOLINICE Non si farà aspettare. Ma che è questo? Che ne è del tuo occhio?

PLEUSICLE L'occhio? Ma ce l'ho, per Ercole!

PIRGOPOLINICE Parlo del sinistro.

PLEUSICLE Ho perso l'uso di quest'occhio per amore:[97] se non mi fossi impegolato in storie d'amore, me ne servirei come dell'altro. Ma quelli mi fanno aspettare troppo!

PIRGOPOLINICE Eccoli qui: escono.

Scena VIII
PALESTRIONE FILOCOMASIO PIRGOPOLINICE PLEUSICLE

PALESTRIONE Quando la smetterai di piangere, oggi?

FILOCOMASIO E perché non dovrei piangere? Devo lasciare il luogo dove ho vissuto tanto felice.

PALESTRIONE Ecco lì l'uomo che viene da parte di tua madre e di tua sorella.

FILOCOMASIO Lo vedo.

PIRGOPOLINICE Mi ascolti, Palestrione?

PALAESTRIO Quid vis?
PYRGOPOLYNICES Quin tu iubes ecferri omnia quae isti
[dedi?
PLEUSICLES Philocomasium, salve.
PHILOCOMASIUM Et tu salve.
PLEUSICLES Materque et soror
tibi salutem me iusserunt dicere.
PHILOCOMASIUM Salvae sient.
PLEUSICLES Orant te, ut eas, ventus operam dum dat, ut
[velum explicent;
nam matri oculi si valerent, mecum venissent simul.
PHILOCOMASIUM Ibo; quamquam invita facio: homini pietas
PLEUSICLES [Scio sapis.
PYRGOPOLYNICES Si non mecum aetatem egisset, hodie
[stulta viveret.
PHILOCOMASIUM Istuc crucior, a viro me tali abalienarier,
nam tu quemvis potis es facere ut afluat facetiis;
et quia tecum eram, propterea animo eram ferocior:
eam nobilitatem amittendam video.
PYRGOPOLYNICES A! Ne fle.
PHILOCOMASIUM Non queo,
quom te video.
PYRGOPOLYNICES Habe bonum animum.
PHILOCOMASIUM Scio ego quid doleat
[mihi.
PALAESTRIO Nam nil miror, si lubenter, Philocomasium, hic
[eras,
‹si› forma huiius, mores, virtus, attinere animum hic tuom,
quom ego servos quando aspicio hunc, lacrumo quia
[diiungimur.
PHILOCOMASIUM Opsecro licet complecti priu' quam
[proficisco?
PYRGOPOLYNICES [Licet.
PHILOCOMASIUM O mi ocule, o mi anime.
PALAESTRIO Opsecro, tene
[mulierem,
ne adfligatur.
PYRGOPOLYNICES Quid istuc quaesost?

PALESTRIONE Che cosa vuoi?

PIRGOPOLINICE Fa' portar fuori tutta la roba che le ho regalato.

PLEUSICLE Salve, Filocomasio!

FILOCOMASIO Salute a te.

PLEUSICLE Tua madre e tua sorella ti mandano a salutare.

FILOCOMASIO Spero che stiano bene.

PLEUSICLE Ti pregano di raggiungerle intanto che il vento è favorevole, perché si possano sciogliere le vele. Se tua madre non avesse avuto male agli occhi, sarebbe venuta con me.

FILOCOMASIO Verrò subito, per quanto a malincuore. Si deve rispetto ai genitori.[98]

PLEUSICLE Lo so bene; sei assennata.

PIRGOPOLINICE Se non fosse vissuta con me, oggi di senno non ne avrebbe.

FILOCOMASIO Questo mi tormenta: separarmi da un tale uomo! Tu sei capace di rendere chiunque vivace e spiritoso; proprio perché stavo con te mi sentivo fiera: oggi a questa fierezza devo rinunciare.

PIRGOPOLINICE Via! Non piangere!

FILOCOMASIO Non posso trattenermi quando ti vedo.

PIRGOPOLINICE Su col morale!

FILOCOMASIO So io quello che provo.

PALESTRIONE Non mi meraviglio certo se stavi bene qui, Filocomasio, se la sua bellezza, il suo modo di vivere, il suo valore, ti hanno legato a lui. Perfino io, che sono uno schiavo, vedendolo piango all'idea di separarmi da lui!

FILOCOMASIO Ti prego, posso abbracciarti prima di partire?

PIRGOPOLINICE Ti è concesso.

FILOCOMASIO O luce dei miei occhi, anima mia!

PALESTRIONE (*a Pleusicle*) Ti prego, sostienila perché non svenga!

PIRGOPOLINICE Ma che cosa succede?

PALAESTRIO Quia aps te abit, [animo male
factum est huic repente miserae.
PYRGOPOLYNICES Curre intro atque ecferto [aquam.
PALAESTRIO Nil aquam moror, quiescat malo. Ne interveneris,
quaeso, dum resipiscit.
PYRGOPOLYNICES Capita inter se nimi' nexa hisce [habent.
Non placet. Labra ab labellis aufer, nauta, cave malum.
PLEUSICLES Temptabam spirarent an non.
PYRGOPOLYNICES Aurem admotam [oportuit.
PLEUSICLES Si magi' vis, eam omittam.
PYRGOPOLYNICES Nolo: retineas.
PALAESTRIO Fio [miser.
PYRGOPOLYNICES Exite atque ecferte huc intus omnia [quae isti dedi.
PALAESTRIO Etiam nunc saluto te, ‹Lar› familiaris, priu' [quam eo.
Conservi conservaeque omnes, bene valete et vivite,
bene quaeso inter vos dicatis †et me† apsenti tamen.
PYRGOPOLYNICES Age, Palaestrio, bono animo es.
PALAESTRIO Eheu! [Nequeo quin fleam,
quom aps te abeam.
PYRGOPOLYNICES Fer aequo | animo.
PALAESTRIO Scio ego quid doleat [mihi.
PHILOCOMASIUM Sed quid hoc? Quae res? Quid video? [Lux, salve ***
PLEUSICLES *** ‹salve.› Iam resipisti?
PHILOCOMASIUM Opsecro, quem amplexa [sum
hominem? Perii! Sumne ego apud me?
PLEUSICLES Ne time, voluptas mea.
PYRGOPOLYNICES Quid istuc est negoti?

PALESTRIONE Dovendo separarsi da te, si è sentita male, l'infelice!

PIRGOPOLINICE Va' dentro di corsa a prender dell'acqua.

PALESTRIONE Non occorre acqua, basta che si calmi. Non metterti di mezzo, mentre riprende i sensi.

PIRGOPOLINICE Quei due hanno le teste troppo vicine, non mi garba. Non accostar la tua bocca alla sua, marinaio, se no son guai!

PLEUSICLE Volevo accertarmi che respirasse.

PIRGOPOLINICE Allora dovevi accostar l'orecchio.

PLEUSICLE Se vuoi, la lascio andare.

PIRGOPOLINICE No, no! Tienila su!

PALESTRIONE (*tra sé*) Sono sulle spine.

PIRGOPOLINICE (*rivolto agli schiavi in casa*) Uscite, e portate fuori tutti i doni che le ho fatto.

PALESTRIONE Ancora una volta ti saluto, Lare familiare, prima di partire. Compagni e compagne di schiavitù, tanti auguri a tutti e addio! Spero che, anche quando non ci sarò più, parliate bene di me tra voi.

PIRGOPOLINICE Su, Palestrione, non rattristarti!

PALESTRIONE Ohimè! Non posso trattenermi dal piangere per il distacco.

PIRGOPOLINICE Sopportalo serenamente.

PALESTRIONE So io quel che soffro.

FILOCOMASIO (*rinvenendo*) Che succede? Che vedo? Salve, o luce!

PLEUSICLE Salve! Ti sei ripresa?

FILOCOMASIO Ma scusate, chi è quest'uomo che mi tiene tra le braccia? Me disgraziata! Sogno o son desta?

PLEUSICLE Non temere, dolcezza mia!

PIRGOPOLINICE Che storia è questa?

PALAESTRIO Animus hanc
[modo hic reliquerat.
Metuoque et timeo ne hoc tandem propalam fiat nimis.
PYRGOPOLYNICES Quid id est?
PALAESTRIO Nos secundum ferri nunc per
[urbem haec omnia,
ne quis tibi hoc vitio vortat.
PYRGOPOLYNICES Mea, non illorum dedi:
parvi ego illos facio. Agite, ite cum dis benevolentibus.
PALAESTRIO Tua ego hoc caussa dico.
PYRGOPOLYNICES Credo.
PALAESTRIO Iam vale.
PYRGOPOLYNICES Et tu
[bene vale.
PALAESTRIO Ite cito, iam ego adsequar vos: cum ero pauca
[volo loqui. –
Quamquam alios fideliores semper habuisti tibi
quam me, tamen tibi habeo magnam gratiam rerum
[omnium;
et, si | ita sententia esset, tibi servire malui
multo quam alii libertus esse.
PYRGOPOLYNICES Habe animum bonum.
PALAESTRIO Eheu, quom venit mi in mentem ut mores
[mutandi sient,
muliebres mores discendi, obliviscendi stratiotici!
PYRGOPOLYNICES Fac sis frugi.
PALAESTRIO Iam non possum, amisi
[omnem lubidinem.
PYRGOPOLYNICES I, sequere illos, ne morere.
PALAESTRIO Bene vale.
PYRGOPOLYNICES Et
[tu bene vale.
PALAESTRIO Quaeso memineris, si forte liber fieri occeperim
(mittam nuntium ad te), ne me deseras.
PYRGOPOLYNICES Non est meum.
PALAESTRIO Cogitato identidem, tibi quam fidelis fuerim.
Si id facies, tum demum scibis, tibi qui bonu' sit, qui malus.
PYRGOPOLYNICES Scio et perspexi saepe.

PALESTRIONE Era svenuta. (*tra sé*) Però ho una gran paura che ci si stia scoprendo troppo.
PIRGOPOLINICE In che senso?[99]
PALESTRIONE Nel senso che il fatto che ci portiamo via attraverso la città tutta questa roba potrebbe essere interpretato male da qualcuno nei tuoi confronti.
PIRGOPOLINICE Io ho donato roba mia, non di altri. Non mi curo delle chiacchiere di certa gente. Orsù, andate, con la benedizione degli dei!
PALESTRIONE Io lo dico nel tuo interesse.
PIRGOPOLINICE Lo so bene.
PALESTRIONE E adesso addio!
PIRGOPOLINICE Salute a te!
PALESTRIONE Sbrigatevi ad avviarvi. Io vi seguirò subito. Voglio scambiare ancora poche parole col padrone.[100] Per quanto tu abbia ritenuto sempre che altri ti sia più fedele di me, tuttavia io ti sono devoto e riconoscente per tutto e, se tu lo avessi desiderato, avrei preferito essere schiavo presso di te che liberto in casa d'altri.
PIRGOPOLINICE Sta' di buon animo.
PALESTRIONE Rabbrividisco se penso a come dovrò mutare abitudini, assumere comportamenti da donnicciola, dimenticare il piglio soldatesco!
PIRGOPOLINICE Vedi di comportarti bene!
PALESTRIONE Non credo di poterlo fare! Ne ho perso la voglia.
PIRGOPOLINICE Vai, segui gli altri, non perder più tempo!
PALESTRIONE Stammi bene!
PIRGOPOLINICE Anche tu!
PALESTRIONE Ricordati, per favore, se per caso sarò liberato (e te lo farò sapere), di non abbandonarmi.
PIRGOPOLINICE Non è mia abitudine.
PALESTRIONE E ripensa sempre a come ti sono stato fedele! Se lo farai, allora capirai chi si comporta bene e chi male nei tuoi confronti.
PIRGOPOLINICE Già lo so e me ne sono accorto più volte!

PALAESTRIO Verum quom [antehac, hodie maxume
scies: immo hodie †meorum† factum faxo post dices magis.
PYRGOPOLYNICES Vix reprimor quin te manere iubeam.
PALAESTRIO [Cave istuc feceris:
dicant te mendacem nec verum esse, fide nulla esse te,
dicant servorum praeter me esse fidelem neminem.
Nam si honeste censeam te facere posse, suadeam;
verum non potest. Cave faxis.
PYRGOPOLYNICES Abi iam.
PALAESTRIO Patiar quidquid est.
PYRGOPOLYNICES Bene vale igitur.
PALAESTRIO Ire meliust strenue. –
PYRGOPOLYNICES [Etiam nunc vale.
Ante hoc factum hunc sum arbitratus semper servom [pessumum:
eum fidelem mihi esse invenio. Quom egomet mecum cogito,
stulte feci qui hunc amisi. Ibo hinc intro nunciam
ad amores meos. Sed, sensi, hinc sonitum fecerunt fores.

PUER PYRGOPOLYNICES

PUER Ne me moneatis, memini ego officium meum,
ego †nam† conveniam illum, ubi ubi est gentium;
investigabo, operae non parco meae.
PYRGOPOLYNICES Me quaerit illic. Ibo huïc puero obviam.
PUER Ehem, te quaero. Salve, vir lepidissume,
cumulate commoditate, praeter ceteros
duo di quem curant.
PYRGOPOLYNICES Qui duo?
PUER Mars et Venus.
PYRGOPOLYNICES Facetum puerum!
PUER Intro te ut eas opsecrat,
te volt, te quaerit, teque exspectans expetit.
Amanti fer opem. Quid stas? Quin intro is?

PALESTRIONE Se l'hai capito in passato, oggi soprattutto lo saprai: anzi, oggi farò in modo che in futuro tu lo dica con maggior convinzione.
PIRGOPOLINICE Mi trattengo a stento dall'invitarti a restare.
PALESTRIONE Guardati bene dal farlo! Direbbero che sei un falso e un bugiardo, che non mantieni la parola; direbbero che non hai altro servo fedele tranne me. Se pensassi che tu potessi farlo senza perdere la tua dignità, te ne pregherei. Ma non è possibile. Evitalo.
PIRGOPOLINICE Allora va'!
PALESTRIONE Affronterò il mio destino.
PIRGOPOLINICE E tanti auguri!
PALESTRIONE È meglio che mi faccia coraggio e vada.
PIRGOPOLINICE Addio! Addio! (*tra sé*) Prima d'ora avevo sempre ritenuto costui un pessimo schiavo e invece me lo ritrovo fedele. Ripensandoci, sono stato uno stupido a perderlo! Ma è ora ch'io entri nella casa del mio amore! Ecco, ho sentito aprirsi la porta.

Scena IX
UNO SCHIAVETTO PIRGOPOLINICE

SCHIAVO (*rivolto all'interno della casa*) Non continuate a farmi raccomandazioni; ricordo quel che devo fare. Devo andare a scovare quel signore, dovunque sia. Cercherò con impegno, senza risparmiarmi.
PIRGOPOLINICE Certo quello lì cerca me. Gli andrò incontro.
SCHIAVO Ehi! Sto cercando te. Salve, uomo amabilissimo, pieno di fortuna, che due dei sopra tutti proteggono!
PIRGOPOLINICE Quali dei?
SCHIAVO Marte e Venere.
PIRGOPOLINICE Che giovane spiritoso!
SCHIAVO La signora ti prega di entrare, ti vuole, ti invoca, ti aspetta impaziente. Vieni in aiuto a chi ti ama! Indugi? Non entri?

PYRGOPOLYNICES Eo. –
PUER Ipsus illic sese iam impedivit in plagas;
paratae insidiae sunt: in statu stat senex,
ut adoriatur moechum, qui formast ferox,
qui omnis se amare credit, quaeque aspexerit
mulier: eum oderunt qua viri qua mulieres.
Nunc in tumultum ibo: intus clamorem audio. –

PIRGOPOLINICE Ma sì! Entro.

SCHIAVO Ecco, ormai si è avviluppato da solo nella rete; la trappola è pronta; il vecchio è in agguato, per aggredire l'adultero, quel tipo tutto fiero della sua bellezza, sicuro che tutte le donne si innamorino di lui appena lo vedono: mentre è odioso a tutto il genere umano. Ora mi getterò anch'io nella mischia: sento già un gran fracasso là dentro.

ACTUS V

PERIPLECTOMENUS PYRGOPOLYNICES CARIO LORARII SCELEDRUS

PERIPLECTOMENUS Ducite istum; si non sequitur, rapite sublimen foras,
facite inter terram atque caelum ut siet, discindite.
PYRGOPOLYNICES Opsecro hercle, Periplectomene, te.
PERIPLECTOMENUS Nequiquam hercle opsecras.
Vide ut istic tibi sit acutus, Cario, culter probe.
CARIO Quin iamdudum gestit moecho hoc abdomen adimere,
ut faciam quasi puero in collo pendeant crepundia.
PYRGOPOLYNICES Perii!
PERIPLECTOMENUS Haud etiam, numero hoc dicis.
CARIO Iamne ‹ego› in hominem involo?
PERIPLECTOMENUS Immo etiam priu' verberetur fustibus.
CARIO Multum quidem.
1401a ***
PERIPLECTOMENUS Qur es ausus subigitare alienam uxorem, inpudens?
PYRGOPOLYNICES Ita me di ament, ultro ventumst ad me.
PERIPLECTOMENUS Mentitur, feri.
PYRGOPOLYNICES Mane dum narro.
PERIPLECTOMENUS Quid cessatis?
PYRGOPOLYNICES Non licet mi dicere?
PERIPLECTOMENUS Dice.
PYRGOPOLYNICES Oratus sum ad eam ut irem.
PERIPLECTOMENUS Qur ire ausu's? Em tibi!

ATTO V

Scena I
PERIPLECTOMENO PIRGOPOLINICE CARIONE
SCHIAVI STAFFILATORI SCELEDRO

PERIPLECTOMENO Trascinate via costui. Se recalcitra, sollevatelo di peso e portatelo fuori; tenetelo alto, tra cielo e terra, e fatelo a pezzi.
PIRGOPOLINICE Ti scongiuro, per Ercole, Periplectomeno.
PERIPLECTOMENO Preghi invano. Carione,[101] vedi che il tuo coltello sia ben affilato.
CARIONE Non desidera altro che tagliar via i coglioni a questo adultero e appenderglieli al collo come si mettono i sonagli a un bambino.
PIRGOPOLINICE Sono finito.
PERIPLECTOMENO Non ancora. Anticipi le cose.
CARIONE Mi butto addosso all'uomo?
PERIPLECTOMENO Prima gli si dia un fracco di legnate.
CARIONE Certo. E in abbondanza.[102]

...

PERIPLECTOMENO Come hai avuto il coraggio di insidiare la moglie di un altro, spudorato?
PIRGOPOLINICE In nome degli dei, ti giuro che è stata lei a cercarmi.
PERIPLECTOMENO Mente! Picchialo!
PIRGOPOLINICE Aspetta che ti spieghi.
PERIPLECTOMENO Perché vi fermate?
PIRGOPOLINICE Non posso nemmeno parlare?
PERIPLECTOMENO Va bene, parla.
PIRGOPOLINICE Sono stato pregato di incontrarla.
PERIPLECTOMENO E come hai avuto il coraggio di farlo? Prendi queste!

PYRGOPOLYNICES Oiei! Sati' sum verberatus. Opsecro.
CARIO [Quam mox seco?
PERIPLECTOMENUS Ubi lubet: dispennite hominem
[divorsum et distendite.
PYRGOPOLYNICES Opsecro hercle te ut mea verba audias
[priu' quam secat.
PERIPLECTOMENUS Loquere.
PYRGOPOLYNICES Non de nihilo factumst:
[viduam hercle esse censui,
itaque ancilla, conciliatrix quae erat, dicebat mihi.
PERIPLECTOMENUS Iura te non nociturum esse homini de
[hac re nemini,
quod tu hodie hic verberatu's aut quod verberabere,
si te salvom hinc amittemus Venerium nepotulum.
PYRGOPOLYNICES Iuro per Iovem et Mavortem, me
[nociturum nemini,
quod ego hic hodie vapularim, iureque id factum arbitror;
et si intestatus non abeo hinc, bene agitur pro noxia.
PERIPLECTOMENUS Quid si id non faxis?
PYRGOPOLYNICES Ut vivam semper
[intestabilis.
CARIO Verberetur etiam, postibi amittendum censeo.
PYRGOPOLYNICES Di tibi bene faciant semper, quom
[advocatus mihi bene's.
CARIO Ergo des minam auri nobis.
PYRGOPOLYNICES Quam ob rem?
CARIO Salvis
[testibus
ut ted hodie hinc amittamus Venerium nepotulum;
aliter hinc non eibis, ne sis frustra.
PYRGOPOLYNICES Dabitur.
CARIO Magi' sapis.
De tunica et chlamyde et machaera ne quid speres, non feres.
LORARII Verberon etiam, an iam mittis?
PYRGOPOLYNICES Mitis sum equidem
[fustibus.
Opsecro vos.
PERIPLECTOMENUS Solvite istunc.

PIRGOPOLINICE Ohimè! Ne ho prese abbastanza. Basta, ti prego!

CARIONE Quando posso tagliare?

PERIPLECTOMENO Quando vuoi. Stendetelo, tiratelo da tutte le parti.

PIRGOPOLINICE Ti prego ancora, ascoltami prima che questo tagli!

PERIPLECTOMENO Avanti: parla.

PIRGOPOLINICE C'era una ragione, per Ercole: credevo fosse vedova. Così almeno mi ha detto la sua serva che è venuta a farmi proposte.

PERIPLECTOMENO Allora giura che non ti vendicherai con nessuno delle legnate che oggi hai preso e che prenderai, ammesso che ti lasciamo andare sano e salvo, nipotino di Venere!

PIRGOPOLINICE Giuro in nome di Marte e di Giove che non farò del male a nessuno per essere stato oggi picchiato, anzi, ritengo che ciò sia stato fatto giustamente; e se oggi me ne andrò di qui coi miei attributi intatti,[103] mi sta bene, in proporzione alla mia colpa.

PERIPLECTOMENO E che punizione avrai se non manterrai la parola?

PIRGOPOLINICE Ch'io resti impotente per tutta la vita!

CARIONE Propongo che vada pestato ancora e poi mandato via.

PIRGOPOLINICE Gli dei ti ricompensino in eterno perché perori la mia causa.

CARIONE Comincia a darmi tu una mina d'oro.

PIRGOPOLINICE Per quale motivo?

CARIONE Per lasciarti andar via da qui senza mutilazioni, nipotino di Venere! Altrimenti non te la caverai, tanto perché non ti illuda!

PIRGOPOLINICE Ti sarà data.

CARIONE Adesso ragioni. Quanto alla tunica, alla clamide e alla spada, scordatele, se speravi di portartele via.

SCHIAVO Devo continuare a staffilarlo o lo lasci andare?

PIRGOPOLINICE Sono già tutto pesto, per favore!

PERIPLECTOMENO Slegatelo.

PYRGOPOLYNICES Gratiam habeo tibi.
PERIPLECTOMENUS Si posthac prehendero ego te hic, [carebis testibus.
PYRGOPOLYNICES Caussam hau dico.
PERIPLECTOMENUS Eamus intro, Cario. –
PYRGOPOLYNICES [Servos meos
eccos video. Philocomasium iam profecta est? Dic mihi.
SCELEDRUS Iam dudum.
PYRGOPOLYNICES Ei mihi!
SCELEDRUS Magi' dicas, si scias quod ego [scio.
Nam illic qui | ob oculum habebat lanam nauta non erat.
PYRGOPOLYNICES Quis erat igitur?
SCELEDRUS Philocomasio amator.
PYRGOPOLYNICES [Qui tu scis?
SCELEDRUS [Scio.
Nam postquam porta exierunt, nil cessarunt ilico
osculari atque amplexari inter se.
PYRGOPOLYNICES Vae misero mihi!
Verba mihi data esse video. Scelu' viri Palaestrio,
is me in hanc inlexit fraudem. Iure factum iudico;
si sic aliis moechis fiat, minus hic moechorum siet,
magi' metuant, minus has res studeant. Eamus ad me.
[Plaudite.

PIRGOPOLINICE Ti ringrazio.

PERIPLECTOMENO Però, se d'ora in poi ti sorprenderò qui, di' addio ai coglioni!

PIRGOPOLINICE Niente da ridire.

PERIPLECTOMENO Torniamo a casa, Carione. (*escono di scena*)

PIRGOPOLINICE Oh, guarda! Tornano i miei servi. Ditemi: Filocomasio è già partita?

SCELEDRO Eh, sì. Da un po'.

PIRGOPOLINICE Oh, povero me!

SCELEDRO Avresti maggior ragione di lamentarti se sapessi quel che so io. Quello che portava una benda sull'occhio non era un marinaio.

PIRGOPOLINICE E chi allora?

SCELEDRO L'amante di Filocomasio.

PIRGOPOLINICE Come lo sai?

SCELEDRO Lo so. Appena sono usciti dalla porta della città non la finivano più di baciarsi e abbracciarsi.

PIRGOPOLINICE O me infelice! Sono stato preso per il naso. Quello scellerato di Palestrione! È stato lui ad attirarmi in questa trappola! Però è giusto. Se capitasse qualcosa di simile anche agli altri adulteri, ce ne sarebbero meno al mondo, avrebbero più paura, e non si imbarcherebbero più in simili avventure. Torniamo a casa. Applaudite.

AULULARIA

LA COMMEDIA DELLA PENTOLA

PERSONAE

LAR FAMILIARIS (Prologus)
EUCLIO (senex)
STAPHYLA (anus)
EUNOMIA (matrona)
MEGADORUS (senex)
STROBILUS (servus)
CONGRIO (cocus)
ANTHRAX (cocus)
PYTHODICUS (servus)
LYCONIDES (adulescens)
LYCONIDIS SERVUS
PHAEDRIA (virgo)
TIBICINAE

SCAENA ATHENIS

PERSONAGGI[1]

LARE FAMILIARE (Prologo)
EUCLIONE (vecchio)
STAFILA (vecchia)
EUNOMIA (matrona)
MEGADORO (vecchio)
STROBILO (servo)
CONGRIONE (cuoco)
ANTRACE (cuoco)
PITODICO (servo)
LICONIDE (giovane)
SERVO DI LICONIDE
FEDRA (fanciulla)
FLAUTISTE

(*La scena è ambientata ad Atene.*)

ARGUMENTUM I

Senex avarus vix sibi credens Euclio
domi suae defossam multis cum opibus
aulam invenit, rursumque penitus conditam
exanguis amens servat. Eius filiam
Lyconides vitiarat. Interea senex
Megadorus a sorore suasus ducere
uxorem avari gnatam deposcit sibi.
Durus senex vix promittit atque aulae timens
domo sublatam variis abstrudit locis.
Insidias servos facit huius Lyconidis
qui virginem vitiarat; atque ipse obsecrat
avonculum Megadorum sibimet cedere
uxorem amanti. Per dolum mox Euclio
cum perdidisset aulam, insperato invenit
laetusque natam conlocat Lyconidi.

ARGOMENTO I[2]

Un vecchio avaro, certo Euclione, con sua grande sorpresa scopre, sepolta in casa sua, una pentola piena di denaro. Immediatamente torna a sotterrarla e le fa la guardia perdendoci le forze e il senno. Sua figlia era stata sedotta da Liconide. Frattanto il vecchio Megadoro, persuaso dalla sorella a prender moglie, chiede in sposa proprio lei, la figlia dell'avaro. Il vecchio recalcitra, ma alla fine promette; però, timoroso per la sua pentola, la porta via di casa e la sposta da un nascondiglio all'altro. Ma gli tende un agguato un servo di quel Liconide che aveva sedotto la ragazza. Costui, nipote di Megadoro, scongiura lo zio di lasciare che sia lui a sposare la fanciulla di cui è innamorato. Euclione, cui era stata sottratta con l'inganno la pentola, quando meno se lo aspetta la ritrova. Allora, pieno d'allegrezza, concede in sposa a Liconide la figlia.

ARGUMENTUM II

Aulam repertam auri plenam Euclio
Vi summa servat, miseris adfectus modis.
Lyconides istius vitiat filiam.
Volt hanc Megadorus indotatam ducere,
Lubensque ut faciat dat coquos cum obsonio.
Auro formidat Euclio, abstrudit foris.
Re omni inspecta compressoris servolus
Id surpit. Illic Euclioni rem refert.
Ab eo donatur auro, uxore et filio.

ARGOMENTO II

Euclione trova una pentola piena d'oro e la custodisce con il massimo impegno in mezzo a mille angosce. Liconide gli seduce la figlia. Megadoro vuole sposarla anche se lei non ha dote e, perché Euclione accetti senza difficoltà, gli procura i cuochi e il cibo per il banchetto di nozze. Euclione è terrorizzato per il suo tesoro e lo nasconde fuori di casa. Ma lo spia, scopre tutto e gli ruba la pentola il servo del seduttore. Questi però ne informa Euclione, che alla fine gli dona l'oro e gli dà in moglie la figlia con il relativo neonato.

PROLOGUS

LAR FAMILIARIS

Ne quis miretur qui sim, paucis eloquar.
Ego Lar sum familiaris ex hac familia
unde exeuntem me aspexistis. Hanc domum
iam multos annos est quom possideo et colo
patri | avoque iam huiius qui nunc hic habet,
sed mihi avos huiius opsecrans concredidit
auri thensaurum clam omnis: in medio foco
defodit, venerans me ut id servarem sibi.
Is quoniam moritur (ita avido ingenio fuit),
numquam indicare id filio voluit suo,
inopemque optavit potius eum relinquere
quam eum thensaurum commostraret filio;
agri reliquit ei non magnum modum,
quo cum labore magno et misere viveret.
Ubi is obiit mortem qui mi id aurum credidit,
coepi observare, ecqui maiorem filius
mihi honorem haberet quam eius habuisset pater.
Atque ille vero minu' minusque impendio
curare minu'que me impertire honoribus.
Item a me contra factum est, nam item obiit diem.
Is ex se hunc reliquit qui hic nunc habitat filium
pariter moratum ut pater avosque huiius fuit.
Huic filia una est. Ea mihi cottidie
aut ture aut vino aut aliqui semper supplicat,
dat mihi coronas. Eius honoris gratia
feci thensaurum ut hic reperiret Euclio,
quo illam facilius nuptum, si vellet, daret.

PROLOGO

IL LARE FAMILIARE[3]

Per non lasciarvi nello stupore e nell'incertezza sulla mia persona,[4] in poche parole vi dirò chi sono. Sono il Lare che protegge la famiglia che abita in quella casa da cui mi avete visto uscire. Sono già molti anni che la tengo sotto la mia tutela per il bene del padre e del nonno di costui che ora la possiede. Fu proprio suo nonno che mi affidò, con mille raccomandazioni, un mucchio d'oro di nascosto da tutti e lo sotterrò sotto la pietra del focolare, pregandomi di custodirglielo. Egli era talmente avaro che non volle mai rivelare la cosa a suo figlio e, quando morì, preferì lasciarlo povero che indicargli dov'era quel tesoro; gli lasciò soltanto un campicello, di cui vivere stentatamente e a prezzo di molta fatica. Quando morì colui che mi aveva affidato il tesoro, mi misi a osservare se suo figlio mi tributasse più onore di quanto il padre aveva fatto. Al contrario: egli mi trascurò quasi del tutto, dedicandomi pochissima attenzione e ancor minori offerte. E io lo ripagai di ugual moneta: così morì povero come era vissuto. Egli lasciò a sua volta un figlio che ora è quello che abita qui[5] e si comporta nell'identico modo di suo padre e di suo nonno. Anch'egli ha una figlia. Lei è un'altra cosa: non passa giorno che non mi veneri con offerte di incenso, di vino o d'altro e non mi porti corone di fiori. Allora, per favorirla, ho fatto in modo che questo tipo qui, Euclione, scoprisse il tesoro, per poterla ammogliare più facilmente, quando volesse. Perché è

Nam compressit eam de summo adulescens loco.
Is scit adulescens quae sit quam compresserit,
illa illum nescit, neque compressam autem pater.
Eam ego hodie faciam ut hic senex de proxumo
sibi uxorem poscat. Id ea faciam gratia
quo ille eam facilius ducat qui compresserat.
Et hic qui poscet eam sibi uxorem senex,
is adulescentis illius est avonculus,
qui illam stupravit noctu, Cereris vigiliis.
Sed hic senex iam clamat intus ut solet.
Anum foras extrudit, ne sit conscia.
Credo aurum inspicere volt, ne surruptum siet.

capitato questo: un giovane di nobilissima famiglia le ha fatto la festa. Lui, il giovanotto, sa benissimo chi è colei che ha sedotto, mentre lei non lo conosce e men che meno lo conosce il padre, il quale ignora del tutto l'accaduto. Io farò in modo che oggi il vecchio che abita qui vicino la chieda in moglie. E agirò così nel suo interesse, perché il suo seduttore la possa più facilmente sposare; infatti il vecchio che chiederà la sua mano è lo zio del giovane che approfittò di lei di notte, durante la veglia che si tiene in onore di Cerere.[6] Ma ecco[7] che il vecchio sbraita là dentro come al solito. Sta sbattendo fuori la vecchia serva perché non scopra nulla. Credo che abbia l'intenzione di dare un'occhiata al suo oro, per vedere se gli è stato rubato.

ACTUS I

EUCLIO STAPHYLA

EUCLIO Exi, inquam, age exi: exeundum hercle tibi hinc est [foras,
circumspectatrix cum oculis emissiciis.
STAPHYLA Nam qur me miseram verberas?
EUCLIO Ut misera sis
atque ut te dignam mala malam aetatem exigas.
STAPHYLA Nam qua me nunc caussa extrusisti ex aedibus?
EUCLIO Tibi ego rationem reddam, stimulorum seges?
Illuc regredere ab ostio. Illuc sis vide,
ut incedit. At scin quo modo tibi res se habet?
Si hercle hodie fustem cepero aut stimulum in manum,
testudineum istum tibi ego grandibo gradum.
STAPHYLA Utinam me divi adaxint ad suspendium
potius quidem quam hoc pacto apud te serviam.
EUCLIO At ut scelesta sola secum murmurat!
Oculos hercle ego istos, inproba, ecfodiam tibi,
ne me opservare possis quid rerum geram.
Apscede etiam nunc – etiam nunc – etiam – ohe,
istic astato. Si hercle tu ex istoc loco
digitum transvorsum aut unguem latum excesseris
aut si respexis, donicum ego te iussero,
continuo hercle ego te dedam discipulam cruci.
Scelestiorem me hac anu certo scio
vidisse numquam, nimi'que ego hanc metuo male
ne mi ex insidiis verba inprudenti duit
neu persentiscat aurum ubi est apsconditum,
quae in occipitio quoque habet oculos pessuma.

ATTO I

Scena I
EUCLIONE STAFILA

EUCLIONE (*sulla soglia di casa*) Esci, ti dico, esci! Devi andartene fuori, per Ercole, spiona con quegli occhiacci indagatori![8]

STAFILA Si può sapere perché picchi una disgraziata come me?

EUCLIONE Proprio perché tu sia disgraziata e per farti passare una brutta vecchiaia, brutta come te.

STAFILA E adesso perché mi hai sbattuto fuori di casa?

EUCLIONE Sono anche obbligato a spiegartelo, schiena da staffilate?[9] Allontanati dalla porta! Vai là! Ma guarda come è lenta a spostarsi! Sai come ti va a finire? Se oggi, per Ercole, prendo in mano un bastone o uno staffile, vedi come te lo faccio allungare questo passo da tartaruga![10]

STAFILA Preferirei che gli dei mi facessero impiccare piuttosto che restare al tuo servizio in queste condizioni!

EUCLIONE Sentite, sentite come quella scellerata borbotta tra sé e sé! Ma io te li strapperò, per Ercole, codesti occhi, maledetta, perché tu non possa più spiare quello che faccio! Va' più in là! Ancora più in là! Ancora! Alt! Fermati! E se ti sposterai di lì quanto è grosso un dito o quanto è larga un'unghia, se ti volterai indietro a guardare fin quando non te ne avrò dato il permesso, subito ti manderò a imparare il tuo dovere sulla croce.[11] (*tra sé*) Non ho mai visto nessuno più ribaldo di questa vecchia, è indiscutibile! Ho una terribile paura che mi metta nel sacco quando meno me l'aspetto e colga al volo dove è nascosto l'oro: ha gli oc-

Nunc ibo ut visam, estne ita aurum ut condidi,
quod me sollicitat plurumis miserum modis. –
STAPHYLA Noenum mecastor quid ego ero dicam meo
malae rei evenisse quamve insaniam
queo comminisci; ita me miseram ad hunc modum
deciens die uno saepe extrudit aedibus.
Nescio pol quae illunc hominem intemperiae tenent:
pervigilat noctes totas, tum autem interdius
quasi claudus sutor domi sedet totos dies.
Neque iam quo pacto celem erilis filiae
probrum, propinqua partitudo quoi appetit,
queo comminisci; neque quicquam meliust mihi,
ut opinor, quam ex me ut unam faciam litteram
†longum, laqueo† collum quando opstrinxero.

EUCLIO STAPHYLA

EUCLIO Nunc defaecato demum animo egredior domo,
postquam perspexi salva esse intus omnia.
Redi nunciam intro atque intus serva.
STAPHYLA Quippini?
Ego intus servem? An ne quis aedis auferat?
Nam hic apud nos nihil est aliud quaesti furibus,
ita inaniis sunt oppletae atque araneis.
EUCLIO Mirum quin tua me caussa faciat Iuppiter
Philippum regem aut Dareum, trivenefica.
Araneas mi ego illas servari volo.
Pauper sum; fateor, patior; quod di dant fero.
Abi intro, occlude ianuam. Iam ego hic ero.
Cave quemquam alienum in aedis intro miseris.
Quod quispiam ignem quaerat, extingui volo,
ne caussae quid sit quod te quisquam quaeritet.
Nam si ignis vivet, tu extinguere extempulo.
Tum aquam aufugisse dicito, si quis petet.
Cultrum, securim, pistillum, mortarium,

chi anche sulla nuca, questa malvagia! Andrò subito a vedere se il tesoro non è stato spostato dal luogo dove l'ho nascosto. Questo pensiero mi riempie d'ansia e mi rende infelice.

STAFILA (*rimasta sola*) Non riesco a immaginarmi, per Castore, quale malanno sia capitato al mio padrone, quale pazzia l'abbia preso. Mi scaccia di casa in questa maniera, povera infelice che sono, spesso perfino dieci volte al giorno. Non so che cosa gli frulla in capo, per Polluce! L'intera notte non dorme, poi tutto il giorno resta sempre seduto in casa come un ciabattino zoppo. E ho anche un'altra preoccupazione: non so proprio in che modo io possa più ormai riuscire a nascondere la vergogna di sua figlia, che è lì lì per partorire. Non vedo niente di meglio per me che ridurmi a una lunga lettera dell'alfabeto, mettendomi un cappio al collo.[12]

Scena II
EUCLIONE STAFILA

EUCLIONE Ora torno fuori. Mi sono sgravato finalmente lo spirito! Ho controllato: dentro è tutto a posto. (*a Stafila*) Torna in casa, adesso, e restaci a far la guardia.

STAFILA Come no? E che cosa dovrei sorvegliare là dentro? I muri, perché non li portino via? Non c'è altro, da noi, che i ladri possano rubare: la casa è piena solo di vuoto[13] e di ragnatele.

EUCLIONE Miracolo che, per far piacere a te, Giove non mi faccia diventare un re come Filippo o Dario,[14] stregaccia! Sì, voglio che si faccia la guardia alle mie ragnatele. Sono povero: lo ammetto e mi ci adatto, prendo quello che gli dei mi danno. Va' dentro! Chiudi la porta! Ti raggiungo subito. Guardati bene dal far entrare qualche sconosciuto. Dato che qualcuno potrebbe venire a chiederti del fuoco, voglio che sia spento: così non ci sarà più motivo per venire a domandarlo. Capito? Se il fuoco resterà acceso, sarai tu a essere immediatamente spenta. Se poi verranno a chie-

quae utenda vasa semper vicini rogant,
fures venisse atque apstulisse dicito.
Profecto in aedis meas me apsente neminem
volo intro mitti. Atque etiam hoc praedico tibi,
si Bona Fortuna veniat, ne intro miseris.
STAPHYLA Pol ea ipsa credo ne intro mittatur cavet,
nam ad aedis nostras numquam adiit quaquam prope.
EUCLIO Tace atque abi intro.
STAPHYLA Taceo atque abeo.
EUCLIO Occlude sis
fores ambobus pessulis. Iam ego hic ero.
Discrucior animi, quia ab domo abeundum est mihi.
Nimis hercle invitus abeo. Sed quid agam scio.
Nam noster nostrae qui est magister curiae
dividere argenti dixit nummos in viros;
id si relinquo ac non peto, omnes ilico
me suspicentur, credo, habere aurum domi.
Nam veri simile non est hominem pauperem
pauxillum parvi facere quin nummum petat.
Nam nunc quom celo sedulo omnis, ne sciant,
omnes videntur scire et me benignius
omnes salutant quam salutabant prius;
adeunt, consistunt, copulantur dexteras,
rogitant me ut valeam, quid agam, quid rerum geram.
Nunc quo profectus sum ibo; postidea domum
me rusum quantum potero tantum recipiam.

dere acqua, di' che è scolata via tutta. Se i vicini, come fanno sempre, vorranno in prestito un coltello, una scure, un pestello o un mortaio, tu rispondi che sono venuti i ladri e hanno portato via tutto. Insomma, non voglio che in mia assenza entri nessuno in casa mia. Arrivo a dirti perfino questo: anche se venisse la Fortuna in persona, non farla entrare.

STAFILA Per Polluce, credo che quella se ne guardi bene dall'entrare: a casa nostra non si è mai nemmeno avvicinata.

EUCLIONE Sta' zitta e va' a casa.

STAFILA Taccio e vado.

EUCLIONE E spranga la porta con tutti e due i chiavistelli. Sarò qui subito. (*tra sé*) Mi tormenta l'idea di dovermi allontanare. Vado via proprio a malincuore, per Ercole. Ma so quel che devo fare. Il capo della nostra curia[15] ha detto che distribuirà dei denari d'argento; se io perdo l'occasione e non chiedo la mia parte, tutti subito supporranno, è logico, che io abbia dell'oro in casa. Non è verosimile che un poveraccio trascuri di andare a chiedere la sua parte, anche piccola, di denaro. Proprio adesso che mi do un gran daffare perché la gente non venga a sapere il mio segreto, sembra invece che tutti lo conoscano: mi salutano con maggior deferenza di quanto non facessero prima, mi vengono incontro, si fermano a stringermi la mano, mi chiedono come sto, come mi va la vita, di che cosa mi occupo. Ora andrò dove ho deciso: ma poi tornerò a casa il più in fretta possibile.

ACTUS II

EUNOMIA MEGADORUS

EUNOMIA Velim te arbitrari med haec verba, frater,
meai fidei tuaique rei
caussa facere, ut aequom est germanam sororem.
Quamquam hau falsa sum nos odiosas haberi;
nam multum loquaces merito omnes habemur,
nec mutam profecto repertam nullam esse
‹aut› hodie dicunt mulierem ‹aut› ullo in saeclo.
Verum hoc, frater, unum tamen cogitato,
tibi proxumam me mihique esse item te;
ita aequom est quod in rem esse utrique arbitremur
et mihi te et tibi ‹me› consulere et monere;
neque occultum id haberi neque per metum mussari
quin participem pariter ego te et tu me [ut] facias.
Eo nunc ego secreto ted huc foras seduxi,
ut tuam rem ego tecum hic loquerer familiarem.
MEGADORUS Da mi, optuma femina, manum.
EUNOMIA Ubi ea est? Quis ea est nam optuma?
MEGADORUS Tu.
EUNOMIA Tune ais?
MEGADORUS Si negas, nego.
EUNOMIA Decet tequidem vera proloqui;
nam optuma nulla potest eligi:
alia alia peior, frater, est.
MEGADORUS Idem ego arbitror,
nec tibi advorsari certum est de istac re‹d› umquam, soror.
EUNOMIA Da mihi
142a operam amabo.

ATTO II

Scena I[16]
EUNOMIA MEGADORO

EUNOMIA Vorrei che tu fossi convinto, fratello mio, che io ti faccio questo discorso per sincero desiderio del tuo interesse, come è giusto che faccia una sorella. Per quanto non mi illuda: noi donne, secondo l'opinione generale, diamo fastidio; di tutte noi si pensa, e non a torto, che siamo troppo chiacchierone e si sostiene che non esista, né mai sia esistita, una donna capace di tacere. Però tu, fratello mio, considera solo questo: che tra noi due c'è una stretta parentela ed è quindi giusto che ci scambiamo vicendevolmente consigli quando riteniamo che si tratti del mio e del tuo interesse. Su questo tema non dobbiamo nasconderci nulla né tacere per timore, ma io devo manifestare il mio pensiero a te e tu a me. Appunto perciò adesso ti ho fatto uscire, per parlare con te in disparte e senza testimoni di un tuo problema che riguarda la famiglia.

MEGADORO Dammi la mano, donna meravigliosa!

EUNOMIA E dove sarebbe questa donna meravigliosa? Chi è?

MEGADORO Sei tu.

EUNOMIA Se sei tu a dirlo...

MEGADORO Be'! Se non vuoi, ritratto.

EUNOMIA È meglio che tu dica la verità: una donna che sia eccellente non si trova, anzi una è peggio dell'altra.[17]

MEGADORO Io la penso allo stesso modo e certo non voglio in nessun caso contraddirti su questo argomento, sorella mia.

EUNOMIA Comunque stammi a sentire, per piacere.

MEGADORUS Tuast, utere atque
impera, si quid vis.
EUNOMIA Id quod in rem tuam optumum esse arbitror,
ted id monitum advento.
MEGADORUS Soror, more tuo faci'.
EUNOMIA Facta volo.
MEGADORUS Quid est id, soror?
EUNOMIA Quod tibi sempiternum
salutare sit: liberis procreandis –
MEGADORUS Ita di faxint –
EUNOMIA Volo te uxorem
domum ducere.
MEGADORUS Ei occidi!
EUNOMIA Quid ita?
MEGADORUS Quia mi misero cerebrum excutiunt
tua dicta, soror: lapides loqueris.
EUNOMIA Heia, hoc face quod te iubet soror.
MEGADORUS Si lubeat, faciam.
EUNOMIA In rem hoc tuam est.
MEGADORUS Ut quidem emoriar priu' quam [ducam.
Sed his legibu' si quam dare vis, ducam:
quae cras veniat, perendie, soror, foras feratur;
his legibu' quam dare vis? Cedo: nuptias adorna.
EUNOMIA Cum maxuma possum tibi, frater, dare dote;
sed est grandior natu: media est mulieris aetas.
Eam si iubes, frater, tibi me poscere, poscam.
MEGADORUS Num non vis me interrogare te?
EUNOMIA Immo, si quid [vis, roga.
MEGADORUS Post mediam aetatem qui media ducit uxorem [domum,
si eam senex anum praegnatem fortuito fecerit,
quid dubitas quin sit paratum nomen puero Postumus?
Nunc ego istum, soror, laborem degam et deminuam tibi.
Ego virtute deum et maiorum nostrum dives sum satis.
Istas magnas factiones, animos, dotes dapsilis,
clamores, imperia, eburata vehicla, pallas, purpuram,

MEGADORO Sono al tuo servizio: disponi e comanda ciò che vuoi.
EUNOMIA Sono qui per incitarti a fare una cosa che ritengo importante per il tuo interesse.
MEGADORO È tua abitudine consigliarmi bene, sorella mia.
EUNOMIA Vorrei veder realizzata...
MEGADORO Che cosa, sorella?
EUNOMIA ... una cosa che tornerebbe sempre a tuo vantaggio: per procreare figli...
MEGADORO Che gli dei lo vogliano!
EUNOMIA ... desidero che tu ti sposi.
MEGADORO Ohimè! Muoio!
EUNOMIA Perché?
MEGADORO Perché le tue parole mi fanno rintronare il cervello: è come se scagliassi delle pietre.
EUNOMIA Su, su, fa' quel che ti consiglia tua sorella!
MEGADORO Se mi garbasse, lo farei.
EUNOMIA È nel tuo interesse.
MEGADORO Già, per morire ancor prima di sposarmi! Ma se hai intenzione di propormi una moglie, la accetterò a questo patto: entri in casa domani e dopodomani ne esca su un cataletto. Sei d'accordo a propormene una a queste condizioni? Allora ci sto: prepara le nozze.
EUNOMIA Ma io posso presentartene una con una ricca dote! Va bene che è un po' in là con gli anni: è di mezza età. Se vuoi che ne chieda la mano a tuo nome, lo farò subito.
MEGADORO Mi permetteresti di farti una domanda?
EUNOMIA Certo: chiedi quello che vuoi.
MEGADORO Se uno che ha passato la mezza età ne sposa una di mezza età e per caso riesce a mettere incinta la sua vecchia, non credi che al figlio toccherà il nome di Postumo?[18] Mi assumerò io questo compito, sorella mia, e lo eviterò a te. Per grazia degli dei e dei nostri antenati sono ricco quanto basta. Non mi interessano le conoscenze importanti, le pretese, le cospicue doti, gli applausi, il comando, le carrozze d'avorio, i mantelli, le vesti di porpora,

nil moror, quae in servitutem sumptibus redigunt viros.
EUNOMIA Dic mihi, si audes, quis ea est, quam vis ducere uxorem?
MEGADORUS [Eloquar.
no[vi]stin hunc senem Euclionem ex proxumo
[pauperculum?
EUNOMIA Novi, hominem hau malum mecastor.
MEGADORUS Eiius cupio
[filiam
virginem mihi desponderi. Verba ne facias, soror.
Scio quid dictura es: hanc esse pauperem. Haec pauper placet.
EUNOMIA Di bene vortant.
MEGADORUS Idem ego spero.
EUNOMIA Quid me? Num
[quid vis?
MEGADORUS [Vale.
EUNOMIA Et tu, frater. –
MEGADORUS Ego conveniam Euclionem, si domi est.
Sed eccum ‹video›. Nescio unde sese homo recipit
[domum.

EUCLIO MEGADORUS

EUCLIO Praesagibat mi animus frustra me ire, quom exibam
[domo;
itaque abibam invitus; nam neque quisquam curialium
venit neque magister quem dividere argentum oportuit.
Nunc domum properare propero, nam egomet sum hic,
[animus domi est.
MEGADORUS Salvos atque fortunatus, Euclio, semper sies.
EUCLIO Di te ament, Megadore.
MEGADORUS Quid tu? Recten atque ut vis
[vales?
EUCLIO Non temerarium est ubi dives blande appellat
[pauperem.
Iam illic homo aurum scit me habere, eo me salutat
[blandius.
MEGADORUS Ain tu te valere?

tutte cose che finiscono per ridurre un uomo in schiavitù a furia di spese: non me ne importa un fico secco.

EUNOMIA Allora fammi sapere, per favore, che tipo sarebbe colei che vuoi prendere in moglie.

MEGADORO Subito! Conosci quel vecchio nostro vicino, povero in canna?

EUNOMIA Sì, certo. Non è mica cattivo, per Castore.

MEGADORO Ebbene, vorrei sposare sua figlia, quella verginella. Non dire una parola. So che cosa vorresti obiettare: che è povera. Ma così mi va bene.

EUNOMIA Che gli dei ti assistano!

MEGADORO Lo spero anch'io.

EUNOMIA Vuoi ancora qualcosa da me?

MEGADORO No. Ti saluto.

EUNOMIA Salute a te, fratello!

MEGADORO Andrò a trovare Euclione, se è in casa. Ma eccolo lì che sta rientrando. Non capisco da dove venga.

Scena II
EUCLIONE MEGADORO

EUCLIONE Lo presentivo io, quando sono uscito di casa, che sarei andato per niente: e infatti non ne avevo la minima voglia. Non è venuto nessuno dei membri della curia e men che meno il capo a cui toccava distribuire il denaro. Ora sto correndo di corsa verso casa: il mio cuore è là mentre io sono qui.

MEGADORO A te salute e fortuna sempre, Euclione.

EUCLIONE Gli dei ti proteggano, Megadoro.

MEGADORO Come va? Tutto bene? La salute fa giudizio?

EUCLIONE (*tra sé*) C'è sotto qualcosa quando un ricco si rivolge tutto mellifluo a un povero. Quello lì sa che io ho dell'oro in casa e per questo mi fa festa.

MEGADORO Come hai detto? Che stai bene?

EUCLIO Pol ego haud perbene a pecunia.
MEGADORUS Pol si est animus aequos tibi, sat[is] habes qui
[bene vitam colas.
EUCLIO Anus hercle huic indicium fecit de auro, perspicue
[palam est,
quoi ego iam linguam praecidam atque oculos ecfodiam domi.
MEGADORUS Quid tu solus tecum loquere?
EUCLIO Meam pauperiem
[conqueror.
Virginem habeo grandem, dote cassam atque inlocabilem,
neque eam queo locare quoiquam.
MEGADORUS Tace, bonum habe
[animum, Euclio.
Dabitur, adiuvabere a me. Dic, si quid opust, impera.
EUCLIO Nunc petit, quom pollicetur; inhiat aurum ut devoret.
Altera manu fert lapidem, panem ostentat altera.
Nemini credo qui large blandust dives pauperi:
ubi manum inicit benigne, ibi onerat aliqua zamiam.
Ego istos novi polypos qui ubi quidquid tetigerunt tenent.
MEGADORUS Da mi operam parumper, si operaest, Euclio,
[id quod te volo
de communi re appellare mea et tua.
EUCLIO Ei misero mihi,
aurum mi intus harpagatum est. Nunc hic eam rem volt,
[scio,
mecum adire ad pactionem. Verum intervisam domum.
MEGADORUS Quo abis?
EUCLIO Iam revortar ad te: nunc est quod
[invisam domum. –
MEGADORUS Credo edepol, ubi mentionem ego fecero de filia,
mi ut despondeat, sese a me derideri rebitur;
neque illo quisquam est alter hodie ex paupertate parcior.
EUCLIO Di me servant, salva res est. Salvom est si quid non
[perit.
Nimi' male timui. Priu' quam intro redii, exanimatus fui.

EUCLIONE Per Polluce, non certo per quel che riguarda il denaro!

MEGADORO Se sei sereno e tranquillo, questo ti basta per vivere bene.

EUCLIONE (*tra sé*) Per Ercole, la vecchia deve avergli spifferato qualcosa sul tesoro, è fin troppo chiaro! Appena a casa le taglierò la lingua e le strapperò gli occhi.

MEGADORO Si può sapere che cosa fai? Parli da solo?

EUCLIONE Mi lamento della mia povertà. Ho una figlia in età da marito ma senza dote; così non posso in nessun modo affibbiarla a qualcuno.

MEGADORO Zitto, zitto! Sta' di buon animo, Euclione! Riuscirai a maritarla:[19] io ti aiuterò. Se hai bisogno di qualcosa, dimmelo.

EUCLIONE (*tra sé*) È lui che vuole qualcosa, se fa delle offerte. Aspira al mio oro, per papparselo. Tiene in pugno una pietra e ti offre con l'altra mano un boccone di pane. Non presto fede a nessun ricco che fa il generoso e il benevolo con un povero. Mentre ti dà amichevolmente la mano, si prepara a giocarti qualche brutto tiro.[20] Li conosco bene questi polipi che, se allungano i tentacoli su qualcosa, non la mollano più.

MEGADORO Prestami un po' di attenzione, se hai tempo, Euclione: si tratta di un affare di interesse comune su cui ti voglio consultare.

EUCLIONE (*tra sé*) O povero me! L'oro mi è stato sgraffignato![21] Ora so bene cosa vuole: contrattare con me. Andrò a fare un'ispezione in casa.

MEGADORO Dove scappi?

EUCLIONE Torno subito da te. Devo solo dare un'occhiata in casa... (*si allontana*)

MEGADORO Mi aspetto, per Polluce, che appena accennerò a sua figlia e la chiederò in moglie, crederà che lo prenda in giro. Non ce n'è un altro, oggigiorno, che la povertà abbia reso più gretto di lui.[22]

EUCLIONE (*tra sé, mentre rientra in scena*) Gli dei mi vogliono bene! Il tesoro è salvo: si può dir salvo ciò che non si perde. Ho avuto troppa paura: addirittura mi mancava il

Redeo ad te, Megadore, si quid me vis.
MEGADORUS Habeo gratiam.
Quaeso, quod te percontabor, ne id te pigeat proloqui.
EUCLIO Dum quidem ne quid perconteris quod non lubeat proloqui.
MEGADORUS Dic mihi, quali me arbitrare genere prognatum?
EUCLIO [Bono.
MEGADORUS Quid fide?
EUCLIO Bona.
MEGADORUS Quid factis?
EUCLIO Neque malis
[neque inprobis.
MEGADORUS Aetatem meam scis?
EUCLIO Scio esse grandem, item ut
[pecuniam.
MEGADORUS Certe edepol equidem te civem sine mala omni
[malitia
semper sum arbitratus et nunc arbitror.
EUCLIO Aurum huic olet.
Quid nunc me vis?
MEGADORUS Quoniam tu me et ego te qualis sis scio,
quae res recte vortat mihique tibique tuaeque filiae,
filiam tuam mi uxorem posco. Promitte hoc fore.
EUCLIO Heia, Megadore, hau decorum facinus tuis factis facis,
ut inopem atque innoxium aps te atque aps tuis me inrideas.
Nam de te neque re neque verbis merui uti faceres quod facis.
MEGADORUS Neque edepol ego te derisum venio neque
[derideo,
neque dignum arbitror.
EUCLIO Qur igitur poscis meam gnatam tibi?
MEGADORUS Ut propter me tibi sit melius mihique propter te
[et tuos.
EUCLIO Venit hoc mihi, Megadore, in mentem, ted esse
[hominem divitem,
factiosum, me item esse hominem pauperum pauperrumum;
nunc si filiam locassim meam tibi, in mentem venit
te bovem esse et me esse asellum: ubi tecum coniunctus
[siem,

fiato prima di entrare in casa! (*forte*) Eccomi qui, Megadoro, al tuo servizio!

MEGADORO Grazie. Ho delle domande da farti e ti prego di non infastidirti e di rispondermi chiaramente.

EUCLIONE Senz'altro, purché tu non mi chieda cose di cui non mi va di parlare.

MEGADORO Rispondimi allora: da quale famiglia ritieni che io provenga?

EUCLIONE Ottima.

MEGADORO E mi ritieni affidabile?

EUCLIONE Certo.

MEGADORO E che dici della mia condotta?

EUCLIONE Mi sembra buona e corretta.

MEGADORO Sai quanti anni ho?

EUCLIONE Un bel po', così come hai tanti soldi.

MEGADORO Quanto a me, per Polluce, ti ho sempre ritenuto un cittadino irreprensibile e così la penso ancora.

EUCLIONE (*tra sé*) Gli è giunto al naso il profumo dell'oro! (*forte*) E allora, che vuoi da me?

MEGADORO Dato che noi due ci conosciamo bene, ti chiedo una cosa che mi auguro porti fortuna a me, a te e a tua figlia, cioè ti chiedo in sposa tua figlia. Concedimela.

EUCLIONE Ah! Megadoro, ti stai comportando in modo che non ti si conviene affatto! Prendere in giro me, un poveraccio assolutamente inoffensivo per te e per i tuoi! Proprio non ho mai detto né fatto nulla che meriti questo trattamento da parte tua.

MEGADORO Per Polluce, non avevo certo intenzione di prenderti in giro, non lo faccio, e non penso che tu lo meriti.

EUCLIONE E allora perché mi vieni a chiedere mia figlia?

MEGADORO Perché ne traiamo un vantaggio tutti e due, tu per merito mio e io per merito tuo e dei tuoi.

EUCLIONE Caro Megadoro, sto considerando che tu sei un uomo ricco, pieno di relazioni importanti, mentre io sono il più povero tra i poveri. Se io ti concedessi mia figlia, mi immagino che tu faresti la parte del bue e io quella dell'asino. Quando fossimo aggiogati insieme, e io non potessi

ubi onus nequeam ferre pariter, iaceam ego asinus in luto,
tu me bos magis hau respicias, gnatus quasi numquam
[siem.
Et te utar iniquiore et meu' me ordo inrideat,
neutrubi habeam stabile stabulum, si quid divorti fuat:
asini me mordicibus scindant, boves incursent cornibus.
Hoc magnum est periclum, ab asinis ad boves transcendere.
MEGADORUS Quam ad probos propinquitate proxume te
[adiunxeris,
tam optumumst. Tu condicionem hanc accipe, ausculta mihi,
atque eam desponde mi.
EUCLIO At nihil est dotis quod dem.
MEGADORUS Ne duas.
Dum modo morata recte veniat, dotata est satis.
EUCLIO Eo dico, ne me thensauros repperisse censeas.
MEGADORUS Novi, ne doceas. Desponde.
EUCLIO Fiat. Sed pro
[Iuppiter,
num ego disperii?
MEGADORUS Quid tibi est?
EUCLIO Quid crepuit quasi ferrum
[modo? –
MEGADORUS Hic apud me hortum confodere iussi. Sed ubi
[hic est homo?
Abiit neque me certiorem fecit. Fastidit mei,
quia videt me suam amicitiam velle: more hominum facit;
nam si opulentus it petitum pauperioris gratiam,
pauper metuit congrediri, per metum male rem gerit.
Idem, quando occasio illaec periit, post sero cupit.
EUCLIO Si hercle ego te non elinguandam dedero usque ab
[radicibus,
impero auctorque sum ut tu me quoivis castrandum loces.
MEGADORUS Video hercle ego te me arbitrari, Euclio,
[hominem idoneum,
quem senecta aetate ludos facias, hau merito meo.
EUCLIO Neque edepol, Megadore, facio, neque, si cupiam,
[copia est.

portare un carico uguale al tuo, io, povero asino,[23] cadrei lungo disteso nel fango, e tu, il bue, non mi degneresti nemmeno di uno sguardo, come se non esistessi. I miei rapporti con te peggiorerebbero e la classe dei miei pari si farebbe beffe di me. Se dovessimo separarci non troverei da nessuna parte un rifugio sicuro: gli asini mi dilanierebbero a morsi e i buoi mi assalirebbero a cornate. È un rischio enorme volersi elevare dalla classe degli asini a quella dei buoi.

MEGADORO Ma no! Quanto più strettamente ti imparenterai con gente per bene, tanto meglio sarà per te. Accetta questa proposta, bada a me, e promettimi tua figlia.

EUCLIONE Ma non ho dote da darle.

MEGADORO Non importa. Se entra in casa mia una brava ragazza, questo vale quanto una dote.

EUCLIONE Te lo dico soltanto perché tu non creda che abbia trovato un tesoro.

MEGADORO Non c'è bisogno che tu me lo ricordi: lo so. Promettimela in moglie.

EUCLIONE E va bene...! Ma che c'è, per Giove, è forse la fine?

MEGADORO Che ti succede?

EUCLIONE Non hai sentito un rumore, come di ferro...

MEGADORO Ho ordinato di zappare qui, nel mio giardino. (*tra sé*) Ma dove è scomparso? Se n'è andato senza una parola. Non mi tollera perché vede che cerco la sua amicizia. Si comporta come tutti: se per caso un ricco tenta di ingraziarsi un povero, costui ha paura di avvicinarlo e proprio per questa paura compromette il rapporto. Poi, se perde l'occasione, è lui a rimpiangerla, ma troppo tardi.

EUCLIONE (*gridando in direzione della casa, rivolto alla vecchia*) Se non ti farò strappare la lingua fin dalle radici, per Ercole, ti autorizzo a farmi castrare dal primo che passa.

MEGADORO Mi accorgo, Euclione, che per la mia età avanzata tu mi hai preso per uno alle cui spalle divertirsi, anche se non me lo merito.

EUCLIONE Mi guardo bene dal farlo, per Polluce, e, se lo volessi, non ne avrei i mezzi.

MEGADORUS Quid nunc? Etiam mihi despondes filiam?
EUCLIO Illis [legibus,
cum illa dote quam tibi dixi.
MEGADORUS Sponden ergo?
EUCLIO Spondeo.
MEGADORUS Istuc di bene [vortant].
EUCLIO Ita di faxint. Illud facito [ut memineris,
convenisse ut ne quid dotis mea ad te afferret filia.
MEGADORUS Memini.
EUCLIO At scio quo vos soleatis pacto [perplexarier:
pactum non pactum est, non pactum pactum est, quod vobis [lubet.
MEGADORUS Nulla controvorsia mihi tecum erit. Sed nuptias
num quae caussa est hodie quin faciamus?
EUCLIO Immo edepol [optuma.
MEGADORUS Ibo igitur, parabo. Numquid me vis?
EUCLIO Istuc. I et [vale.
MEGADORUS Heus, Strobile, sequere propere me ad [macellum strenue. –
EUCLIO Illic hinc abiit. Di inmortales, opsecro, aurum quid [valet!
Credo ego illum iam indaudisse mi esse thensaurum domi.
Id inhiat, ea adfinitatem hanc opstinavit gratia.

EUCLIO STAPHYLA

EUCLIO Ubi tu es quae deblateravisti iam vicinis omnibus
meae me filiae daturum dotem? Heus, Staphyla, te voco.
Ecquid audis? Vascula intus pure propera atque elue:
filiam despondi ego: hodie huic nuptum Megadoro dabo.

MEGADORO Allora, sei sempre del parere di darmi in moglie tua figlia?

EUCLIONE Ai patti che abbiamo stabilito, cioè con quella dote che ti ho detto.

MEGADORO Allora ci stai?

EUCLIONE Sì.

MEGADORO Che gli dei ci siano propizi!

EUCLIONE Me lo auguro anch'io! Ma ricordati che siamo d'accordo che mia figlia non ti porterà nulla in dote.

MEGADORO Non dubitare.

EUCLIONE Lo dico perché so come di solito voi ingarbugliate le cose:[24] quel che si è stabilito non conta più e quel che non si è stabilito invece conta: tutto come vi pare.

MEGADORO Non ci sarà motivo di litigare tra me e te. Ma perché non pensiamo a celebrare le nozze oggi stesso?

EUCLIONE Mi va benissimo.

MEGADORO Allora vado a fare i preparativi. Ti serve qualcosa?

EUCLIONE Solo che tu vada. Con tanti saluti.

MEGADORO Ohè! Strobilo, dico a te. Vienimi dietro di corsa e andiamo al mercato.

EUCLIONE Se n'è andato. Per gli dei immortali! Guarda un po' che forza di attrazione ha l'oro! Certo quello lì ha sentito qualcosa circa il tesoro che ho in casa: e gli fa la corte. Ingolosito da quell'oro si è intestardito a volere questa parentela.

Scena III
EUCLIONE STAFILA

EUCLIONE Dove ti sei cacciata, blaterona, che sei andata a spifferare a tutti i vicini che avrei dato una dote a mia figlia? Stafila, dico a te! Mi senti? Sbrigati a lavare come si deve tutte le stoviglie. Ho promesso in moglie mia figlia e la darò oggi a Megadoro.

STAPHYLA Di bene vortant. Verum ecastor non potest, [subitum est nimis.
EUCLIO Tace atque abi. Curata fac sint quom a foro redeam [domum;
atque aedis occlude; iam ego hic adero. –
STAPHYLA Quid ego nunc agam?
Nunc nobis prope adest exitium, mihi atque erili filiae,
nunc probrum atque partitudo prope adest ut fiat palam;
quod celatum atque occultatum est usque adhuc, nunc non [potest.
Ibo intro, ut erus quae imperavit facta, quom veniat, sient.
Nam ecastor malum maerore metuo ne mixtum bibam. –

STROBILUS ANTHRAX CONGRIO

STROBILUS Postquam opsonavit erus et conduxit coquos
tibicinasque hasce apud forum, edixit mihi
ut dispertirem opsonium hic bifariam.
ANTHRAX Mequidem hercle, dicam ‹pro›palam, non divides;
si quo tu totum me ire vis, operam dabo.
CONGRIO Bellum et pudicum vero prostibulum popli.
Post si quis vellet, te hau non velles dividi.
STROBILUS Atque ego istuc, Anthrax, aliovorsum dixeram,
non istuc quo tu insimulas. Sed erus nuptias
meus hodie faciet.
ANTHRAX Quoiius ducit filiam?
STROBILUS Vicini huius Euclionis ‹hinc› e proxumo.
Ei adeo opsoni hinc iussit dimidium dari,
coquom alterum itidemque alteram tibicinam.
ANTHRAX Nempe huc dimidium dicis, dimidium domum?
STROBILUS Nemp' sicut dicis.

STAFILA Tanti auguri! Però non si può fare, per Castore! È una cosa troppo improvvisa!

EUCLIONE Tu sta' zitta e vai! Fa' in modo che quando io torno dal foro tutto sia pronto! E chiudi bene la casa! Sarò subito di ritorno. (*esce*)

STAFILA E adesso che cosa faccio? Siamo sull'orlo del precipizio, sia io che la figlia del padrone. Tra poco si scoprirà tutto: il parto e la vergogna; quel che siamo riuscite a nascondere rigorosamente fino ad ora non si può più mantenere segreto. Andrò dentro perché, quando il padrone ritorna, trovi che i suoi ordini sono stati eseguiti. Per Castore, ho paura di dover bere un calice di malanni e dolori!

Scena IV
STROBILO ANTRACE CONGRIONE

STROBILO Il padrone ha comprato i viveri al mercato e affittato questi cuochi e queste flautiste; poi mi ha dato l'incarico di venire qui e dividere tutto in due parti.

ANTRACE Ti avverto! Per Ercole, non mi puoi spaccare in due! Se invece vuoi che vada da qualche parte tutto intero, ti obbedirò.

CONGRIONE Com'è carina e riservata questa prostituta pubblica! Va' là che se qualcuno volesse spaccarti in due[25] dal di dietro, ci staresti!

STROBILO Io intendevo tutt'altro, Antrace, da quello che tu insinui! Oggi si sposerà il mio padrone.

ANTRACE E chi sposa?

STROBILO La figlia del vicino, di Euclione, quello che sta qui accanto. Proprio per questo ha ordinato che a lui si consegnino la metà delle provviste, uno dei due cuochi e una flautista.

ANTRACE Intendi allora che di noi metà andrà di là, e metà rimarrà qui?

STROBILO Appunto.

ANTHRAX Quid? Hic non poterat de suo
senex opsonari filiai nuptiis?
STROBILUS Vah.
ANTHRAX Quid negotist?
STROBILUS Quid negoti sit rogas?
Pumex non aeque est ardus atque hic est senex.
ANTHRAX Ain tandem?
CONGRIO Ita esse ut dicis!
STROBILUS Tute existuma:
*** ‹existumat›
suam rem periisse seque eradicarier.
Quin divom atque hominum clamat continuo fidem,
de suo tigillo fumus si qua exit foras.
Quin, quom it dormitum, follem opstringit ob gulam.
ANTHRAX Qur?
STROBILUS Ne quid animae forte amittat dormiens.
ANTHRAX Etiamne opturat inferiorem gutturem,
ne quid animai forte amittat dormiens?
STROBILUS Haec mihi te ut tibi med aequom est, credo,
⌊credere.
ANTHRAX Immo equidem credo.
STROBILUS At scin etiam quomodo?
Aquam hercle plorat, quom lavat, profundere.
ANTHRAX Censen talentum magnum exorari pote
ab istoc sene, ut det qui fiamus liberi?
STROBILUS Famem hercle utendam si roges, numquam dabit.
Quin ipsi pridem tonsor unguis dempserat:
conlegit, omnia apstulit praesegmina.
ANTHRAX Edepol mortalem parce parcum praedicas.
STROBILUS Censen vero adeo ess' parcum et misere vivere?
Pulmentum pridem eripuit ei milvos:
homo ad praetorem deplorabundus venit;
infit ibi postulare plorans, eiulans,
ut sibi liceret milvom vadarier.
Sescenta sunt quae memorem, si sit otium.
Sed uter vostrorum est celerior? Memora mihi.

ANTRACE E quel vecchio non poteva provvedere da solo alle nozze di sua figlia?

STROBILO Figurati!

ANTRACE Perché?

STROBILO Mi chiedi perché? La pomice non è così arida come questo vecchio.

ANTRACE È vero?

CONGRIONE Che sia proprio come dici tu?

STROBILO Valuta tu stesso:[26] ... ‹dice› che è andato in malora, che è completamente spiantato. E chiama a testimoni gli dei e gli uomini se gli scappa via un po' di fumo dai tizzoni. E, quando va a dormire, si applica un sacchetto alla bocca.

ANTRACE Perché?

STROBILO Perché non gli capiti di perdere un po' di fiato mentre dorme.

ANTRACE E si tappa anche la bocca di sotto per non perdere aria mentre dorme?

STROBILO Tu devi credere, sai, quel che ti dico, come io credo a te.

ANTRACE Ma ti credo senz'altro.

STROBILO E vuoi sapere fino a che punto arriva? Piange sull'acqua che spreca quando si lava!

ANTRACE Pensi che sia possibile pregare questo vecchio per ottenere un bel talento grande[27] con cui avere la libertà?

STROBILO Non ti darebbe mai in prestito nemmeno la fame, se gliela chiedessi! Pensa: qualche tempo fa il barbiere gli ha tagliato le unghie e lui ha raccolto tutti i frammenti e se li è portati via!

ANTRACE Per Polluce, mi parli di un essere ben parsimonioso!

STROBILO Hai capito, adesso, fino a che punto è taccagno e che vita misera fa? Un nibbio, giorni fa, gli ha portato via un boccone di carne: lui si è presentato al pretore disperato[28] e lì ha cominciato a pretendere, tra lacrime e urla, di poter citare in giudizio il nibbio. Potrei raccontartene mille di storie così, se ci fosse il tempo! Ma chi di voi due è il più svelto? Dimmelo.

ANTHRAX Ego, ut multo melior.
STROBILUS Coquom ego, non furem rogo.
ANTHRAX Coquom ergo dico.
STROBILUS Quid tu ais?
CONGRIO Sic sum ut vides.
ANTHRAX Coquos ille nundinalest, in nonum diem
solet ire coctum.
CONGRIO Tun, trium litterarum homo,
me vituperas? Fur.
ANTHRAX Etiam fur, trifurcifer.

STROBILUS ANTHRAX CONGRIO

STROBILUS Tace nunciam tu, atque agnum hinc uter est [pinguior
‹cape atque abi intro ad nos.›
ANTHRAX Licet. –
STROBILUS Tu, Congrio,
hunc sume atque abi intro illo, et vos illum sequimini.
Vos ceteri ite huc ad nos.
CONGRIO Hercle iniuria
dispertivisti: pinguiorem agnum isti habent.
STROBILUS At nunc tibi dabitur pinguior tibicina.
I sane cum illo, Phrugia. Tu autem, Eleusium,
huc intro abi ad nos.
CONGRIO O Strobile subdole,
huccine detrusti me ad senem parcissimum?
Ubi si quid poscam, usque ad ravim poscam prius
quam quicquam detur.
STROBILUS Stultu's, et sine gratia est
ibi recte facere, quando quod facias perit.
CONGRIO Qui vero?
STROBILUS Rogitas? Iam principio in aedibus
turba istic nulla tibi erit: siquid uti voles,

ANTRACE Io! E sono anche molto più bravo!
STROBILO Guarda che io cerco un cuoco, non un ladro!
ANTRACE Io intendo appunto come cuoco.
STROBILO (*a Congrione, l'altro cuoco*) E tu che dici?
CONGRIONE Sono così come mi vedi.
ANTRACE Quello lì è un cuoco che va bene nei giorni di mercato:[29] cucina solo ogni otto giorni.
CONGRIONE Hai il coraggio di insultarmi proprio tu, che sei un individuo che si può descrivere con una parola assai breve: ladro!
ANTRACE Ladro anche tu, ladro tre volte e pendaglio da forca![30]

Scena V
STROBILO ANTRACE CONGRIONE

STROBILO Basta adesso! Tu prendi l'agnello più grasso ed entra in casa nostra.
ANTRACE Va bene.
STROBILO Tu invece, Congrione, prendi quest'altro e va' nella casa del vicino. E voi seguitelo. Voi invece venite da noi.[31]
CONGRIONE Sei stato ingiusto nella divisione: quelli hanno l'agnello più grasso!
STROBILO In compenso darò a te la flautista più grassa! Va' con lui, Frigia! Tu invece, Eleusio, vieni da noi.[32]
CONGRIONE Strobilo, brutto imbroglione, così mi hai confinato qui, dal vecchio spilorcio! In questo posto, se avrò bisogno di qualcosa, dovrò sbraitare fino a diventar rauco prima di ottenerla.
STROBILO Sei uno sciocco! Non val la pena di far del bene a chi nemmeno se ne accorge.
CONGRIONE Come sarebbe...?
STROBILO E lo chiedi? Per prima cosa in quella casa non ci sarà nessuno che ti disturbi. Se avrai bisogno di qualcosa te

domo aps te adferto, ne operam perdas poscere.
Hic autem apud nos magna turba ac familia est,
supellex, aurum, vestis, vasa argentea:
ibi si perierit quippiam (quod te scio
facile apstinere posse, si nihil obviam est),
dicant: coqui apstulerunt, comprehendite,
vincite, verberate, in puteum condite.
Horum tibi istic nihil eveniet (quippe qui
ubi quid surrupias nihil est). Sequere hac me.
CONGRIO Sequor.

STROBILUS STAPHYLA CONGRIO

STROBILUS Heus, Staphyla, prodi atque ostium aperi.
STAPHYLA Qui
[vocat?
STROBILUS Strobilus.
STAPHYLA Quid vis?
STROBILUS Hos ut accipias coquos
tibicinamque obsoniumque in nuptias.
Megadorus iussit Euclioni haec mittere.
STAPHYLA Cererin, Strobile, has sunt facturi nuptias?
STROBILUS Qui?
STAPHYLA Quia temeti nihil allatum intellego.
STROBILUS At iam adferetur, si a foro ipsus redierit.
STAPHYLA Ligna hic apud nos nulla sunt.
CONGRIO Sunt asseres?
STAPHYLA Sunt pol.
CONGRIO Sunt igitur ligna, ne quaeras foris.
STAPHYLA Quid, inpurate? Quamquam Volcano studes,
cenaene caussa aut tuae mercedis gratia
nos nostras aedis postulas comburere?
CONGRIO Hau postulo.

la porterai tu stesso da casa tua senza perder tempo a chiederla ad altri. Qui invece, da noi, ci sono un sacco di servi che fan confusione, ci sono suppellettili, oro, tappeti, vasi d'argento. Se mancasse qualcosa (cosa che a te non può capitare perché so che non ti è difficile tenere le mani a posto se non trovi nulla!), tutti si metterebbero a gridare: «Sono stati i cuochi a rubare! Arrestateli, legateli, picchiateli, buttateli nel pozzo!». A te in quella casa non capiterà nulla di simile (perché non c'è proprio nulla da far sparire). Vieni con me.

CONGRIONE Vengo!

Scena VI
STROBILO STAFILA CONGRIONE

STROBILO Stafila, dico a te, esci fuori, apri la porta!

STAFILA Chi mi chiama?

STROBILO Strobilo.

STAFILA Che vuoi?

STROBILO Ti ho portato questi cuochi, le vettovaglie e la flautista per le nozze. Falli entrare! Megadoro li manda a Euclione.

STAFILA Vogliono celebrare le nozze in onore di Cerere,[33] eh, Strobilo?

STROBILO Perché mai?

STAFILA Perché vedo che non avete portato il vino![34]

STROBILO Sta' tranquilla, verrà portato appena il padrone tornerà dal mercato.

STAFILA Quanto alla legna, noi non ne abbiamo.

CONGRIONE Avete le travi?[35]

STAFILA Certo.

CONGRIONE Allora abbiamo la legna, senza bisogno di andar fuori a cercarla.

STAFILA Che cosa dici, porco? Per quanto tu sia seguace di Vulcano,[36] è per la cena o per il tuo guadagno che vuoi che bruciamo la casa?

CONGRIONE Non chiedo questo.

STROBILUS Duc istos intro.
STAPHYLA Sequimini. –

PYTHODICUS (STROBILUS?)

Curate. Ego intervisam quid faciant coqui;
quos pol ut ego hodie servem, cura maxuma est.
Nisi unum hoc faciam, ut in puteo cenam coquant:
ind' coctam susum subducemus corbulis.
Si autem deorsum comedent, si quid coxerint,
superi incenati sunt et cenati inferi.
Sed verba hic facio, quasi negoti nil siet,
rapacidarum ubi tantum sit in aedibus.

EUCLIO CONGRIO

EUCLIO Volui animum tandem confirmare hodie meum,
ut bene haberem me filiai nuptiis.
Venio ad macellum, rogito pisces: indicant
caros; agninam caram, caram bubulam,
vitulinam, cetum, porcinam: cara omnia.
Atque eo fuerunt cariora, aes non erat.
†Abeo iratus illinc, quoniam† nihil est qui emam.
Ita illis inpuris omnibus adii manum.
Deinde egomet mecum cogitare intervias
occepi: festo die si quid prodegeris,
profesto egere liceat, nisi peperceris.
Postquam hanc rationem ventri cordique edidi,
accessit animus ad meam sententiam,
quam minimo sumptu filiam ut nuptum darem.
Nunc tusculum emi et hasc' coronas floreas:
haec imponentur in foco nostro Lari,

STROBILO Su! Fa' entrare costoro!
STAFILA Seguitemi!

Scena VII
PITODICO[37] (STROBILO?)

Datevi da fare! Io vado a vedere che cosa fanno i miei cuochi. Son loro, per Polluce, che oggi devo controllare al massimo, a meno di ricorrere all'espediente estremo di imporre loro di cucinare in fondo al pozzo: poi, quando tutto sarà cotto, tireremo su le vivande con le ceste. Però se, mentre stanno giù, si mangeranno loro tutto ciò che hanno preparato, ecco che i signori di sopra resteranno a pancia vuota e gli schiavi di sotto saranno invece belli sazi. Ma io sto qui a chiacchierare e a perder tempo come se non avessi niente da fare, mentre la casa è piena di una genia di ladroni!

Scena VIII
EUCLIONE CONGRIONE

EUCLIONE Oggi avrei proprio voluto finalmente concedermi un po' di respiro e trattarmi bene, dato che mia figlia si sposa! Arrivo al mercato e chiedo del pesce, ma quel che mi offrono è troppo caro. Passo alla carne di agnello, ma è cara; a quella di bue, a quella di vitello, al tonno, al maiale: tutto troppo caro! Tanto più caro in quanto non ho soldi. Me ne vado via arrabbiato perché non ho trovato nulla da comprare: ma intanto non sono stato al gioco di quei mascalzoni! Per strada ho cominciato a riflettere tra me e me: "Se nel giorno di festa allarghi troppo i cordoni della borsa e non ci vai cauto, in quelli feriali dovrai fare astinenza". Dopo aver dato questa spiegazione alla pancia e al cuore, anche lo spirito ha aderito a questa decisione di dare marito a mia figlia spendendo il meno possibile. Ho comprato dunque un po' di incenso e queste ghirlande di fiori da mettere sul focolare in onore del nostro Lare perché faccia

ut fortunatas faciat gnatae nuptias.
Sed quid ego apertas aedis nostras conspicor?
Et strepitust intus. Numnam ego compilor miser?
CONGRIO Aulam maiorem, si pote, ex vicinia
pete: haec est parva, capere non quit.
EUCLIO Ei mihi,
perii hercle. Aurum rapitur, aula quaeritur.
Nimirum occidor, nisi ego intro huc propere propero currere.
Apollo, quaeso, subveni mi atque adiuva,
confige sagittis fures thensaurarios,
qui | in re tali iam subvenisti antidhac.
Sed cesso priu' quam prorsus perii currere.

ANTHRAX

Dromo, desquama piscis. Tu, Machaerio,
congrum, murenam exdorsua quantum potest.
Ego hinc artoptam ex proxumo utendam peto
a Congrione. Tu istum gallum, si sapis,
glabriorem reddes mihi quam volsus ludiust.
Sed quid hoc clamoris oritur hinc ex proxumo?
Coqui hercle, credo, faciunt officium suom.
Fugiam intro, ne quid hic itidem turbae fuat.

sì che mia figlia sia fortunata nel matrimonio. Ma che vedo? La nostra casa è aperta? E che baccano si sente dentro! Me infelice! Forse mi stanno rapinando!

CONGRIONE (*a uno schiavo*) Vai a chiedere ai vicini una pentola che sia più grande, se possibile, di questa, che è piccola e non contiene niente.

EUCLIONE Ohimè! Per Ercole, sono finito! Mi portano via l'oro, cercano una pentola! Sì, son perduto se non mi precipito precipitosamente in casa! Apollo, ti prego, vieni in mio aiuto, trafiggi con le tue frecce i ladri del tesoro come altre volte in simili occasioni hai già fatto![38] Ma mi sbrigo o no a correr dentro prima di essere del tutto rovinato?

Scena IX
ANTRACE

Dromone,[39] togli le squame ai pesci. Tu, Macherione, delisca bene il congro e la murena. Io vado qui, alla casa vicina, a chiedere a Congrione una teglia. Tu metti tutta la tua abilità nello spennarmi questo pollo sì che diventi glabro più di un ballerino depilato. Ma che cos'è questo fracasso che tutt'a un tratto viene dalla casa del vicino? Credo, per Ercole, che siano i cuochi a comportarsi come al solito. Corro dentro perché anche qui non si scateni qualche parapiglia!

ACTUS III

CONGRIO

Attatae! Cives, populares, incolae, accolae,
[advenae omnes,
date viam qua fugere liceat, facite totae plateae pateant.
Neque ego umquam nisi hodie ad Bacchas veni in bacchanal
[coquinatum,
ita me miserum et meos discipulos fustibus male
[contuderunt.
Totus doleo atque oppido perii, ita me iste habuit senex
[gymnasium;
attat, perii hercle ego miser,
411a aperit bacchanal, adest,
sequitur. Scio quam rem geram: hoc
412a ipsu' magister me docuit.
Neque ligna ego usquam gentium praeberi vidi pulchrius,
itaque omnis exegit foras, me atque hos, onustos fustibus.

EUCLIO CONGRIO

EUCLIO Redi. Quo fugis nunc? Tene, tene.
CONGRIO Quid, stolide,
[clamas?
EUCLIO Quia ad trisviros iam ego deferam nomen tuom.
CONGRIO Quam
[ob rem?
EUCLIO Quia cultrum habes.
CONGRIO Coquom decet.

ATTO III

Scena I[40]
CONGRIONE

Permesso! Permesso! Cittadini, compaesani, abitanti del centro e dei dintorni, stranieri tutti, fatemi spazio perché possa fuggire, spiazzatevi, lasciate libere le piazze! Non mi è mai capitato prima d'ora di dover cucinare per le Baccanti in un baccanale![41] Ci hanno pestato a suon di legnate sia me, poveraccio, che i miei garzoni! Sono tutto dolorante, sono morto! Questo vecchio si è sfogato su di me come in una palestra. Ohi! Ohi! Me infelice! Sì, son morto, per Ercole! Si riapre il baccanale, il vecchio è qui, mi insegue! So che cosa fare. Lui stesso mi ha fatto da maestro.[42] Non ho mai visto al mondo dar via legna in modo così abbondante: ci ha buttato tutti fuori, me e i compagni, carichi di bastonate.

Scena II
EUCLIONE CONGRIONE

EUCLIONE Torna indietro! Dove scappi? Fermatelo!
CONGRIONE Che cosa gridi, pazzo?
EUCLIONE Andrò subito a denunciarti ai tresviri![43]
CONGRIONE Perché?
EUCLIONE Perché hai in mano un coltello.
CONGRIONE È ovvio: sono un cuoco!

EUCLIO Quid
[comminatu's
mihi?
CONGRIO Istuc male factum arbitror, quia non latu' fodi.
EUCLIO Homo nullust te scelestior qui vivat hodie,
neque quoi ego de industria amplius male plus lubens faxim.
CONGRIO Pol etsi taceas, palam id quidem est: res ipsa testest;
ita fustibus sum mollior magi' quam ullu' cinaedus.
Sed quid tibi nos tactiost, mendice homo?
EUCLIO Quae res?
Etiam rogitas? An quia minus quam | aequom erat feci?
CONGRIO Sine, at hercle cum magno malo tuo, si hoc caput
[sentit.
EUCLIO Pol ego hau scio quid post fuat: tuom nunc caput sentit.
Sed in aedibus quid tibi meis nam erat negoti
me apsente, nisi ego iusseram? Volo scire.
CONGRIO Tace ergo.
Quia venimu' coctum ad nuptias.
EUCLIO Quid tu, malum, curas
utrum crudum an coctum ego edim, nisi tu mi es tutor?
CONGRIO Volo scire, sinas an non sinas nos coquere hic
[cenam?
EUCLIO Volo scire ego item, meae domi mean salva futura?
CONGRIO Utinam mea mihi modo auferam, quae ad ‹te›
[tuli, salva:
me hau paenitet, tua ne expetam.
EUCLIO Scio, ne doce, novi.
CONGRIO Quid est qua prohibes nunc gratia nos coquere hic
[cenam?
Quid fecimus, quid diximus tibi secu' quam velles?
EUCLIO Etiam rogitas, sceleste homo, qui | angulos in omnis
mearum aedium et conclavium mihi pervium facitis?
Ibi ubi tibi erat negotium, ad focum si adesses,
non fissile auferres caput: merito id tibi factum est.
Adeo ut tu meam sententiam iam noscere possis:

EUCLIONE E perché mi hai minacciato?

CONGRIONE Quanto a questo, mi pento solo di non averti bucato la pancia.

EUCLIONE Non esiste oggi al mondo un individuo più scellerato di te! Non uno a cui farei del male con maggior intenzione, gusto e piacere!

CONGRIONE Anche se non lo dici, per Polluce, è evidente! I fatti parlano. A furia di legnate mi hai afflosciato più di un cinedo![44] Ma perché mi metti le mani addosso, mendicante?

EUCLIONE Perché? E me lo chiedi? Forse perché te ne ho date meno di quel che meritavi?

CONGRIONE Lasciami o te ne pentirai grandemente, se la mia testa ha un barlume di senno.

EUCLIONE Quel che succederà poi non lo so, per Polluce: certo che la tua testa per adesso sensazioni ne ha.[45] Ma che cosa ci facevi nella mia casa in mia assenza, senza il mio permesso? Voglio proprio saperlo!

CONGRIONE Se vuoi saperlo, ascolta e taci. Siamo venuti a cuocere il pranzo di nozze.

EUCLIONE E che importa a te, disgraziato, se io mangio roba cruda o cotta? A meno che tu non sia il mio tutore.

CONGRIONE Alle corte: vuoi o non vuoi che noi restiamo qui a preparare la cena?

EUCLIONE Sono io che faccio le domande: la mia casa e le mie cose saranno al sicuro?

CONGRIONE Sarà tanto se riuscirò a riportarmi indietro intatte le mie, che ho portato qui! Mi bastano; non ho bisogno di mirare alle tue.

EUCLIONE Lo so, non serve che me lo spieghi.

CONGRIONE Allora qual è il motivo per cui ci impedisci di star qui a preparare la cena? Che cosa abbiamo fatto, che cosa abbiamo detto che ti abbia urtato?

EUCLIONE E hai il coraggio di chiedermelo, scellerato, quando andate e venite in ogni angolo, in ogni stanza della mia casa? Se tu fossi rimasto al posto tuo, cioè vicino al focolare, non avresti avuto la testa rotta. Te lo sei meritato. Sta' attento ora, per capire bene le mie intenzioni: se ti av-

si ad ianuam huc accesseris, nisi iussero, propius,
ego te faciam miserrumus mortalis uti sis.
Scis iam meam sententiam. –
CONGRIO Quo abis? redi rusum.
Ita me bene amet Laverna, te ‹iam› iam, nisi reddi
mihi vasa iubes, pipulo hic differam ante aedis.
Quid ego nunc agam? Ne ego edepol veni huc auspicio malo.
Nummo sum conductus: plus iam medico mercedest opus.

EUCLIO CONGRIO

EUCLIO Hoc quidem hercle, quoquo | ibo, mecum erit,
[mecum feram,
neque isti id in tantis periclis umquam committam ut siet.
Ite sane nunc[iam] intro omnes, et coqui et tibicinae,
etiam | intro duce, si vis, vel gregem venalium,
coquite, facite, festinate nunciam quantum lubet.
CONGRIO Temperi, postquam implevisti fusti fissorum caput.
EUCLIO Intro abi: opera huc conducta est vostra, non oratio.
CONGRIO Heus, senex, pro vapulando hercle ego aps te
[mercedem petam.
Coctum ego, non vapulatum, dudum conductus fui.
EUCLIO Lege agito mecum. Molestus ne sis. I cenam coque,
aut abi in malum cruciatum ab aedibus.
CONGRIO Abi tu modo. –

EUCLIO

Illic hinc abiit. Di inmortales, facinus audax incipit
qui cum opulento pauper homine [coepit] rem habere aut
[negotium.

vicinerai a questa porta senza il mio permesso, ti concerò fino a farti diventare il più disgraziato uomo del mondo. Adesso sei avvertito.

CONGRIONE Dove vai? Torna indietro! Laverna[46] mi protegga, ma se non mi farai restituire le mie pentole, ti coprirò di insolenze e farò un pandemonio qui, davanti a casa tua. (*tra sé*) E adesso che cosa faccio? Per Polluce, sono proprio venuto qui con il piede sbagliato! Sono stato ingaggiato per un nummo: ma ora ce ne vogliono di più per pagare il medico!

Scena III
EUCLIONE CONGRIONE

EUCLIONE E adesso, per Ercole, questo mio tesoro, dovunque andrò, starà con me, me lo porterò appresso e non lascerò più che resti qui in mezzo a tanti pericoli. Ora entrate pure tutti, cuochi e suonatori! Porta dentro, se vuoi, anche una truppa di schiavi, cucinate, fate quel che vi pare, datevi tutto il daffare che volete!

CONGRIONE Adesso lo dici, dopo avermi riempito la testa di ferite a suon di bastonate!

EUCLIONE Va' dentro! Vi si paga perché lavoriate, non perché parliate!

CONGRIONE Ehi, vecchio, per le bastonate, per Ercole, sarò io a portarti il conto! Sono stato ingaggiato, è vero, ma per cucinare, non per incassare botte!

EUCLIONE Querelami pure, ma smettila di seccare! Va' a preparare il pranzo o vattene alla malora, fuori da questa casa!

CONGRIONE Vacci tu intanto!

Scena IV
EUCLIONE

Se n'è andato! Per gli dei immortali, rischia grosso il povero che si impegola in qualche affare con un ricco! Guarda

Veluti Megadorus temptat me omnibus miserum modis,
qui simulavit mei honoris mittere huc caussa coquos:
is ea caussa misit, hoc qui surruperent misero mihi.
Condigne etiam meu' med intus gallus gallinacius,
qui erat anui peculiaris, perdidit paenissume.
Ubi erat haec defossa, occepit ibi scalpurrire ungulis
cirumcirca. Quid opust verbis? Ita mi pectus peracuit:
capio fustem, optrunco gallum, furem manufestarium.
Credo edepol ego illi mercedem gallo pollicitos coquos,
si id palam fecisset. Exemi ex manu † manubrium.
Quid opust verbis? Facta est pugna in gallo gallinacio.
Sed Megadorus meus adfinis eccum incedit a foro.
Iam hunc non ausim praeterire quin consistam et conloquar.

MEGADORUS EUCLIO

MEGADORUS Narravi amicis multis consilium meum
de condicione hac. Euclionis filiam
laudant. Sapienter factum et consilio bono.
Nam meo quidem animo si idem faciant ceteri
opulentiores, pauperiorum filias
ut indotatas ducant uxores domum,
et multo fiat civitas concordior,
et invidia nos minore utamur quam utimur,
et illae malam rem metuant quam metuont magis,
et nos minore sumptu simus quam sumus.
In maxumam illuc populi partem est optumum;
in pauciores avidos altercatio est,
quorum animis avidis atque insatietatibus
neque lex neque sutor capere est qui possit modum.
Namque hoc qui dicat «Quo illae nubent divites
dotatae, si istuc ius pauperibus ponitur?»
quo lubeant, nubant, dum dos ne fiat comes.
Hoc si ita fiat, mores meliores sibi

come fa Megadoro con questo povero infelice: mi circuisce in tutti i modi, fingendo di mandar qui dei cuochi per farmi onore. Invece li ha mandati con uno scopo preciso: perché mi rubassero, disgraziato me, questo tesoro. Si è comportato così in casa mia anche il mio gallo, quello che apparteneva alla vecchia:[47] ci mancava poco[48] che mi mandasse in rovina! Ha cominciato a raspare con le unghie proprio tutt'intorno al punto in cui avevo seppellito la pentola. In due parole: monto su tutte le furie, prendo un bastone e massacro il gallo: era un ladro colto in flagrante! Per Polluce! Credo che i cuochi avessero promesso una ricompensa al gallo se avesse portato alla luce il tesoro. Ma io ho tolto loro di mano l'arma! Ho fatto fuori il gallo. Ma ecco Megadoro, il futuro parente, di ritorno dal foro. Ormai non posso oltrepassarlo senza fermarmi a parlare.

Scena V
MEGADORO EUCLIONE

MEGADORO (*senza aver visto Euclione*) Ho raccontato a molti amici la mia idea circa questa sistemazione. Parlano tutti bene della figlia di Euclione. Dicono che ho agito saggiamente, seguendo una buona ispirazione. A parer mio, se anche gli altri ricchi seguissero l'esempio di sposare una donna povera e senza dote, ci sarebbe più concordia fra i cittadini, noi saremmo meno bersagliati dall'invidia di quanto non siamo, le mogli si guarderebbero molto di più dal comportarsi male e in più avremmo meno spese di quante ne abbiamo. Questa sarebbe la cosa migliore per la maggior parte della gente; la contesterebbero solo pochi avari alla cui avidità e insaziabilità non v'è legge che possa porre limite né calzolaio che possa prendere la misura.[49] Se poi qualcuno ponesse la domanda: «E allora con chi si sposeranno le giovani ricche e fornite di dote se si dà questo diritto alle povere?». Sposino chi vogliono, purché la dote non le accompagni. Se così fosse, curerebbero di più la loro morale e la porterebbero in dote invece di quella che

parent, pro dote quos ferant, quam nunc ferunt,
ego faxim muli, pretio qui superant equos,
sient viliores Gallicis cantheriis.
EUCLIO Ita me di amabunt ut ego hunc ausculto lubens.
Nimi' lepide fecit verba ad parsimoniam.
MEGADORUS Nulla igitur dicat «Equidem dotem ad te attuli
maiorem multo quam tibi erat pecunia;
enim mihi quidem aequomst purpuram atque aurum dari,
ancillas, mulos, muliones, pedisequos,
salutigerulos pueros, vehicla qui vehar».
EUCLIO Ut matronarum hic facta pernovit probe!
Moribu' praefectum mulierum hunc factum velim.
MEGADORUS Nunc quoquo venias plus plaustrorum in aedibus
videas quam ruri, quando ad villam veneris.
Sed hoc etiam pulchrum est praequam ubi sumptus petunt.
Stat fullo, phyrgio, aurifex, lanarius;
caupones patagiarii, indusiarii,
flammarii, violarii, carinarii;
aut manulearii, aut murobatharii,
propolae linteones, calceolarii;
sedentarii sutores diabathrarii,
solearii astant, astant molocinarii;
petunt fullones, sarcinatores petunt;
strophiarii astant, astant semul zonarii.
Iam hosce apsolutos censeas: cedunt, petunt
treceni, quom stant thylacistae in atriis
textores limbularii, arcularii.
Ducuntur, datur aes. Iam apsolutos censeas,
quom incedunt infectores corcotarii,
aut aliqua mala crux semper est quae aliquid petat.
EUCLIO Compellarem ego illum, ni metuam ne desinat
memorare mores mulierum: nunc sic sinam.
MEGADORUS Ubi nugigerulis res soluta est omnibus,

portano adesso. Io vorrei fare in modo che i muli, che costano di più dei cavalli, fossero più a buon mercato dei ronzini gallici.[50]

EUCLIONE (*tra sé*) Mi ascoltino gli dei con una benevolenza pari alla gioia con cui io ascolto quest'uomo! Che belle parole ha detto sulla parsimonia!

MEGADORO Nessuna moglie direbbe più: «Ti ho portato una dote molto maggiore delle tue sostanze; quindi è giusto che abbia porpora, oro, servitù, muli, mulattieri, schiavi che mi accompagnino e che portino agli amici i miei saluti e carrozze per andare a spasso».

EUCLIONE (*tra sé*) Come conosce a fondo quello che fanno le signore! Vorrei che lo eleggessero prefetto dei costumi delle donne![51]

MEGADORO Ora, dovunque tu vada, vedi più veicoli da carico per le vie della città di quando vai in campagna. E ancora non è niente in confronto al momento in cui i fornitori ti portano il conto.[52] Eccoli: il lavandaio, quello che fa i ricami, il gioielliere, quello che lavora la lana; quelli che trafficano in frange, in indumenti, quelli che li tingono in rosso, in viola e in giallo, quelli che fanno le tuniche con le maniche lunghe, i profumieri, i venditori di biancheria, quelli che forniscono scarpe e quelli che le aggiustano seduti al desco, quelli che fanno sandali o pianelle, quelli che fabbricano tessuti di color malva. E vengono a batter cassa i lavandai, e non sono da meno i sarti; ecco quelli che producono fasce per il seno e cinture. Questi pensi di averli liquidati: se ne vanno, ma ne vengono altri mille, e intanto nell'atrio aspettano con le borse aperte,[53] quelli che decorano gli orli delle vesti e quelli che costruiscono i cofanetti. Vengono introdotti, vengono pagati. E anche con questi pensi che sia finita, quand'ecco che ti arrivano quelli che tingono le vesti in color zafferano, o qualche altro creditore accanito che ti tormenta pretendendo denaro.

EUCLIONE (*tra sé*) Io lo chiamerei anche, se non temessi che smettesse di elencare i mali costumi delle donne: per ora preferisco lasciarlo continuare.

MEGADORO Quando poi si è finalmente terminato con tutti

ibi ad postremum cedit miles, aes petit.
Itur, putatur ratio cum argentario;
miles inpransus astat, aes censet dari.
Ubi disputata est ratio cum argentario,
etiam ipsus ultro debet argentario:
spes prorogatur militi in alium diem.
Haec sunt atque aliae multae in magnis dotibus
incommoditates sumptusque intolerabiles.
Nam quae indotata est, ea in potestate est viri;
dotatae mactant et malo et damno viros.
Sed eccum adfinem ante aedis. Quid agis, Euclio?

EUCLIO MEGADORUS

EUCLIO Nimium lubenter edi sermonem tuom.
MEGADORUS An audivisti?
EUCLIO Usque a principio omnia.
MEGADORUS Tamen meo quidem animo aliquanto facias [rectius,
si nitidior sis filiai nuptiis.
EUCLIO Pro re nitorem et gloriam pro copia
qui habent, meminerunt sese unde oriundi sient.
Neque pol, Megadore, mihi neque quoiquam pauperi
opinione melius res structa est domi.
MEGADORUS Immo est ‹quod satis est›, et di faciant ut siet,
‹et› plus plusque istuc sospitent quod nunc habes.
EUCLIO Illud mihi verbum non placet “quod nunc habes”.
Tam hoc scit me habere quam egomet. Anu’ fecit palam.
MEGADORUS Quid tu te solus e senatu sevocas?

questi cialtroni, alla fine ti compare un soldato[54] a chieder denaro. Si va dal banchiere, si fanno un po' i conti; intanto il soldato aspetta lì a digiuno e crede che gli sarà dato subito il denaro. Quando si è finito di verificare i conti con il banchiere si scopre che non lui ti darà dei soldi ma che sei tu a dovergliene dare. Al soldato si dice di aspettare un giorno più propizio. Questi e molti altri sono gli inconvenienti e le spese del tutto eccessive che si verificano quando si ha a che fare con le ricche doti. Quella che si sposa senza dote dipende interamente dal marito: quella invece che porta la dote lo danneggia gravemente, addirittura lo fa fuori. Ma ecco il mio futuro suocero davanti a casa. Come va, Euclione?

Scena VI
EUCLIONE MEGADORO

EUCLIONE Non sai con quale piacere ho bevuto le tue parole![55]

MEGADORO Ah! Mi hai ascoltato?

EUCLIONE Ho sentito tutto, fin dal principio.

MEGADORO Bene, però vorrei darti un consiglio: faresti proprio una cosa giusta se ti mettessi un po' più in ordine per il matrimonio della figlia.

EUCLIONE Chi è elegante in proporzione al patrimonio di cui dispone e non si ostenta oltre le sue possibilità, dimostra di non dimenticare le proprie origini. Io non ho in casa, come del resto nessun povero, nulla di più di quanto ci si possa aspettare.

MEGADORO Comunque c'è quel che basta; e gli dei provvedano che sempre ci sia e conservino con crescente cura quello che ora hai.

EUCLIONE (*tra sé*) Non mi piace l'espressione "quello che ora hai". Costui sa bene quanto me che ho questo tesoro. È stata certo la vecchia a spifferare tutto.

MEGADORO Perché ti apparti, perché ti sottrai al colloquio?[56]

EUCLIO Pol ego ut te accusem merito meditabar.
MEGADORUS Quid est?
EUCLIO Quid sit me rogitas? Qui mihi omnis angulos
furum implevisti in aedibus misero mihi,
qui mi intro misti in aedis quingentos coquos,
cum senis manibus, genere Geryonaceo;
quos si Argus servet, qui oculeus totus fuit,
quem quondam Ioni Iuno custodem addidit,
is numquam servet. Praeterea tibicinam,
quae mi interbibere sola, si vino scatat,
Corinthiensem fontem Pirenam potest.
Tum opsonium autem –
MEGADORUS Pol vel legioni sat est.
Etiam agnum misi.
EUCLIO Quo quidem agno sat scio
magi' curiosam nusquam esse ullam beluam.
MEGADORUS Volo ego ex te scire qui sit agnus curio.
EUCLIO Quia ossa ac pellis totust, ita cura macet.
Quin exta inspicere in sole ei vivo licet:
ita is pellucet quasi lanterna Punica.
MEGADORUS Caedundum conduxi ego illum.
EUCLIO Tum tu idem [optumumst
loces ecferendum; nam iam, credo, mortuost.
MEGADORUS Potare ego hodie, | Euclio, tecum volo.
EUCLIO Non potem ego quidem hercle.
MEGADORUS At ego iussero
cadum unum vini veteris a me adferrier.
EUCLIO Nolo hercle, nam mihi bibere decretum est aquam.
MEGADORUS Ego te hodie reddam madidum, si vivo, probe,
tibi quoi decretum est bibere aquam.
EUCLIO Scio quam rem agat:
ut me deponat vino, eam adfectat viam,
post hoc quod habeo ut commutet coloniam.
Ego id cavebo, nam alicubi apstrudam foris.
Ego faxo et operam et vinum perdiderit simul.

EUCLIONE Mi preparavo, per Polluce, ad accusarti come ti meriti!

MEGADORO Come mai?

EUCLIONE E me lo domandi? Tu che hai riempito di ladri tutti gli angoli della mia casa! Povero me! Hai mandato in casa mia cinquecento cuochi con sei mani ciascuno, come Gerione![57] Nemmeno Argo,[58] quel mostro tutto occhi che Giunone mise a guardia di Io, saprebbe tenere a bada costoro! E poi mi hai mandato quella suonatrice che potrebbe sorbirsi da sola la fonte Pirene di Corinto, se quella buttasse vino! Per non parlare del cibo...

MEGADORO Ma quello basterebbe perfino per una legione, per Polluce! Ho mandato anche un agnello!

EUCLIONE Oh! Quanto a quell'agnello, mi risulta che non esiste bestia più... preoccupata di quella!

MEGADORO Vorrei proprio che mi spiegassi che cos'è un agnello preoccupato.

EUCLIONE Uno tutto ossa e pelle, logorato dalle preoccupazioni![59] Mettendolo contro luce, gli si possono vedere le interiora, anche se non è ancora squartato; è trasparente come una lanterna punica.

MEGADORO L'ho comprato per macellarlo.

EUCLIONE Allora la miglior cosa sarebbe che ti occupassi anche del suo trasporto funebre: credo che sia già morto.

MEGADORO Io voglio bere con te, oggi, Euclione!

EUCLIONE E io no, per Ercole!

MEGADORO Io ti farò lo stesso portare da casa mia un barile di vino vecchio.

EUCLIONE Non lo voglio, per Ercole! Ho deciso di bere solo acqua.

MEGADORO Be'! Quanto è vero che son vivo, oggi ti ridurrò ubriaco fradicio, sì, proprio te che hai deciso di bere solo acqua.

EUCLIONE (*tra sé*) So ben io che cosa sta facendo: tenta questa strada per prostrarmi con il vino, perché poi il mio tesoro cambi sede. Ma io prenderò le mie precauzioni, lo porterò fuori e lo nasconderò da qualche parte. Il risultato sarà che costui sprecherà sia la fatica che il vino.

MEGADORUS Ego, nisi quid me vis, eo lavatum, ut sacruficem. –
EUCLIO Edepol, ne tu, aula, multos inimicos habes
atque istuc aurum quod tibi concreditum est.
Nunc hoc mihi factust optumum, ut ted auferam,
aula, in Fidei fanum: ibi apstrudam probe.
Fides, novisti me et ego te: cave sis tibi,
ne tu immutassis nomen, si hoc concreduo.
Ibo ad te fretus tua, Fides, fiducia. –

MEGADORO Se non hai bisogno di me, vado a lavarmi per il sacrificio.

EUCLIONE Per Polluce, quanti nemici hai, pentola mia, tu e quest'oro che ti è stato affidato! Ora ho una bella idea: portarti, o mia pentola, nel tempio della Fede. Lì ti nasconderò con ogni cura. O Fede, tu mi conosci e io ti conosco: bada, per favore, a non cambiare nome se ti affido questo tesoro. È confidando nella fiducia che tu mi ispiri, o Fede, che sto per venire da te.

ACTUS IV

LYCONIDIS SERVUS

Hoc est servi facinus frugi, facere quod ego persequor,
ne morae molestiaeque imperium erile habeat sibi.
Nam qui ero ex sententia servire servos postulat,
in erum matura, in se sera condecet capessere.
Sin dormitet, ita dormitet, servom sese ut cogitet.
Nam qui amanti ero servitutem servit, quasi ego servio,
si erum videt superare amorem, hoc servi esse officium reor,
retinere ad salutem, non enim quo incumbat eo impellere.
Quasi pueri qui nare discunt scirpea induitur ratis,
qui laborent minu', facilius ut nent et moveant manus,
eodem modo servom ratem esse amanti ero aequom censeo,
ut toleret, ne pessum abeat tamquam ‹catapirateria›.
Eri ille imperium ediscat, ut quod frons velit oculi sciant;
quod iubeat citis quadrigis citius properet persequi.
Qui ea curabit, apstinebit censione bubula,
nec sua opera rediget umquam in splendorem compedis.
Nunc eru' meus amat filiam huiius Euclionis pauperis;
eam ero nunc renuntiatum est nuptum huic Megadoro dari.
Is speculatum huc misit me, ut quae fierent fieret particeps.
Nunc sine omni suspicione in ara hic adsidam sacra;
hinc ego et huc et illuc potero quid agant arbitrarier.

ATTO IV

Scena I
SERVO DI LICONIDE

Questo è il compito di un bravo servitore: fare come mi sforzo di fare io, cioè ubbidire senza indugio e con buona volontà agli ordini del padrone. È bene che il servo che vuole accontentare i desideri del padrone si dedichi a quelli prontamente, posponendo i suoi interessi. Anche quando dormicchia, lo faccia ricordando di essere un servo. Chi è al servizio di un padrone innamorato, come nel mio caso, se vede che l'amore lo travolge deve, a mio parere, cercare di trattenerlo per salvarlo e non spingerlo a precipitarsi nella rovina. Come ai bambini che imparano a nuotare si mette addosso un salvagente[60] perché con meno fatica nuotino e muovano le mani, così io penso che sia giusto che il servo rappresenti un salvagente per il padrone innamorato, per aiutarlo a restare a galla e a non andare a fondo come un piombo.[61] Impari a capire gli ordini del padrone per coglierne i pensieri con un solo sguardo, e affrettarsi a eseguirne i desideri più velocemente di una veloce quadriga. Chi si atterrà a queste norme non rischierà di esser punito a suon di staffilate[62] né contribuirà a sue spese a lucidare le catene. Adesso le cose stanno così: il mio padrone ama la figlia di questo poveraccio di Euclione; ma gli è stato comunicato che essa sarà concessa in sposa a Megadoro, quello che sta qui. Il padrone mi ha mandato in vedetta per esser tenuto al corrente di quel che succede. Per non destare sospetti io mi siederò qui, ai piedi dell'altare sacro. Da questa postazione potrò rendermi conto di quel che fanno da una parte e dall'altra.[63]

EUCLIO LYCONIDIS SERVUS

EUCLIO Tu modo cave quoiquam indicassis aurum meum esse [istic, Fides:
non metuo ne quisquam inveniat, ita probe in latebris situmst.
Edepol ne illic pulchram praedam agat, si quis illam invenerit
aulam onustam auri; verum id te quaeso ut prohibessis, [Fides.
Nunc lavabo, ut rem divinam faciam, ne adfinem morer
quin ubi accersat meam extemplo filiam ducat domum.
Vide, Fides, etiam atque etiam nunc, salvam ut aulam aps te [auferam:
tuae fide concredidi aurum, in tuo luco et fano est situm.
LYCONIDIS SERVUS Di inmortales, quod ego hunc hominem [facinus audivi loqui?
Se aulam onustam auri apstrusisse hic intus in fano Fidi.
Cave tu illi fidelis, quaeso, potius fueris quam mihi.
Atque hic pater est, ut ego opinor, huius, erus quam amat, [‹meus›.
Ibo hinc intro, perscrutabor fanum, si inveniam uspiam
aurum, dum hic est occupatus. Sed si repperero, o Fides,
mulsi congialem plenam faciam tibi fideliam.
Id adeo tibi faciam; verum ego mihi bibam, ubi id fecero. –

EUCLIO

Non temere est quod corvos cantat mihi nunc ab [laeva manu;
semul radebat pedibus terram et voce croccibat sua:
continuo meum cor coepit artem facere ludicram
atque in pectus emicare. Sed ego cesso currere.

Scena II
EUCLIONE SERVO DI LICONIDE

EUCLIONE (*credendosi solo*) O Fede! Sta' attenta a non esser tu a indicare a qualcuno che qui c'è il mio oro: per parte mia non ho paura che lo si trovi, tale è la cura con cui l'ho nascosto! Farebbe proprio una buona preda, per Polluce, chi scoprisse la pentola piena d'oro! Ma ti prego, Fede, fa' che ciò non avvenga! Ora vado a lavarmi per il rito, per non causare ritardo: così, quando mio genero verrà a prendere mia figlia, potrà portarsela subito a casa. O Fede, ti ripeto la raccomandazione: fa' che la mia pentola resti intatta finché la porterò via! Ho affidato l'oro alla tua protezione: si trova nel tuo sacro bosco, nel tuo santuario! (*esce*)

SERVO Per gli dei immortali! Di quale faccenda ha mai parlato quest'uomo? Ha proprio detto di aver nascosto dentro il tempio della Fede una pentola piena d'oro! O Fede, te ne prego, cerca di non essere più fedele a lui che a me! Credo proprio che costui sia il padre della fanciulla di cui il mio padrone è innamorato. Entrerò nel tempio e lo perlustrerò ben bene, per vedere se trovo da qualche parte l'oro, mentre il vecchio è occupato. Se poi lo troverò, ti prometto, Fede, di offrirti un bidoncino[64] pieno di vino con miele! Lo farò di certo, in tuo onore: ma poi in tuo onore me lo berrò io!

Scena III
EUCLIONE

Certo non è un caso che un corvo gracchi da sinistra, rivolto a me; con le zampe raspava la terra e continuava con il suo verso. Subito il mio cuore si è messo a ballare e a balzarmi nel petto. Ma che cosa aspetto a mettermi a correre?

EUCLIO LYCONIDIS SERVUS

EUCLIO ‹I› foras, lumbrice, qui sub terra erepsisti modo,
qui modo nusquam comparebas, nunc, quom compares,
[peris.
[Ego] edepol te, praestrigiator, miseris iam accipiam modis.
LYCONIDIS SERVUS Quae te mala crux agitat? Quid tibi
[mecum est commerci, senex?
Quid me adflictas? Quid me raptas? Qua me caussa verberas?
EUCLIO Verberabilissume, etiam rogitas, non fur, sed trifur?
LYCONIDIS SERVUS Quid tibi surrupui?
EUCLIO Redde huc sis.
LYCONIDIS SERVUS Quid
[tibi vis reddam?
EUCLIO [Rogas?
LYCONIDIS SERVUS Nil equidem tibi apstuli.
EUCLIO At illud quod
[tibi apstuleras cedo.
Ecquid agis?
LYCONIDIS SERVUS Quid agam?
EUCLIO Auferre non potes.
LYCONIDIS SERVUS Quid vis
[tibi?
EUCLIO Pone.
LYCONIDIS SERVUS Id quidem pol te datare credo
[consuetum, senex.
EUCLIO Pone hoc sis, aufer cavillam, non ego nunc nugas ago.
LYCONIDIS SERVUS Quid ergo ponam? Quin tu eloquere
[quidquid est suo nomine.
Non hercle equidem quicquam sumpsi nec tetigi.
EUCLIO Ostende
[huc manus.
LYCONIDIS SERVUS Em tibi, ostendi, eccas.
EUCLIO Video. Age
[ostende etiam tertiam.
LYCONIDIS SERVUS Laruae hunc atque intemperiae
[insaniaeque agitant senem.

Scena IV
EUCLIONE SERVO DI LICONIDE

EUCLIONE Vieni fuori, verme, che sei appena sbucato di sotto terra mentre prima non ti si vedeva! Adesso che sei comparso crepi subito! Vedrai, per Polluce, che razza di accoglienza ti farò, impostore!

SERVO Che malanno hai addosso che ti fa smaniare? Che c'entri tu con me, vecchio? Perché mi strapazzi, mi tiri, mi bastoni?

EUCLIONE E me lo chiedi, tipaccio che non meriti altro che bastonate, ladro non una ma tre volte?

SERVO Che cosa ti avrei rubato?

EUCLIONE Dammi qua, subito!

SERVO Che cosa vuoi che ti dia?

EUCLIONE E me lo chiedi?

SERVO Io non ti ho preso niente.

EUCLIONE Dammi, ti dico, quel che ti sei portato via! Lo fai o no?

SERVO Che cosa ho da fare?

EUCLIONE Non puoi rubarmelo!

SERVO Non capisco che cosa vuoi.

EUCLIONE Dammelo!

SERVO Sei tu che sei abituato a darlo via, credo, caro il mio vecchio!

EUCLIONE Mettilo giù, svelto, e smettila con i doppi sensi; io non sono mica qui per scherzare!

SERVO Insomma, che cosa devo darti? Devi deciderti a chiamarla con il suo nome, questa tal cosa! Io non solo non ho preso niente, ma nemmeno ho toccato niente.

EUCLIONE Fammi vedere le mani!

SERVO Eccole qua!

EUCLIONE Le vedo... Mostrami anche la terza!

SERVO Questo vecchio è posseduto da fantasmi, vaneggia in

Facin iniuriam mi [annon]?
EUCLIO Fateor, quia non pendes,
[maxumam.
Atque id quoque iam fiet, nisi fatere.
LYCONIDIS SERVUS Quid fatear tibi?
EUCLIO Quid apstulisti hinc?
LYCONIDIS SERVUS Di me perdant. Si ego tui
[quicquam apstuli,
nive adeo apstulisse vellem.
EUCLIO Agedum, excutedum pallium.
LYCONIDIS SERVUS Tuo arbitratu.
EUCLIO Ne inter tunicas habeas.
LYCONIDIS SERVUS [Tempta qua lubet.
EUCLIO Vah, scelestus quam benigne, ut ne apstulisse
[intellegam!
Novi sycophantias. Age rusum. Ostende huc manum
dexteram.
LYCONIDIS SERVUS Em.
EUCLIO Nunc laevam ostende.
LYCONIDIS SERVUS Quin equidem
[ambas profero.
EUCLIO Iam scrutari mitto. Redde huc.
LYCONIDIS SERVUS Quid reddam?
EUCLIO A, nugas
[agis,
certe habes.
LYCONIDIS SERVUS Habeo ego? Quid habeo?
EUCLIO Non dico,
[audire expetis.
Id meum, quidquid habes, redde.
LYCONIDIS SERVUS Insanis: perscrutatus es
tuo arbitratu, neque tui me quicquam invenisti penes.
EUCLIO Mane, mane. Quis illic est? Quis hic intus alter erat
[tecum simul?
Perii hercle: ill' nunc intus turbat, hunc si amitto hic abierit.
Postremo hunc iam perscrutavi, hic nihil habet. Abi quo
[lubet.
LYCONIDIS SERVUS Iuppiter te dique perdant.

preda a follie e stravaganze! Ti accorgi o no che mi tratti ingiustamente?

EUCLIONE Lo ammetto senz'altro: solo perché non sei ancora impiccato. Ma lo sarai presto, se non confessi.

SERVO Che cosa devo confessarti?

EUCLIONE Che cosa hai portato via da qui?

SERVO Gli dei mi rovinino se ho preso qualcosa di tuo... (*tra sé*) o piuttosto se non avrei voluto prenderla!

EUCLIONE Avanti! Scuoti il mantello!

SERVO Come vuoi.

EUCLIONE E se l'avessi sotto la tunica?

SERVO Tasta dove ti pare!

EUCLIONE Vedi com'è docile questo furfante, perché io non capisca che ha rubato! Li conosco questi sporchi imbrogli! Ricominciamo da capo: mostrami la destra!

SERVO Eccola!

EUCLIONE Ora la sinistra!

SERVO Ma io te le faccio vedere tutte e due insieme!

EUCLIONE Fine della perquisizione. Ma rendimelo!

SERVO Che cosa?

EUCLIONE Ah! Tu ci scherzi sopra, ma ce l'hai!

SERVO Io ce l'ho? Che cosa ho?

EUCLIONE E io non te lo dico, proprio perché tu lo vuoi sapere. Rendimi subito quello che è mio, qualunque cosa sia.

SERVO Sei proprio matto! Mi hai perquisito a piacere e non mi hai trovato addosso niente di tuo.

EUCLIONE Aspetta, aspetta! Chi è quell'altro? Chi c'era nel tempio insieme a te? Sono perduto, per Ercole! Quello adesso sta frugando là dentro, ma se mollo questo, se ne scappa. Be'! Alla fin fine, questo qui l'ho già perquisito in lungo e in largo, non ha nulla. Allora va'. Vai dove ti pare!

SERVO Giove e tutti gli dei ti stramaledicano!

EUCLIO Hau male egit [gratias.
Ibo intro atque illi socienno tuo iam interstringam gulam.
Fugin hinc ab oculis? Abin hinc annon?
LYCONIDIS SERVUS Abeo.
EUCLIO Cave sis te [videam.

LYCONIDIS SERVUS

Emortuom ego me mavelim leto malo
quam non ego illi dem hodie insidias seni.
Nam | hic iam non audebit aurum apstrudere:
credo ecferet iam secum et mutabit locum.
Attat, fori' crepuit. Senex eccum aurum ecfert foras.
Tantisper huc ego ad ianuam concessero.

EUCLIO LYCONIDIS SERVUS

EUCLIO Fide censebam maxumam multo fidem
esse, ea sublevit os mihi paenissume:
ni subvenisset corvos, periissem miser.
Nimis hercle ego illum corvom ad me veniat velim
qui indicium fecit, ut ego illic aliquid boni
dicam; nam quod edit tam duim quam perduim.
Nunc hoc ubi apstrudam cogito solum locum.
Silvani lucus extra murum est avius,
crebro salicto oppletus. Ibi sumam locum.
Certumst, Silvano potius credam quam Fide. –
LYCONIDIS SERVUS Eugae, eugae, di me salvom et servatum [volunt.
Iam ego illuc praecurram atque inscendam aliquam in [arborem
indeque opservabo | aurum ubi apstrudat senex.
Quamquam hic manere me erus sese iusserat;
certum est, malam rem potius quaeram cum lucro. –

EUCLIONE Non mi pare il modo di ringraziare! Ma andrò dentro e strangolerò il tuo socio. Vuoi levarti dai piedi? Te ne vai o no?
SERVO Certo.
EUCLIONE Fa' in modo che non ti veda più!

Scena V
SERVO DI LICONIDE

Preferirei crepare di mala morte piuttosto che non riuscire a fargliela oggi, a quel vecchio! Certo non avrà più il coraggio di tener nascosto qui il suo oro; credo che lo porterà via con sé e gli cambierà di posto. Attenzione! La porta cigola. Ed ecco il vecchio che si porta via il tesoro. Io mi tirerò un po' da parte, qui, vicino alla porta.

Scena VI
EUCLIONE SERVO DI LICONIDE

EUCLIONE Credevo che della Fede ci si potesse completamente fidare, ma per un soffio non si è presa gioco di me. Se non fosse venuto in mio aiuto il corvo, avrei fatto una brutta fine. Vorrei proprio, per Ercole, che quel corvo che mi ha messo in allarme tornasse qui da me, per dirgli il mio grazie; da mangiare però no, non gliene darei, perché quello che è dato è perso. Ora devo pensare a un luogo solitario dove nascondere questa roba. C'è il bosco sacro a Silvano, oltre le mura, in una località fuori mano, fitto di salici: lì troverò il posto adatto; sì, sì, mi fiderò di Silvano piuttosto che della Fede! (*esce*)
SERVO Evviva, evviva, gli dei mi vogliono bene! Io correrò e arriverò sul luogo prima del vecchio, salirò su un albero e da lì osserverò dove nasconde l'oro. Veramente il padrone mi aveva ordinato di aspettarlo qui, ma non ho dubbi: mi beccherò un castigo ma avrò il mio guadagno.

LYCONIDES EUNOMIA (PHAEDRIA)

LYCONIDES Dixi tibi, mater, iuxta rem mecum tenes,
super Euclionis filia. Nunc te opsecro
resecroque, mater, quod dudum opsecraveram:
fac mentionem cum aunculo, mater mea.
EUNOMIA Scis tute facta velle me quae tu velis,
et istuc confido ‹a› fratre me impetrassere;
et caussa iusta est, siquidem ita est ut praedicas,
te eam compressisse vinulentum virginem.
LYCONIDES Egone ut te advorsum mentiar, mater mea?
PHAEDRIA Perii, mea nutrix. Opsecro te, uterum dolet.
Iuno Lucina, tuam fidem!
LYCONIDES Em, mater mea,
tibi rem potiorem video: clamat, parturit.
EUNOMIA I hac intro mecum, gnate mi, ad fratrem meum,
ut istuc quod me oras impetratum ab eo auferam. –
LYCONIDES I, iam sequor te, mater. Sed servom meum
†Strobilum† miror ubi sit, quem ego me iusseram
hic opperiri. Nunc ego mecum cogito:
si mihi dat operam, me illi irasci iniurium est.
Ibo intro, ubi de capite meo sunt comitia. –

LYCONIDIS SERVUS

Picis divitiis, qui aureos montis colunt,
ego solus supero. Nam istos reges ceteros
memorare nolo, hominum mendicabula:
ego sum ille rex Philippus. O lepidum diem!
Nam ut dudum hinc abii, multo illo adveni prior
multoque priu' me conlocavi in arborem
indeque exspectabam, aurum ubi apstrudebat senex.
Ubi ille abiit, ego me deorsum duco de arbore,
ecfodio aulam auri plenam. Inde ex eo loco

Scena VII
LICONIDE EUNOMIA (FEDRA)

LICONIDE Ti ho raccontato tutto, madre; ora sulla figlia di Euclione ne sai quanto me. Adesso ti prego e ti scongiuro di fare, madre mia, quello di cui ti ho già scongiurato: parlane con lo zio, per piacere.

EUNOMIA Tu sai che io voglio che i tuoi desideri si realizzino e spero di riuscire a spuntarla con mio fratello. Del resto mi pare che sia anche giusto, se le cose stanno come tu dici, che cioè hai violentato quella fanciulla mentre eri obnubilato dal vino.

LICONIDE Vuoi che io menta con te, madre mia?

FEDRA (*voce dall'interno*) Muoio, nutrice! Il ventre mi fa male! Giunone Lucina,[65] mi affido a te!

LICONIDE Ecco, madre mia, una dimostrazione per te più convincente: grida, sta partorendo!

EUNOMIA Vieni con me, figlio, in casa di mio fratello, perché io ottenga da lui quello di cui tu mi preghi.

LICONIDE Entra, madre, io ti seguo. È strano: chissà dove s'è cacciato il mio servo Strobilo,[66] a cui avevo ordinato di aspettarmi qui. Però, a pensarci bene, se si sta dando da fare per me non è giusto che io mi irriti con lui. Adesso devo entrare perché in quella casa si sta decidendo della mia vita.[67]

Scena VIII
SERVO DI LICONIDE

Io da solo supero in ricchezza i grifoni[68] che abitano i monti d'oro. Non voglio nemmeno citare gli altri re, che non sono che mendicanti, ma solo il famoso re Filippo:[69] quello io sono! O giorno felice! Non appena me ne sono andato da qui, sono arrivato sul luogo molto prima del vecchio e mi sono piazzato sull'albero con molto anticipo; da lì ho atteso per vedere dove egli nascondesse il tesoro. Poi, appena quello si allontana, mi calo giù dall'albero e subito dissotterro la pentola piena d'oro. E da lì vedo il vecchio che rientra in casa.

video recipere se senem; ill' me non videt,
nam ego declinavi paullulum me extra viam.
Attat, eccum ipsum. Ibo ut hoc condam domum. –

EUCLIO LYCONIDES

EUCLIO Perii, interii, occidi. Quo curram? Quo non curram?
[Tene, tene. Quem? Quis?
Nescio, nil video, caecus eo atque equidem quo eam aut ubi
[sim aut qui sim
nequeo cum animo certum investigare. Opsecro ego vos, mi
[auxilio,
oro, optestor, sitis et hominem demonstretis, quis eam
[apstulerit.
Quid ais tu? Tibi credere certum est, nam esse bonum ex
[voltu cognosco.
Quid est? Quid ridetis? Novi omnis, scio fures esse hic
[compluris,
qui vestitu et creta occultant sese atque sedent quasi sint frugi.
Hem, nemo habet horum? Occidisti. Dic igitur, quis habet?
[Nescis?
Heu me miserum, misere perii,
721a male perditu', pessume ornatus eo:
tantum gemiti et mali maestitiaeque
722a hic dies mi optulit, famem et pauperiem.
Peritissumus ego sum omnium in terra;
723a nam quid mi opust vita, [qui] tantum auri
perdidi, quod concustodivi
724a sedulo? Egomet me defrudavi
animumque meum geniumque meum;
725a nunc eo alii laetificantur
726 meo malo et damno. Pati nequeo.
LYCONIDES Quinam homo hic ante aedis nostras eiulans
[conqueritur maerens?
Atque hicquidem Euclio est, ut opinor. Oppido ego interii:
[palamst res,

Lui però non mi vede, perché io mi sono tirato un po' in disparte, lontano dalla strada. Ma, accidenti, eccolo che arriva! Vado in casa per nascondere questa roba.

Scena IX
EUCLIONE LICONIDE

EUCLIONE[70] Sono rovinato, finito, morto! Devo correre di qua? O forse no, di là? Prendilo! Prendilo! Ma chi bisogna prendere? E chi deve prenderlo? Non so, non vedo niente, brancolo come un cieco, non sono in grado di rendermi conto di dove vado, di dove sono e di chi sono! (*agli spettatori*) Vi scongiuro, venite in mio soccorso, vi prego, vi supplico, indicatemi l'uomo che me l'ha portata via! Tu che cosa dici? Sono pronto a crederti perché si vede dal viso che sei una brava persona. Che c'è? Che cosa avete da ridere? Vi conosco bene tutti, so che qui ci sono molti ladri, che si nascondono sotto una toga candida e siedono lì come se fossero gente per bene. Allora, nessuno di costoro ce l'ha?[71] Mi hai ucciso. Dimmelo, avanti, chi ce l'ha? Non lo sai? O me infelice tra gli infelici, sono morto, rovinato fino in fondo, conciato in modo orribile! Tante lacrime e male e tristezza questo giorno doveva portarmi! E fame e povertà! Sono finito, il più finito di tutti gli uomini.[72] A che mi serve più la vita quando ho perso quel grande tesoro che avevo custodito con tanta cura? Sono stato io a defraudare me stesso, il mio animo, il mio genio![73] Ora altri se lo godono, il mio oro, ai miei danni. Non riesco a sopportarlo.

LICONIDE Chi è costui che davanti a casa nostra lancia urla e lamenti sconsolati? Dev'essere Euclione. Sono perduto!

scit peperisse iam, ut ego opinor, filiam suam. Nunc mi incertumst
abeam an maneam, an adeam an fugiam. Quid agam? Edepol nescio.

EUCLIO LYCONIDES

EUCLIO Quis homo hic loquitur?
LYCONIDES Ego sum miser.
EUCLIO Immo ego sum, et misere perditus,
quoi tanta mala maestitudoque optigit.
LYCONIDES Animo bono es.
EUCLIO Quo, opsecro, pacto esse possum?
LYCONIDES Quia istuc facinus quod tuom
sollicitat animum, id ego feci et fateor.
EUCLIO Quid ego ex te audio?
LYCONIDES Id quod verumst.
EUCLIO Quid ego ‹de te› demerui, adulescens, mali,
quam ob rem ita faceres meque meosque perditum ires liberos?
LYCONIDES Deu' mihi impulsor mihi fuit, is me ad illam inlexit.
EUCLIO Quo modo?
LYCONIDES Fateor peccavisse ‹me› et me culpam commeritum scio;
id adeo te oratum advenio ut animo aequo ignoscas mihi.
EUCLIO Qur id ausu's facere ut id quod non tuom esset tangeres?
LYCONIDES Quid vis fieri? Factum est illud: fieri infectum non potest.
Deos credo voluisse; nam ni vellent, non fieret, scio.
EUCLIO At ego deos credo voluisse ut apud me te in nervo enicem.

La cosa è stata scoperta. Lui sa, credo, che ormai sua figlia ha partorito. Sono estremamente indeciso: vado via o resto? Lo affronto o fuggo? Per Polluce, non so proprio che fare!

Scena X
EUCLIONE LICONIDE

EUCLIONE C'è qualcuno che parla: chi è?

LICONIDE Sono io, un infelice.

EUCLIONE Infelice sono io piuttosto, un uomo finito, a cui sono toccati tanti guai, tanta disperazione.

LICONIDE Sta' di buon animo!

EUCLIONE E come posso, dimmelo tu!

LICONIDE Te lo dico: questo misfatto che ti affligge l'ho commesso io e lo confesso.

EUCLIONE Che cosa sento...?

LICONIDE La verità.

EUCLIONE Quali colpe ho mai commesso contro di te, ragazzo, perché tu mi facessi questo e mandassi in rovina me e i miei figli?[74]

LICONIDE Fu un dio che mi spinse, fu lui che mi attirò verso di lei!

EUCLIONE E come?

LICONIDE Ammetto di avere peccato e di essermi reso colpevole. E proprio per questo sono venuto a pregarti di volermi perdonare con magnanimità.

EUCLIONE Ma come hai avuto il coraggio di toccare quel che non era tuo?

LICONIDE Che ci vuoi fare? È successo: e non si può tornare indietro. Credo che siano stati gli dei a volerlo: se no non sarebbe certo accaduto.

EUCLIONE So io quel che vogliono gli dei: ch'io ti faccia crepare in catene in casa mia!

LYCONIDES Ne istuc dixis.
EUCLIO Quid tibi ergo meam me invito [tactiost?
LYCONIDES Quia vini vitio atque amoris feci.
EUCLIO Homo [audacissume,
cum istacin te oratione huc ad me adire ausum, inpudens!
Nam si istuc ius est ut tu istuc excusare possies,
luci claro deripiamus aurum matronis palam,
postid si prehensi simus, excusemus ebrios
nos fecisse amoris caussa. Nimi' vilest vinum atque amor,
si ebrio atque amanti inpune facere quod lubeat licet.
LYCONIDES Quin tibi ultro supplicatum venio ob stultitiam [meam.
EUCLIO Non mi homines placent qui quando male fecerunt [purigant.
Tu illam scibas non tuam esse: non attactam oportuit.
LYCONIDES Ergo quia sum tangere ausus, hau causificor [quin eam
ego habeam potissimum.
EUCLIO Tun habeas me invito meam?
LYCONIDES Hau te invito postulo; sed meam esse oportere [arbitror.
Quin tu iam invenies, inquam, meam illam esse oportere, [Euclio.
EUCLIO Nisi refers. –
LYCONIDES Quid tibi ego referam?
EUCLIO Quod surripuisti [meum,
iam quidem hercle te ad praetorem rapiam et tibi scribam [dicam.
LYCONIDES Surrupio ego tuom? Unde? Aut quid id est?
EUCLIO Ita te [amabit Iuppiter,
ut tu nescis.
LYCONIDES Nisi quidem tu mihi quid quaeras dixeris.

LICONIDE Non dire così!
EUCLIONE Allora perché hai allungato le mani su ciò che era mio?
LICONIDE L'ho fatto in preda al vino e spinto dall'amore.
EUCLIONE Sfrontatissimo individuo! Hai il coraggio di presentarti a me con questi discorsi? Spudorato! Se tu avessi il diritto di giustificarti per un tal fatto, allora potremmo in pieno giorno rubare i gioielli delle matrone e poi, nel caso fossimo arrestati, scusarci col dire di essere stati ubriachi e in preda a un raptus erotico. Scuse troppo a buon mercato il vino e l'amore, se a un innamorato ubriaco si consente di fare impunemente ciò che gli pare!
LICONIDE Tutt'altro: per questo sono qui spontaneamente a supplicarti di perdonare la mia colpevole debolezza.
EUCLIONE Non mi garbano affatto quelli che prima fanno il male e poi chiedono scusa. Sapevi benissimo che non era tua: non dovevi toccarla.
LICONIDE Ma dal momento che ho avuto questo ardire, non adduco pretesti per evitare di possederla in esclusiva.
EUCLIONE Tu vorresti averla contro la mia volontà?
LICONIDE Non la voglio senza il tuo consenso: ma penso che sia bene che sia mia. Anzi sarai tu stesso, ormai, a riconoscere, Euclione, che è il caso che sia mia.
EUCLIONE Se non mi riporti...
LICONIDE Oh, bella! Che cosa dovrei riportarti?
EUCLIONE Quello che mi hai sottratto: e se non lo fai subito, per Ercole, ti porterò davanti al pretore e ti intenterò causa.[75]
LICONIDE Rubarti qualcosa io? Ma da dove? E di che cosa si tratta?
EUCLIONE Giove ti sia propizio tanto quanto è vero che tu non lo sai!
LICONIDE Lo saprò quando mi avrai detto che cosa cerchi.

EUCLIO Aulam auri, inquam, te reposco, quam tu confessu's
[mihi
te apstulisse.
LYCONIDES Neque edepol ego dixi neque feci.
EUCLIO Negas?
LYCONIDES Pernego immo. Nam neque ego aurum neque
[istaec aula quae siet
scio nec novi.
EUCLIO Illam, ex Silvani luco quam apstuleras, cedo.
I, refer. Dimidiam tecum potius partem dividam.
Tam etsi fur mihi es, molestus non ero. I vero, refer.
LYCONIDES Sanus tu non es qui furem me voces. Ego te, Euclio,
de alia re rescivisse censui, quod ad me attinet;
magna est [res] quam ego tecum otiose, si otium est, cupio
[loqui.
EUCLIO Dic bona fide: tu id aurum non surrupuisti?
LYCONIDES Bona.
EUCLIO Neque ‹eum› scis qui apstulerit?
LYCONIDES Istuc quoque bona.
EUCLIO [Atque id si scies
qui apstulerit, mihi indicabis?
LYCONIDES Faciam.
EUCLIO Neque partem tibi
ab eo quoiumst indipisces neque furem excipies?
LYCONIDES Ita.
EUCLIO Id ‹si› fallis?
LYCONIDES Tum me faciat quod volt magnus
[Iuppiter.
EUCLIO Sat habeo. Age nunc loquere quid vis.
LYCONIDES Si me novisti
[minus,
genere quo sim gnatus: hic mihi est Megadorus aunculus,
meu' pater fuit Antimachus, ego vocor Lyconides,
mater est Eunomia.
EUCLIO Novi genu'. Nunc quid vis? Id volo
noscere.
LYCONIDES Filiam ex te tu habes.
EUCLIO Immo eccillam domi.

EUCLIONE Te lo dico: la pentola piena d'oro cerco, che tu hai confessato di avermi rubato!

LICONIDE Non mi sono mai sognato di dirlo né di farlo.

EUCLIONE Adesso dici di no?

LICONIDE Dico di no e poi no. Non so e non ho mai saputo niente del tuo oro e di questa pentola di cui parli.

EUCLIONE Parlo di quella che hai rubato dal sacro bosco di Silvano. Avanti, riportamela! Farò così: te ne darò la metà. Anche se per me sei un ladro, non ti creerò delle noie. Vai, dunque, e riportamela.

LICONIDE Tu sei matto! Come fai a darmi del ladro? Io pensavo, Euclione, che tu fossi al corrente di un'altra cosa, che mi riguarda. È una cosa molto importante di cui ti voglio parlare con calma, se hai tempo.

EUCLIONE Rispondimi con assoluta lealtà: non sei stato tu a rubarmi quell'oro?

LICONIDE Te lo assicuro.

EUCLIONE E non sai nemmeno chi è stato a farlo?

LICONIDE No, ti garantisco anche questo.

EUCLIONE E se verrai a sapere chi l'ha rubato, lo denuncerai a me?

LICONIDE Senz'altro.

EUCLIONE E non ne vorrai per te una parte da colui che ora l'ha nelle mani? E non aiuterai il ladro, dandogli ricetto?

LICONIDE Sta' tranquillo.

EUCLIONE E se vieni meno a queste promesse?

LICONIDE Possa il grande Giove infliggermi la punizione che vuole!

EUCLIONE Basta così. Adesso puoi parlarmi di quello che desideri.

LICONIDE Nel caso che tu non sappia da che famiglia provengo, ti informo che Megadoro, che tu conosci, è mio zio, mio padre si chiamava Antimaco, io mi chiamo Liconide e mia madre Eunomia.

EUCLIONE Conosco la tua famiglia. Ma tu che vuoi? È questo che mi interessa.

LICONIDE Tu hai una figlia.

EUCLIONE Certo: è lì in casa.

LYCONIDES Eam tu despondisti, opinor, meo aunculo.
EUCLIO Omnem
[rem tenes.
LYCONIDES Is me nunc renuntiare repudium iussit tibi.
EUCLIO Repudium rebus paratis, exornatis nuptiis?
Ut illum di inmortales omnes deaeque quantum est
[perduint,
quem propter hodie auri tantum perdidi infelix, miser.
LYCONIDES Bono animo es, bene dice. Nunc quae res tibi et
[gnatae tuae
bene feliciterque vortat – ita di faxint, inquito.
EUCLIO Ita di faciant.
LYCONIDES Et mihi ita di faciant. Audi nunciam.
Qui homo culpam admisit in se, nullust tam parvi preti
quin pudeat, quin purget sese. Nunc te optestor, Euclio,
ut si quid ego erga te inprudens peccavi aut gnatam tuam,
ut mi ignoscas eamque uxorem mihi des, ut leges iubent.
Ego me iniuriam fecisse filiae fateor tuae
Cereris vigiliis per vinum atque impulsu adulescentiae.
EUCLIO Ei mihi, quod ego facinus ex te audio?
LYCONIDES Qur eiulas,
quem ego avom feci iam ut esses filiai nuptiis?
Nam tua gnata peperit, decumo mense post: numerum cape;
ea re repudium remisit aunculus caussa mea.
I intro, exquaere sitne ita ut ego praedico.
EUCLIO Perii oppido,
ita mihi ad malum malae res plurumae se adglutinant.
Ibo intro, ut quid huiius verum sit sciam. –
LYCONIDES Iam te sequor.
Haec propemodum iam esse in vado salutis res videtur.
Nunc servom esse ubi dicam meum †Strolum† non reperio;
nisi etiam hic opperiar tamen paullisper; postea intro
hunc supsequar. Nunc interim spatium ei dabo exquirendi
meum factum ex gnatae pedisequa nutrice anu: ea rem novit.

LICONIDE Mi par di sapere che tu l'abbia promessa a mio zio.

EUCLIONE Sei stato esattamente informato.

LICONIDE Bene. Mio zio mi ha dato l'incarico di annunziarti che rinuncia all'impegno.

EUCLIONE Si ritira quando tutto è pronto e le nozze sono allestite? Che gli dei e le dee immortali di tutto l'Olimpo lo rovinino! È per colpa sua che oggi ho perso tanto oro, disgraziato, infelice che sono!

LICONIDE Fatti coraggio, di' una formula augurale: che la cosa per te e per tua figlia vada a finir bene, così vogliano gli dei! Ripetilo!

EUCLIONE Così vogliano gli dei!

LICONIDE E gli dei siano propizi anche a me. Ora ascoltami. Non c'è uomo che, quando ha commesso una colpa, sia così meschino da non vergognarsene e da non volersi scusare. Ora io ti supplico, Euclione, di perdonarmi se io ho commesso senza pensarci una colpa nei tuoi confronti e in quelli di tua figlia e ti chiedo di darmela in moglie, secondo la legge. Ti confesso di aver usato violenza a tua figlia durante la festa notturna di Cerere,[76] quand'ero in preda al vino e giovanilmente eccitato.

EUCLIONE Ohimè! Che è mai questa porcheria che sento?

LICONIDE Perché ti lamenti quando io ti ho reso nonno nel momento stesso delle nozze di tua figlia? Se non lo sai, tua figlia ha partorito, alla fine del nono mese. Fa' i conti. Così mio zio l'ha ripudiata per aiutarmi. Entra in casa e controlla se le cose stanno come dico io.

EUCLIONE Sono del tutto finito! Disgrazie su disgrazie e ancora disgrazie: un cumulo immenso! Entrerò in casa per vedere che cosa c'è di vero in tutto questo.

LICONIDE Subito ti seguo. (*tra sé*) Mi sembra che la cosa stia ormai per risolversi bene. Ma ancora non riesco a trovare traccia del mio servo. Forse mi conviene aspettarlo qui ancora per un po'; poi raggiungerò Euclione in casa. Intanto gli darò il tempo di informarsi di tutta la faccenda dalla vecchia nutrice di sua figlia che non l'abbandona mai: lei è al corrente di tutto.

ACTUS V

LYCONIDIS SERVUS LYCONIDES

LYCONIDIS SERVUS Di immortales, quibus et quantis me
[donatis gaudiis!
Quadrilibrem aulam auro onustam habeo. Quis me est
[ditior?
Quis me Athenis nunc magi' quisquam est homo quoi di sint
[propitii?
LYCONIDES Certo enim ego vocem hic loquentis modo mi
[audire visu' sum.
LYCONIDIS SERVUS [Hem,
erumne ego aspicio meum?
LYCONIDES Videon ego hunc servom meum?
LYCONIDIS SERVUS Ipsus est.
LYCONIDES Haud alius est.
LYCONIDIS SERVUS Congrediar.
LYCONIDES [Contollam gradum.
Credo ego illum, ut iussi, eampse anum adiisse, huius
[nutricem virginis.
LYCONIDIS SERVUS Quin ego illi me invenisse dico hanc
[praedam atque eloquor?
Igitur orabo ut manu me emittat. Ibo atque eloquar.
Repperi –
LYCONIDES Quid repperisti?
LYCONIDIS SERVUS Non quod pueri clamitant
in faba se repperisse.
LYCONIDES Iamne autem, ut soles? Deludis.
LYCONIDIS SERVUS Ere, mane, eloquar iam, ausculta.

ATTO V

Scena I

SERVO DI LICONIDE LICONIDE

SERVO[77] O dei immortali, di quanti favori mi colmate! E che razza di favori! Posseggo una pentola capace di quattro libbre, piena d'oro! Chi è più ricco di me? Chi c'è oggi in Atene a cui gli dei siano più favorevoli?

LICONIDE Mi è proprio parso di sentire qui intorno qualcuno parlare.

SERVO Oh! È il mio padrone quello che vedo?

LICONIDE È il mio servo quello lì?

SERVO È lui in persona.

LICONIDE È lui, evidentemente.

SERVO Adesso mi avvicino.

LICONIDE Gli vado incontro. Credo che abbia fatto quel che gli ho comandato: abbordare la vecchia nutrice della ragazza.

SERVO Che devo fare? Devo dire al mio padrone di aver trovato questo tesoro e raccontargli tutto? E così lo pregherò di ridarmi la libertà. Ma sì, ci vado e glielo dico. Ho trovato...

LICONIDE Che cosa hai trovato?

SERVO Non certo quello che i bambini dicono di trovare nelle fave.[78]

LICONIDE Scherzi, come al solito? Mi annoi.

SERVO Ma no, padrone, aspetta, ascolta, ti dico tutto.

LYCONIDES Age
[ergo loquere.
LYCONIDIS SERVUS Repperi hodie,
ere, divitias nimias.
LYCONIDES Ubinam?
LYCONIDIS SERVUS Quadrilibrem, inquam, aulam
[auri plenam.
LYCONIDES Quod ego facinus audio ex te?
LYCONIDIS SERVUS Euclioni huic seni
[surrupui.
LYCONIDES Ubi id est aurum?
LYCONIDIS SERVUS In arca apud me. Nunc volo
[me emitti manu.
LYCONIDES Egone te emittam manu,
scelerum cumulatissume?
LYCONIDIS SERVUS Abi, ere, scio quam rem geras.
Lepide hercle animum tuom temptavi. Iam ut eriperes
[apparabas:
quid faceres, si repperissem?
LYCONIDES Non potes probasse nugas.
I, redde aurum.
LYCONIDIS SERVUS Reddam ego aurum?
LYCONIDES Redde, inquam, ut
[huic reddatur.
LYCONIDIS SERVUS [Unde?
LYCONIDES Quod modo fassu's esse in arca.
LYCONIDIS SERVUS Soleo hercle ego
[garrire nugas.
Ita loquor.
LYCONIDES At scin quo modo?
LYCONIDIS SERVUS Vel hercle enica, numquam
[hinc feres a me

***

LICONIDE Parla, allora.
SERVO Oggi ho trovato una ricchezza enorme!
LICONIDE E dove?
SERVO Sto parlando di una pentola piena di quattro libbre d'oro!
LICONIDE Che cosa mi tocca sentire da te?
SERVO L'ho rubata al vecchio Euclione!
LICONIDE Dov'è questo tesoro?
SERVO In una cassa, nella mia stanza. E adesso voglio essere liberato.
LICONIDE Io dovrei liberarti, canaglia?
SERVO Ma va' là, padrone! So che cosa vorresti fare. Ma io l'ho detto soltanto per scherzo, per metterti alla prova: e tu eri già pronto a portarmi via il tesoro! Che avresti fatto se l'avessi trovato davvero?
LICONIDE Non puoi darmela a bere! Corri a restituire l'oro.
SERVO Dovrei restituirlo?
LICONIDE Tiralo fuori, ti dico: voglio che gli sia reso.
SERVO Dove vado a prenderlo?
LICONIDE Dove hai appena detto che si trova: nella cassa.
SERVO Ma io sono abituato a raccontar fandonie. Parlo sempre così.
LICONIDE Lo sai, vero, come finisce?
SERVO Ammazzami pure, per Ercole, da me non l'avrai mai.
...

FRAGMENTA

I Pro illis corcotis, strophiis, sumptu uxorio.
II Ut admemordit hominem!
III (EUCLIO) Ego ecfodiebam in die denos scrobes.
IV (EUCLIO) Nec noctu nec diu quietus umquam eram; nunc [dormiam.
V (LYCONIDIS SERVUS) Qui mi holera cruda ponunt, hallec [adduint.

FRAMMENTI

Per quelle vesti color del croco, per quelle fasce per il seno, spese delle donne.

Come ha spiluccato l'uomo!

(EUCLIONE) Dieci buche scavavo in un giorno!

(EUCLIONE) Non ero mai tranquillo, né di giorno né di notte: ora dormirò.

(SERVO) Chi mi mette davanti della verdura cruda, ci aggiunga della salsa di pesce.

FRAGMENTA DUBIA

VI Quin mihi caperratam tuam frontem, Strobile, omittis?

VII sed leno egreditur foras,
hinc ex occulto sermonatus sublegam.

FRAMMENTI DUBBI

Perché non la smetti, Strobilo, con quella fronte corrucciata?
Ma esce il lenone e io di nascosto coglierò i suoi discorsi.

NOTE

Miles gloriosus

[1] I personaggi sono presentati, come in tutte le commedie, secondo l'ordine d'entrata in scena. Pirgopolinice è il *miles gloriosus* il cui nome significa "gran conquistatore di torri" da πύργος = "torre", πολύ = "molto" e νικάω = "vinco". Il nome del soldato appare anche nella grafia Pyrgopolinice; in questo caso il secondo elemento è πόλις = "città", e l'intera traduzione suona: "conquistatore di torri e città". Il parassita Artotrogo deriva il nome da ἄρτος = "pane" e τρώγω che significa "rodere". Palestrione, il servo astuto del giovane Pleusicle, significa "ginnasta", "lottatore" (da παλαίστρα), evocando l'idea di prontezza, agilità, dinamismo. Il nome di Periplectomeno, il vecchio vicino, ospite compiacente, corretto dal Ritschl in *Periplecomenos*, deriva dal verbo greco περιπλέκω = "abbracciare", "intrecciare", "complicare"; ma la forma tradita si può accettare (Ernout) se si considera la parte verbale come elemento latino *(am)plector*: il che non muta il significato e ben si addice comunque al personaggio che rivaleggia con Palestrione nel suggerire e assecondare intrighi. Il nome di Sceledro, lo schiavo posto a custodia di Filocomasio, può ricondursi a σκέλος = "gamba" e ἕδρα = "sedia" e significare "seduto sulle gambe" al modo degli orientali; ma certamente Plauto lo sente in connessione con il vocabolo latino *scelus*, e sulla paronomasia gioca più volte. Filocomasio, da φιλέω = "amo" e κῶμος che significa "festa con danze e bagordi", è nome adatto a una cortigiana. Pleusicle, il suo giovane innamorato, sovente in viaggio per mare e alla fine travestito da marinaio, deriva il nome da πλέω = "navigo" e κλέος = "gloria", e significa "colui che trae fama dalla navigazione". Del nome dello schiavo Lurcione il significato non è perspicuo. Acroteleuzio, dal greco ἄκρον = "cima" e τελευτάω = "finisco", "porto a termine", significa probabilmente "perfetta", "raffinata". Del nome Milfidippa non si è in grado di dare etimologia sicura (ma cfr. anche Milfio, nome di un servo nello *Pseudolus*, e vedi H.D. Jocelyn, *art. cit.* nella Bibliografia). Carione significa "nativo della Caria".

[2] *Argumentum* è un breve riassunto che precede tutte le commedie plau-

tine a noi giunte, eccetto le *Bacchides* (di cui manca anche tutta la parte iniziale) e la *Vidularia*. Quattro di esse invece (tra cui l'*Aulularia*) ne hanno due. Di essi il più antico è quello acrostico (le lettere iniziali di ogni verso, lette in successione verticale, danno il titolo della commedia) attribuito ad Aurelio Opillo, retore e grammatico di circa un secolo posteriore a Plauto. L'altro ha come probabile autore Sulpicio Apollinare, grammatico del II secolo d.C. Caratteristica di questi brani, composti in senari giambici, è evidentemente la stringatezza, per cui molti passaggi, anche essenziali all'azione, vengono omessi.

[3] Città della Locride, sulla costa settentrionale del golfo di Corinto.

[4] La commedia ha luogo in Efeso, città greca dell'Asia Minore. Qui (come ancora e soltanto nella *Cistellaria* e in alcuni esemplari della Commedia Nuova, come la Περικειρομένη di Menandro) la prima scena precede il Prologo vero e proprio (cfr. nota 14) e serve a mettere subito in luce la personalità del protagonista, delineandone i lati deboli grazie ai quali presterà il fianco alle beffe atroci che a suo danno si tramano: questi sono principalmente una incrollabile convinzione del proprio valore militare e la presunzione di esercitare un fascino irresistibile sulle donne. L'esagerazione della parodia sembra ispirarsi piuttosto allo spirito della farsa italica che all'esemplare greco. Chi qui stimola Pirgopolinice ad abbandonarsi alle sue spacconate e le gonfia con esilaranti adulazioni, facendogli abilmente da spalla, è Artotrogo, il parassita, la cui presenza nella commedia si limita a questa scena.

[5] Difficile rendere nella traduzione gli infiniti giochi di parole che caratterizzano il linguaggio plautino. Qui il poliptoto *aciem in acie* sfrutta il differente valore del vocabolo: nel primo caso significa "acutezza dell'occhio", nel secondo "schieramento".

[6] Al v. 10 i termini elogiativi sono sottolineati dall'allitterazione.

[7] Tutta l'espressione è un'invenzione enfatica e buffonesca: mentre il termine *Curculioneis* si ricollega facilmente al sostantivo *curculio* = "verme che rode il grano", "parassita", i nomi del comandante supremo, forgiati umoristicamente su calchi greci, evocano l'idea di rimbombi, battaglie, gloria, incapacità nel comando. Il pubblico rideva probabilmente più per il suono delle parole che per aver colto con precisione il significato dei nomi: per lo stesso motivo preferisco non tentare di tradurli.

[8] L'appellativo era attribuito ad Antigono Gonata, re macedone.

[9] Si doveva trattare di una vivanda assai simile a quella che ancor oggi viene così definita. Sulla base di formaggio (τυρός) si aggiungevano olive ed erbe aromatiche varie, condite con olio e aceto.

[10] Il verbo, di raro uso, significa "mettere i denti" e ovviamente si riferiva ai bambini; qui l'autore sfrutta la paronomasia per esprimere un bislacco effetto della fame.

[11] Le tavolette spalmate di cera, che si usavano comunemente per scrivere, serviranno al Miles per annotare con lo stilo le sue imprese.

[12] La Scizia? Molto probabile, perché patria di molti soldatacci mercenari. Il vocabolo storpiato ben si inserisce nell'elenco strampalato di luoghi distanti tra loro in cui il soldato avrebbe dovuto esser presente nello stesso giorno, elenco autentico quanto la cifra data come somma delle vittime (v. 46)!

[13] Dei tre re di Siria che portarono questo nome il più famoso è Seleuco I (312-281 a.C.) a cui si pensa alluda il poeta, anche se non è necessario ritenere che Plauto abbia voluto far riferimento a un personaggio preciso.

[14] È questo il Prologo vero e proprio in cui si espongono il riassunto dell'antefatto della commedia e l'anticipazione del suo svolgimento, secondo il modello della tragedia euripidea e della Commedia Nuova. Esso viene di solito recitato da un personaggio estraneo all'azione successiva, da una divinità o da un'entità astratta. Qui invece (il che avviene soltanto in altri due casi: nell'*Amphitruo* e nel *Mercator*) esso vien messo in bocca a Palestrione, che non solo è un personaggio della commedia ma addirittura ne è l'effettivo protagonista, lo schiavo pieno di malizia e genialità che ordisce le beffe e ne tiene le fila.

[15] Plauto non dice qui quale sia l'autore dell'originale greco. Che peraltro la commedia citata non sia l'unico modello sfruttato dal poeta, in omaggio alla nota consuetudine della *contaminatio*, è dai più accettato, basandosi su svariati elementi e su incoerenze reali o apparenti: per esempio sul fatto che nel Prologo non si accenna alla seconda beffa di cui il Miles sarà oggetto, cioè al suo adescamento da parte di una cortigiana inviatagli dal vicino. Il problema è stato ampiamente indagato.

[16] Il testo in questo punto appare corrotto e gli emendamenti proposti non soddisfano: il senso resta però perspicuo.

[17] È evidente che la parete in questione è comune alle due case.

[18] *Impluvium* era la parte a cielo aperto al centro dell'atrio delle case romane in corrispondenza della quale vi era in terra un bacino di raccolta per l'acqua piovana, cui più propriamente spettava questo termine.

[19] *Alearia* da *alea* = "gioco dei dadi". Di questa legge, che vietava il gioco d'azzardo, ci sono accenni in altri testi ma non ulteriori precisazioni circa il contenuto. Qui viene citata per il doppio senso del vocabolo *talus* che significa sia "tallone" che "dado" (perché originariamente fatto con le ossa del piede di certi animali). La gustosa ambiguità del testo latino non è però traducibile nella nostra lingua, così che il senso del verso successivo ne risulta mortificato; a tavola si soleva giocare ai dadi.

[20] Cfr. V.J. Cleary, *art. cit.* nella Bibliografia.

[21] *Contubernalis* in gergo militare è il compagno di tenda; indica uno stretto rapporto d'amicizia e di vicinanza che qui viene ironicamente a

significare quello che lo schiavo ha con la croce, il supplizio che comunemente gli veniva comminato.

[22] Comincia qui una vivace e particolareggiata descrizione che commenta simultaneamente gli atteggiamenti assunti da Palestrione mentre medita. È il teatro che descrive se stesso ironicamente, come è sottolineato dagli avverbi, di puro stampo greco (*euscheme... dulice et comoedice*: v. 213), che concludono il discorso del vecchio.

[23] *Coctum* e *incoctum* indicano non solo la fine (o non) di un processo di cottura, ma anche di altro tipo di elaborazione, come può essere la digestione o la meditazione.

[24] Il gomito poggiato sulla coscia e il mento sulla mano evocano l'idea della colonna. In tale atteggiamento (v. 211) Periplectomeno dice trovarsi un poeta barbaro (come veniva definito dai greci un latino). L'espressione *os columnatum* (tradotta in vari modi, per cui cfr. anche J.F. Killeen e H.D. Jocelyn, *opp. citt.* nella Bibliografia) è certo un'allusione al poeta Nevio, incarcerato perché incorso nella vendetta dei Metelli. La potentissima famiglia romana era stata da lui insultata, come testimonia il verso senario a noi giunto: *Fato Metelli Romai fiunt consules* e il saturnio che Nevio ricevette in risposta: *Malum dabunt Metelli Naevio poetae*. Basandosi appunto sulla data del consolato di Q. Cecilio Metello (206 a.C.), e quindi della probabile carcerazione di Nevio, si suol porre nell'anno successivo la data di composizione di questa commedia, tra le più antiche del teatro plautino.

[25] Il testo appare corrotto irrimediabilmente.

[26] Periplectomeno spara una serie di consigli che sono una lunga metafora tolta dal linguaggio militare. Che poi l'incitamento celi, come si vuol vedere, un'allusione a Scipione che nel 205 a.C. si preparava a rintuzzare l'offensiva cartaginese, non è così facile da dimostrare; come non è facile aderire all'opinione del Della Corte (*op. cit.* nella Bibliografia) che pensa invece a Magone il quale, sbarcato a Genova, progettava di prendere alle spalle i Romani. Comunque ai vv. 266-267 è Palestrione ad attingere di nuovo al gergo militare, cosa che si riscontra di frequente nel linguaggio degli schiavi in Plauto: cfr. E. Fraenkel, *op. cit.* nella Bibliografia (cap. VIII).

[27] La corruzione del testo non è di grande entità e non impedisce di intendere il senso.

[28] Era credenza che il mangiar loglio procurasse danni alla vista. Qui la situazione si ribalta ed è Sceledro ad accusare Palestrione di vederci male.

[29] Al cigolio della porta non fa seguito l'uscita di nessuno: si può supporre che Filocomasio si lasci soltanto intravedere.

[30] Sembrano troppi e c'è chi pensa che nel testo greco ci fosse la parola τριμήνιον = "tre mesi"; ma la supposizione non trova sostegno nei codici.

[31] Per propiziarsi gli dei a cui si attribuiva l'invio del sogno.

[32] Il tono della preghiera di ringraziamento che la finta gemella eleva si differenzia da quello del contesto per una sua solennità che ben si addice al linguaggio del culto; questa viene sottolineata dall'allitterazione (*laeta laudes*), dall'*apax* plautino *fumificem*, dall'espressione epica *Neptuniis templis*.
[33] Palestrione, al solito, si diverte della dabbenaggine del compagno e finge di condividere la comica paura di lui di aver cambiato magicamente personalità. È il tema dominante dell'*Amphitruo*.
[34] Cioè Giusta (da δίκη = "giustizia"), nome spiritosamente scelto per l'etimologia trasparente che consente al poeta al v. 438 di giocarci sopra, inserendo nel testo direttamente i due aggettivi greci.
[35] Anche questa, che sembra una lode in bocca di Palestrione, fa parte del bagaglio delle astuzie e dei difetti delle donne che il poeta non perde occasione di sciorinare.
[36] *Supplicium stimuleum*: uno staffile munito di punte di ferro.
[37] Resta in Sceledro, pur confuso, suggestionato e spaventato, un cocciuto attaccamento alla sua prima veritiera impressione.
[38] Così comicamente viene definita la piccola riunione dei furbacchioni capitanati da Palestrione che devono preparare la seconda parte dell'imbroglio. Plauto si serve abbastanza spesso di questa parola, pur riferendosi a situazioni che nulla hanno di solenne. Cfr. *Aulularia*, nota 56.
[39] Il testo è incerto: i codici presentano diverse lezioni e alcune correzioni sono state proposte. *Multa* significa "ammenda", "pena", ma con un certo sforzo si può arrivare al concetto più sfumato di "compito".
[40] Palestrione si rivolge alla piccola compagnia che è ancora dentro casa, chiamando per nome solo Pleusicle. Costui, l'amante ateniese di Filocomasio, compare in questa scena per la prima volta: di lui all'inizio si era saputo che era partito per mare per un'ambasciata e poi che era arrivato a Efeso, avvertito da Palestrione che la sua donna gli era stata rapita e lì si trovava.
[41] In questi quindici versi, in cui i vocaboli *consilium* e *inimicus* ritornano più volte martellanti, sono riprese metafore belliche, come già se ne erano trovate ai vv. 219-230, in bocca a Periplectomeno. Che qui le adotti Palestrione, che è schiavo di un soldato, è ancora meno strano. (Cfr. nota 26 e vedi anche i vv. 813-815.) Non insolita nemmeno (cfr. ad esempio vv. 268-269 *et alibi*) l'immagine tolta dal repertorio della caccia.
[42] L'aggettivo *emussitata* è di conio plautino (connesso con *amussis* = "livella") come lo sono i precedenti *Accheruntìcus*, *albicapillus*.
[43] Il testo è corrotto, ma si capisce che il vecchio intende proporsi come esempio, anche se poi il particolareggiato elenco delle proprie virtù si riferisce piuttosto alle doti di una persona educata che specificamente a quelle di un innamorato. Circa questa lunga esposizione fatta da Periplectomeno cfr. C. Morenilla, *art. cit.* nella Bibliografia.

[44] Secondo Festo, si tratta appunto di una piccola città della Puglia. Anche noi abbiamo modi di dire analoghi per indicare una congenita rozzezza: è chiaro che il vecchio vuole sottolineare il suo saper vivere in modo degno di un evoluto cittadino.
[45] Anche nel caso del v. 657 la corruzione finale non è di grave danno all'intendimento.
[46] *Malacus*: aggettivo trasferito di peso dal greco μαλακός = "molle", come del resto sono greci i sostantivi che lo precedono, inseritisi nel linguaggio comune e ben noti al pubblico.
[47] v. 675: *dinis* = *divinis*. Il verso è da molti considerato sospetto ed espunto.
[48] *Oblatratricem* è un *apax*; l'immagine della cagna arrabbiata apre un lungo brano in cui vengono minuziosamente elencati i difetti delle donne (in particolare delle mogli), tema su cui i comici insistono volentieri (cfr. *Aulularia*, v. 478 sgg.) e che era la delizia di un pubblico prevalentemente maschile.
[49] Segnano l'inizio del mese; certamente il poeta si riferisce in particolare al 1° marzo, in cui si celebrava la festa delle donne sposate, chiamata appunto *Matronalia*. Orazio, che non aveva moglie, si sente in dovere di spiegare a Mecenate quale altro motivo lo spinga a festeggiare tale data (Orazio, *Carmina* III, 8, 1: *Martiis caelebs quid agam Kalendis...*).
[50] *Quinquatrus* erano feste in onore della dea che si celebravano a partire dal quinto giorno dopo le Idi di marzo e duravano cinque giorni.
[51] Cfr. S. Mantero, *art. cit.* nella Bibliografia.
[52] *Verna* è lo schiavo nato in casa.
[53] È giusto notare, come si è fatto, che sia nella Commedia Nuova che in Euripide non mancano tirate di facile moralismo basato sull'utopia, ma la novità di questo discorso di Palestrione sta nella conclusione che, abbandonando la morale, sottolinea un'utilità spicciola: per i galantuomini il premio sarebbe l'*annona vilior*.
[54] Qui il verbo *paenitet* non ha il consueto valore di "pentirsi" ma quello antico di "spiacere", "non bastare".
[55] Plauto si compiace spesso, e con intenti diversi, di introdurre accenni e citazioni dal mito, tali però che i suoi ascoltatori possano facilmente afferrarle e goderne: cfr. E. Fraenkel, *op. cit.* nella Bibliografia, cap. III.
[56] È la seconda volta che Periplectomeno smentisce il proposito di andarsene, indulgendo al suo gusto di dar lezione di buone maniere. Ci vorrà la risolutezza di Palestrione (v. 765), per troncare le sue dissertazioni.
[57] Evidentemente gli innamorati e i mariti delle donne in questione.
[58] Palestrione deve disegnare nell'aria le forme della donna voluta. La risposta non quadra bene con la domanda, perciò c'è chi preferisce dare a *lauta* del v. 787 il valore di "prosperosa".

59 Che saranno intrecciati, come solevano le matrone. Cfr. *Mostellaria* 226.
60 *favea* = "favorita", da *faveo*; è emendamento dello Scaligero.
61 Evidentemente Palestrione, infervorandosi nell'esporre il suo piano, ha alzato sempre più il tono di voce.
62 Il v. 799 è perduto.
63 È colui che tutto vede e a cui nulla sfugge. Anche qui (cfr. nota 55) c'è un'allusione alla tradizione mitica: in essa più volte si attribuiscono al Sole sensazionali scoperte: vedi ad esempio quella degli amori furtivi di Venere e Marte. Il Sole ne fece delazione a Vulcano, il legittimo sposo della dea, che atrocemente se ne vendicò. La storia è per la prima volta messa in bocca al cantore Demodoco nel libro VIII dell'*Odissea* (v. 266 sgg.).
64 Né l'esatta grafia né l'etimologia del nome di questo schiavo sono chiare, come altrettanto poco chiaro è il motivo del suo intervento e di tutta questa scena. Sulle tracce del Leo, il Fraenkel pensa che, a partire dagli ultimi versi della scena precedente, Plauto abbia mutato modello. Altri non sono di questo avviso. Tra i sostenitori della duplicità e quelli della relativa unità di questa commedia non si deve dimenticare che Plauto era maestro nell'introdurre comunque elementi tipici del repertorio comico che avevano il solo scopo di suscitare una crassa risata nel pubblico: cfr. ad esempio H.W. Noeremberg, *op. cit.* nella Bibliografia.
65 La forma verbale è irreparabilmente corrotta. Quanto al nardo, è pianta profumata da cui si estraeva un'essenza per aromatizzare il vino.
66 *Posca* (da *poto*) era un misto di vino degradato e acqua, che si dava agli schiavi.
67 *Delices* da *deliquo* = "filtro", si dice di liquidi e bene si adatta a un discorso che ha per argomento il vino, ma in senso traslato significa "chiarire".
68 Posizione in cui venivano posti quando erano vuoti, come spesso si fa con i bicchieri. Segue la vivace descrizione di una specie di danza a base di capitomboli dei contenitori di vino, cui lo schiavo mezzo ubriaco attribuisce tutta la responsabilità; la scena risponde al gusto di Plauto di dar vita alle cose inanimate. Cfr. E. Fraenkel, *op. cit.*, cap. IV.
69 Si ritrae in disparte senza mostrarsi ai tre che entrano in scena. Lo farà solo a partire dal v. 895.
70 L'osservazione è evidentemente ironica.
71 Sull'uso di questa e altre consimili immagini cfr. W.E. Forehand, *op. cit.* nella Bibliografia.
72 Con *oneratum* il poeta vuole significare il carico di frottole che Palestrione provvederà a riversare sul Miles.
73 Filocomasio.

[74] *Auceps* = "uccellatore". Metafora tolta dal linguaggio dei cacciatori, come si riscontra anche al v. 990 e al v. 1029.
[75] *Festuca* = "verga". Con essa il padrone toccava lo schiavo davanti a un magistrato e con quest'atto simbolico gli donava la libertà.
[76] *Celox* propriamente significa "navicella veloce".
[77] Fino al v. 1012 la servetta parla come se non vedesse i due e quelli a loro volta restano in disparte, scambiandosi opinioni tra loro.
[78] *Vesper* = "cena", quindi si allude a chi vive del proprio, senza bisogno di lavorare.
[79] La cenere serviva a lucidare i metalli e anche come coadiuvante nel bucato (uso perdurato fino a non molto tempo fa nelle campagne); quindi, il discorso che non ha bisogno di cenere è pulito e perfetto.
[80] Circa l'uso di *signum* = "tessera di riconoscimento", cfr. L. Koenen, *op. cit.* nella Bibliografia.
[81] Tutto quel che concerne Bacco e i suoi seguaci è oggetto di mistero e richiede riti iniziatici: le più fervide e scatenate aderenti al culto erano notoriamente le donne. Milfidippa designa come Baccanti se stessa e la propria padrona, depositarie di un presunto segreto, e chiede a Palestrione un contrassegno che testimoni la sua appartenenza alla cospirazione: tant'è che mostra di non accontentarsi della prima generica risposta.
[82] Che la servetta sfoggi nei confronti di Pirgopolinice un vocabolario mitologico, del resto alla portata di tutti, non stupisce; *Ilium* peraltro è congettura del Gertz. Ma cfr. note 55 e 63 e anche l'espressione *mi Achilles!* al v. 1054 (per cui vedi *Persa* 99: *mi Iuppiter*).
[83] Molti preferiscono (e forse non a torto) la correzione del Leo *ut ferrem abs te consilium* = "per avere consiglio da te".
[84] Invece dell'avverbio *pulchre*, lezione dei codici, preferisco l'aggettivo *pulcher*, congettura del Pius.
[85] *Apax* plautino che traduce in parte il nome Pirgopolinice.
[86] La moneta deriva il nome da quello del padre di Alessandro Magno, Filippo il Macedone, che l'aveva fatta coniare, ed era largamente in corso nel mondo ellenistico. Il talento corrispondeva a 6000 dracme attiche: si tratta quindi di una notevole somma.
[87] Preferisco, come i più, scegliere la lezione del codice Lipsiense che attribuisce la battuta a Palestrione a cui meglio si addice che non a Pirgopolinice.
[88] Antica dea romana dell'abbondanza, figlia del Cielo e di Vesta, sorella di Saturno, identificata poi con Rea o Cibele.
[89] *Impetrassere* = *impetraturum esse*; si tratta di un'antica forma di infinito futuro attivo, di cui altri esempi si trovano in Plauto (*Aulularia* 687; *Casina* 271; *Stichus* 71).
[90] Alla fine del v. 1130 il testo è corrotto.

91 Il verbo latino, da *runcina* = "pialla", suggerisce un'immagine non facilmente traducibile.
92 *Silva*, dal greco ὕλη, significa: "massa di materiale grezzo e vario". Il termine è usato nelle due lingue anche in senso letterario (e continua a esserlo nel Rinascimento) per indicare raccolte, in prosa o in versi, di argomenti e metri diversi.
93 *Provincia* era l'ambito di potere affidato a chi ricopriva una carica politica, non soltanto il territorio amministrato, significato a cui poi il termine si è ristretto.
94 *Exfafillatus* o *expapillatus*: altro *apax* plautino, legato a *papilla* = "mammella".
95 Durante quasi tutta la scena (cioè fino al v. 1267) le due donne restano a debita distanza dai due uomini, simulando di non averli visti e alzando o abbassando la voce a seconda che vogliano essere da loro intese o no. Analogamente i due uomini si scambiano a bassa voce i loro commenti, intersecandoli comicamente al dialogo delle donne.
96 Il personaggio citato da Palestrione è leggendario, frutto della fantasia degli autori della Commedia Attica: essi attribuirono questo amante a Saffo che, da lui respinta, si sarebbe buttata dalla rupe di Leucade, uccidendosi.
97 La risposta di Pleusicle al soldato che gli chiede conto dell'occhio bendato è intenzionalmente ambigua. Pirgopolinice può pensare a qualunque cosa: a una rissa, a un duello per motivo di donne, non certo a un travestimento per amore. Non vedo quindi la necessità di cambiare la lettura del Ritschl, più vicina al testo tradito, nella lectio facilior *maris* proposta dal Merula.
98 Il concetto viene solo accennato nel testo: alle due parole iniziali (*homini pietas*) segue un'aposiopesi che sottolinea l'ovvietà dell'osservazione.
99 Pirgopolinice coglie l'osservazione fatta tra i denti da Palestrione e gliene chiede ragione: naturalmente il servo è pronto a giustificarsi col più futile motivo.
100 È la beffa suprema di Palestrione che vuol spingere fino in fondo la turlupinatura del Miles e godersi in anticipo la delusione che ne seguirà, dato che gli tocca lasciare ad altri la conclusione dell'azione.
101 È il cuoco che col suo coltello deve mutilare Pirgopolinice.
102 Dopo il v. 1401 c'è una lacuna di un verso.
103 *Intestatus* ha vari valori nel gergo giuridico, di cui il più consueto è "colui che non ha fatto testamento" in relazione a *testis* = "testimone"; ma *testis* significa anche "testicolo", per cui l'aggettivo può anche voler dire "castrato". Ovviamente, sulla duplicità del significato gioca Plauto, riprendendo lo scherzo al verso seguente con l'aggettivo *intestabilis*.

Aulularia

[1] I personaggi sono elencati secondo l'ordine di entrata in scena. A parte il Lare, che recita il Prologo e appartiene alla tradizione latina, tutti gli altri hanno nomi greci, come ambientata in Grecia (Atene) è la scena della commedia. Lo sono del resto anche tutte le altre plautine, che si attengono ai luoghi indicati negli esemplari della Commedia Nuova. Il nome di Euclione deriva probabilmente da quel verbo greco κλείω che significa "chiudo" piuttosto che da quello (identico nella grafia) che significa "ho buona fama", perché meglio si addice all'avaro che "ben chiude" il suo tesoro; quello di Stafila, la vecchia serva amante del vino, da σταφύλη = "grappolo d'uva"; Eunomia significa in greco "ordine", "buona amministrazione", ed è il nome della sorella di Megadoro, il quale, per la sua generosità, trae il suo da μέγα = "grande" e δῶρον = "dono". Dei due servi, il nome Strobilo significa "turbine", "trottola", mentre nel nome Pitodico si può vedere la radice di πυνθάνομαι = "mi informo". I nomi dei due cuochi, Congrione e Atrace, significano rispettivamente "anguilla" e "carbone", quest'ultimo riferito probabilmente al colore della pelle dello schiavo. Il nome del giovane innamorato Liconide è connesso con λύκος = "lupo", forse per la violenza inflitta alla fanciulla durante la veglia di Cerere. Nei codici essa viene denominata Phaedria dall'aggettivo φαιδρός = "splendente"; la forma del nome però è al maschile, per cui vengono proposte le correzioni: Phaedra (Ussing) o il diminutivo Phaedrium (Leo), che è tipico delle cortigiane (cfr. Philocomasium nel *Miles gloriosus*).

[2] Per brevi notizie sugli *Argumenta* cfr. *Miles gloriosus*, nota 2. In questa commedia, l'*Argumentum* più antico, quello attribuito ad Aurelio Opillo, segue eccezionalmente nei codici quello di Sulpicio Apollinare. Ambedue gli studiosi erano evidentemente in possesso del testo completo della commedia, di cui ci riferiscono il lieto fine, che invece manca nel testo a noi giunto.

[3] È il genio tutelare della famiglia, la cui immagine era posta sopra il focolare delle case romane e veniva fatto oggetto di culto e di venerazione

da parte degli abitanti. Che il personaggio "Prologo" sia spesso un'entità astratta o una divinità o un altro personaggio minore, che non riappare o lo fa solo di sfuggita nel corso della commedia, è consuetudine in Plauto, che la deriva dalla Commedia Nuova, e questa a sua volta da Euripide (vedi *Miles gloriosus*, nota 14). Nell'*Aulularia*, eccezionalmente, tale funzione è svolta da una divinità tipicamente romana e non sappiamo a quale personaggio corrispondesse nell'esemplare greco.

4 La lunga tunica e la corona di fiori, che probabilmente l'attore portava in testa, non erano sufficienti per permettere agli spettatori di riconoscere subito il personaggio.

5 Indica ancora la casa di Euclione che è posta su uno dei lati della scena, mentre l'altro è occupato da quella di Megadoro.

6 Il poeta deriva certamente il particolare dall'esemplare greco e si riferisce alle feste Eleusinie o Tesmoforie, che avevano luogo appunto a Eleusi, la cittadina nei pressi di Atene che era sede del famoso culto misterico in onore di Demetra e della figlia Proserpina. Si sa che in Grecia tali veglie (παννυχίδες) in onore di questa o quella divinità erano frequenti e culminavano spesso con vere e proprie orge. Anche a Roma furono istituite feste in onore di Cerere (Demetra), ma vi partecipavano, almeno ai tempi di Plauto, esclusivamente le matrone e non sembra che si prolungassero in veglie notturne.

7 Concluse brevemente le notizie sulle proprie intenzioni che avranno la loro attuazione durante lo svolgimento della commedia, il Lare si ritira, non senza aver prima introdotto la scena che sta per cominciare.

8 Il v. 41 è quasi interamente occupato dal pesante sostantivo derivato dal verbo *circumspecto* e dall'aggettivo di conio plautino tratto dal verbo *emitto* = "caccio fuori". Il poeta meglio non potrebbe dipingere la vecchia serva come la vede Euclione, nella sua sprezzante diffidenza che si appunta in particolare sulle capacità che la donna avrebbe di ficcare dappertutto gli occhi, tanto da attribuirgliene un paio anche sulla nuca (cfr. v. 64).

9 Audace metafora che ci fa vedere il corpo della donna come un campo (*seges*) su cui esercitare lo staffile irto di pungoli (*stimuli*) che si usava per sferzare i buoi.

10 *Grandibo gradum*: efficace paronomasia che l'italiano non riesce a rendere. Ciascuna lingua ha le proprie figure retoriche e in particolare le ha quella di Plauto, che è del tutto a sé, creata dall'incomparabile fantasia e disinvoltura del poeta in campo lessicale; questo linguaggio ha sempre messo i traduttori a dura prova, ed è stato oggetto di molteplici e importanti studi.

11 La crocifissione era l'estremo supplizio riservato, e purtroppo frequentemente, soprattutto agli schiavi.

12 La prima parte del v. 78 è corrotta e ciò rende ancora più ardua l'in-

terpretazione dell'immagine. Accettando la correzione di *longum* in *longam*, si pensa alla lettera "I" maiuscola che può assimilarsi al corpo irrigidito di un impiccato.

[13] L'ossimoro (*inaniis... oppletae*) è suggestivo: il vocabolo *inaniae* è di conio plautino; l'espressione sarà parzialmente ripresa da Catullo, *Carmina* XIII, 8: *plenus sacculus est aranearum.*

[14] Il primo fu re di Macedonia; il secondo di Persia. Ambedue noti per le loro ricchezze, avevano fatto coniare monete d'oro che portavano il loro nome.

[15] Le curie erano le parti in cui erano divise le tribù del popolo romano fin dal tempo di Romolo, ma non risulta ci fosse un magistrato denominato *magister curiae* né che al tempo di Plauto si facessero distribuzioni di denaro. Forse Plauto fonde due istituzioni: quella romana delle curie e quella del magistrato ateniese (δήμαρχος) al quale competevano incarichi come quello a cui qui si accenna.

[16] Fino al v. 160 si ha un breve *canticum* a due voci, in versi lirici accompagnati dal flauto. Plauto interseca spesso, sfoggiando una grande varietà di metri, questi brani (*cantica*) a quelli propriamente recitativi (*deverbia*) che sono in senari giambici (corrispondenti al trimetro giambico greco, come nell'atto I) o in settenari trocaici (verso di uso più antico, corrispondente al tetrametro trocaico catalettico, che qui troviamo a partire dal v. 161). Per la metrica plautina, vedi in particolare le opere di F. Questa citate nella Bibliografia.

[17] Il dir male delle donne è tema di sicuro effetto, assai sfruttato nella commedia, ma di solito è argomento di conversazione tra uomini. Il buffo è che qui a introdurlo sia invece una donna.

[18] È il nome che si dava ai bambini che nascevano dopo la morte del padre.

[19] Al v. 193 *dabitur* non ha soggetto e se ne possono ipotizzare molti: *dos*, *auxilium*, *occasio* ecc.

[20] Zamia è parola greca (ζημία) che significa "danno", "pena", "multa".

[21] Il participio *harpagatum* è creato sul calco del verbo greco ἁρπάζω = "rapisco".

[22] C'è chi intende l'espressione *ex paupertate* come sostitutivo del concreto *ex pauperibus*, e quindi traduce "tra i poveri".

[23] Si è discusso su come Plauto utilizzi e modifichi questo spunto favolistico: cfr. anche P. Brind'Amour, *art. cit.* nella Bibliografia.

[24] Il "voi" è certamente riferito ai ricchi.

[25] Il verbo, che Strobilo aveva usato nella sua comune accezione (come conferma al v. 287), viene stravolto in senso osceno, prima in modo ambiguo da Antrace, poi palesemente da Congrione, che non esita a chiamare "prostituta" il suo compare.

[26] Il testo presenta qui una lacuna.

[27] Secondo alcuni si tratta del talento eginetico che valeva 80 mine, contro quello attico (*parvum*) che ne valeva 60; per altri, invece, si parla sempre del talento attico, e l'aggettivo *magnum* sarebbe usato soltanto per enfatizzare l'espressione.
[28] *Deplorabundus* è un *apax* plautino; questo tipo di aggettivi, con la terminazione propria del gerundivo oppure con la desinenza *-bilis*, usati però con valore attivo, fanno parte del solenne vocabolario dell'antica tragedia, spesso irriso da commedia e satira.
[29] *Nundinalis*: che trovava occupazione solo nelle *Nundinae* (giorno di mercato che cadeva ogni otto giorni appunto), quando la grande affluenza di folla richiedeva cuochi "supplenti" e non specializzati.
[30] Come al v. 326, la parola di tre lettere *fur* ("ladro") è dovuta diventare nella traduzione una parola "breve", così qui è impossibile rendere la paronomasia *fur - trifurcifer* in cui il secondo termine, che al suono sembra un accrescitivo del primo, come etimo e come significato se ne distingue completamente.
[31] Vengono divisi anche gli schiavi che accompagnano i cuochi come aiutanti.
[32] I nomi delle due flautiste hanno attinenza con le relative località geografiche di provenienza.
[33] Nella cerimonia in cui si commemoravano le nozze della dea si portavano offerte di cereali, latte, miele, ma ci si asteneva dal vino. Stafila ne nota subito la mancanza.
[34] Con il vocabolo *temetum* si intende "vino schietto", non mischiato ad acqua, come invece di consueto usavano i Greci e i Romani.
[35] Congrione si riferisce alle travi che sostengono il tetto.
[36] Solo perché Vulcano è il dio del fuoco e i cuochi con il fuoco hanno a che fare.
[37] Il nome di questo schiavo, che nei manoscritti appare solo in questa scena, in alcune edizioni viene, fin dalla scena IV, anticipato in sostituzione di quello di Strobilo. Comunque è evidente che chi parla adesso dev'essere la stessa persona della scena precedente. Chi preferisce la lezione "Pitodico" motiva la sua scelta con il fatto che verso la fine della commedia (v. 697) appare ancora il nome Strobilo, ma come quello del servo di Liconide. Sembra difficile che lo stesso schiavo appartenesse a zio e nipote o che ambedue gli schiavi portassero lo stesso nome. La confusione tra i due nomi, ed eventualmente tra le due persone, viene variamente motivata e attribuita talora agli amanuensi talora a Plauto stesso: cfr. anche G. Augello, *art. cit.* nella Bibliografia.
[38] Formula rituale o riferimento a un fatto specifico?
[39] Sia questo che il successivo sono i nomi di due degli aiutanti di Antrace. Dromone è connesso con δρόμος = "corsa", e Macherione con μάχαιρα = "spada", "coltello".

[40] Sia questa breve, vivacissima scena, che la seguente, sono costituite da *cantica* in metri vari; dal v. 447 riprendono poi i settenari trocaici.
[41] Per descrivere il pandemonio scatenato da Euclione e la sua folle aggressione, Congrione non trova di meglio che paragonarli agli eccessi dei baccanali: cfr. W. Stockert, *art. cit.* nella Bibliografia.
[42] Euclione ha impugnato il bastone, quindi Congrione si armerà di un coltello.
[43] *Tresviri capitales* erano magistrati romani che presiedevano alle funzioni di polizia. Controllavano le prigioni e le esecuzioni.
[44] Ballerino che si esibiva di solito in danze lascive ed effeminate e che aveva le movenze e le mollezze caratteristiche delle donne.
[45] Euclione si riferisce ai colpi che il servo ha ricevuto. Nel testo latino il verbo *sentit*, ripetuto con doppio senso, propone un gioco lessicale più evidente.
[46] Dea dei traffici ma soprattutto dei ladri.
[47] Il fatto che appartenesse alla vecchia Stafila non toglie che Euclione possa definirlo *meus*, essendo lei schiava di sua proprietà.
[48] *Paenissume* è superlativo di conio plautino dell'avverbio *paene*.
[49] Al v. 487 abbiamo l'accostamento del vocabolo astratto *insatietatibus* all'espressione concreta *animis avidis*, dura *cumulatio* che tende a esprimere con forza il concetto di avarizia: la bizzarra immagine si sviluppa nel verso successivo con due soggetti assolutamente disparati collegati a un'unica espressione verbale. Mi sembra necessario in italiano sciogliere lo zeugma.
[50] Cavalli castrati. I muli erano considerati preziosi per il traino dei cocchi e la loro svalutazione fa parte della sovversione sociale che Megadoro propone.
[51] Non si tratta di invenzione plautina ma di un reale magistrato che esisteva in Grecia (γυναικονόμος) cui competeva questa funzione.
[52] I *plaustra* della cui eccessiva frequenza in città Megadoro si è lamentato, sono appunto quelli dei fornitori che, dopo aver portato la merce, vengono a presentare il conto. Di costoro segue un lunghissimo elenco minuziosamente dettagliato, talora ripetitivo, fatto di vocaboli spesso forgiati su calco greco. Le pretese delle donne che mandano in rovina i mariti sono argomento ricorrente nella commedia: cfr. ad esempio *Miles gloriosus* 685 sgg.
[53] Secondo la correzione del Wilamowitz (nei codici il vocabolo comincia per "p"), *thylacistae* sarebbe termine di conio plautino sulla base del verbo greco θυλακίζω, che significa "aprire la borsa per ricevere soldi".
[54] Secondo i più sarebbe quello mandato dal *tribunus aerarii* per chiedere ai cittadini un contributo per l'esercito; ma c'è chi pensa che si tratti di un veterano povero che vive dell'altrui carità: cfr. E. Gabba e V. Rosivach, *artt. citt.* nella Bibliografia.

[55] Veramente il verbo usato da Plauto è *edi* = "ho mangiato".
[56] Non è la sola volta che Plauto definisce con il termine solenne di *senatus* una piccola riunione di gente comune, magari ribalda: cfr. *Miles gloriosus* 592. Qui non si tratta nemmeno di una riunione, ma dell'incontro di due individui: i due *senes*: vedi anche Z. Hoffmann, *op. cit.* nella Bibliografia.
[57] Mitico re dal corpo mostruoso, dotato di tre teste e sei mani, ucciso da Ercole. Cfr. *Miles gloriosus*, nota 55.
[58] Dato che ha imboccato il filone mitologico, il poeta continua a sfruttarlo: cita la vicenda di Io, fanciulla amata da Giove e trasformata in giovenca dalla gelosa Giunone che, per di più, la affidò alla custodia di Argo, il mostro dai cento occhi. Ma, malgrado la sua vigilanza, esso fu addormentato e ucciso da Mercurio: cfr. Ovidio, *Metamorfosi* I, 588 sgg.
[59] Il gioco di parole prende l'avvio da *curiosam* del v. 562 e rimbalza fino a *cura* del v. 564. *Curiosus* deriva da *cura* e può anche significare "afflitto da preoccupazioni"; fin qui tutto bene. Ma c'è il *curio* del v. 561 che mal quadra e ha indotto alla correzione del *curiosam* del v. 562 in *curionem*, dai più accettata. *Curio* sarebbe il capo della *curia*, che aveva anche funzioni religiose; ma collegarlo poi con l'immagine del v. 564 e con il vocabolo *cura* e pensarlo perciò smunto e afflitto mi pare una forzatura. Preferisco mantenere la lezione accettata dal Lindsay e ritenere che il *curio* del v. 563 sia una scherzosa abbreviazione di *curiosus*.
[60] *scirpea... ratis* sarebbe propriamente una "zattera fatta di giunchi", arnese che faceva le veci dell'attuale salvagente.
[61] *Catapirateria*, dallo ionico καταπειρητηρίη, è supplemento del Lambino e significa "scandaglio di piombo".
[62] *Censione bubula*: buffa espressione che significa "punizione... bovina", perché della pelle di bue era fatto lo staffile! Quanto all'immagine che segue, allude al fatto che le catene, più venivano usate, più splendore acquistavano dallo strofinio sulla pelle del disgraziato.
[63] Indica la casa di Euclione e quella di Megadoro, poste ai due lati della scena.
[64] *Fidelia* è vocabolo che indica un grosso contenitore (*congialem* = "che contiene un congio", cioè più di tre litri) usato di solito per la calce; qui Plauto lo accosta con felice paronomasia a Fides.
[65] L'appellativo con cui le donne romane invocavano la dea nel travaglio del parto.
[66] Cfr. nota 37.
[67] *Comitia*: l'espressione metaforica si allinea con altre riferite alle pubbliche istituzioni che Plauto sfrutta volentieri in contesti parodistici (ad esempio *Aulularia* 549; *Miles gloriosus* 594). In questo caso si allude ai comizi centuriati che decidevano su questioni implicanti la pena capitale.
[68] *Picis* sarebbe l'accusativo plurale di un vocabolo *pix* = "picchio" (?)

attestato solo qui, e sarebbe usato in luogo del greco γρῦπες; secondo il mito, narrato da Erodoto, i monti Rifei, in Scizia, contenevano enormi giacimenti d'oro a guardia dei quali stavano dei grifoni, animali mostruosi con corpo di leone e ali e testa d'aquila.

69 Filippo di Macedonia, anche altrove citato come esempio di somma ricchezza (Cfr. *Miles gloriosus* 86).

70 Il lamento di Euclione è una monodia in anapesti, cui seguono ottonari e settenari trocaici.

71 Torna a rivolgersi allo spettatore cui si era indirizzato prima.

72 *Peritissimus* è congettura del Lindsay (da *pereo*) in luogo del *perditissimus* dei codici: si tratta comunque di un superlativo abnorme da una forma verbale.

73 Una specie di angelo custode che presiedeva alla nascita e tutelava la persona nella vita. Citando in climax *me... animum... genium*, Euclione ingigantisce la propria colpa, battendosi il petto.

74 Euclione moltiplica enfaticamente la prole per accentuare il danno.

75 *Scribam dicam* è traduzione letterale dell'espressione greca: γράφειν δίκην.

76 Cfr. nota 6.

77 I due continuano fino al v. 817 a parlare ciascuno per proprio conto.

78 Sembra si tratti di un gioco secondo cui i bambini cercavano nelle fave un piccolo verme cui davano il nome di Mida. Quel che il servo vuol dire è che non è cosa da poco quella che ha trovato.

INDICE